Meik Schirpenbach

Retten wir die Kirche!

Zwischen Resignation, Skandalen,
Sehnsucht und Begeisterung.
Ein Landpfarrer schlägt Alarm

Dr. Meik Schirpenbach, Jahrgang 1971, studierte Theologie, Philosophie und Kunstgeschichte in Bonn und Leuven (Belgien) und promovierte zur Strukturontologie bei Meister Eckhart. Nach der Priesterweihe 2003 war er in Köln-Porz, Frechen, Brühl und Bonn in der Pfarr- und Jugendseelsorge tätig. Heute ist er Leitender Pfarrer der 21 Pfarreien der katholischen Kirche in Grevenbroich und Rommerskirchen und sorgte mit zwei offenen Briefen an die Kirche im Herbst 2020 und Sommer 2021 für Aufsehen.

Meik Schirpenbach

RETTEN WIR DIE KIRCHE!

Zwischen Resignation, Skandalen, Sehnsucht und Begeisterung

Ein Landpfarrer schlägt Alarm

BONIFATIUS

Bibliografische Information der Deutschen Nationalbibliothek:
Die Deutsche Nationalbibliothek verzeichnet diese Publikation in der Deutschen
Nationalbibliografie; detaillierte bibliografische Daten sind im Internet über
http://dnb.d-nb.de abrufbar.

Klimaneutrale Produktion.
Gedruckt auf umweltfreundlichem, chlorfrei gebleichtem Papier.

Aus Gründen der besseren Lesbarkeit wird in diesem Buch teilweise bei Personen-
bezeichnungen und personenbezogenen Hauptwörtern die männliche Form verwendet.
Entsprechende Begriffe gelten im Sinne der Gleichbehandlung grundsätzlich für alle
Geschlechter. Die verkürzte Sprachform hat nur redaktionelle Gründe und beinhaltet
keine Wertung.

Umschlaggestaltung: Weiss Werkstatt München, werkstattmuenchen.com
Satz: Bonifatius GmbH, Paderborn
Druck und Bindung: CPI books GmbH, Leck
Printed in Germany
ISBN 978-3-89710-941-4

Weitere Informationen zum Verlag:
www.bonifatius-verlag.de

Inhalt

Fragen an meine Kirche

Sorgen eines Landpfarrers im Rheinland – ein offener Brief

Ich bin ratlos. Ich bin Pastor auf dem Lande, in 21 Pfarreien, und übe meinen Dienst mit Freude aus. Ich liebe meine Kirche und vor allem die Botschaft, für die sie einsteht.

Was sich jedoch im Moment in Teilen unserer Kirchenleitung abspielt, kann ich den Menschen, die mich fragen, nicht mehr erklären. Ich habe versprochen, von meiner Herde, meinen Pfarreien Schaden abzuhalten, aber wie soll ich sie in der jetzigen Situation schützen, wo das Problem mitten aus der Kirche kommt?

Was unsere Leute in diesen Tagen nicht mehr verstehen, ist der Umgang in unserem Bistum mit den Missbrauchsvergehen – warum da was jetzt nicht veröffentlicht werden kann. Ich hatte noch versucht, das zu verstehen und zu erklären. Doch was inzwischen hier draußen ankommt, ist, dass sich hohe Amtsträger hinter den Kulissen streiten, wer denn nun Verantwortung übernehmen soll. Stimmt es, dass da jetzt schon Anwälte im Spiel sind?

Ich erfahre, dass Mitglieder im Betroffenenbeirat sich ausgenutzt, irregeleitet und belogen, ja zum zweiten Mal missbraucht vorkommen. Es gibt Retraumatisierungen, weil durch diese Umstände alles Erlittene wieder hochkommt. Nimmt man wahr, was man den Missbrauchsopfern antut? Reicht die Tatsache nicht, dass sie das so fühlen?

Im Evangelium des vergangenen Sonntags spricht Jesus davon, dass das, was wir dem Geringsten seiner Schwestern und Brüder antun, ihm antun. Die Missbrauchsopfer sind anwesender Christus in unserer

Kirche. Wird hier Jesus Christus aus der Kirche rausgedrängt, weil er lästig ist? Würde sich jemand trauen, unser Allerheiligstes aus dem Tabernakel auf die Straße zu schütten? Christus ist im leidenden Menschen genauso anwesend wie in der Eucharistie. So habe ich es von der heiligen Elisabeth von Thüringen und der heiligen Juliane von Lüttich, der Erfinderin des Fronleichnamsfestes, gelernt.

Das Vertrauen in weite Teile der Kirchenleitung ist auch bei den treuesten Kirchgängern zutiefst erschüttert.

In diese substanzielle Krise hinein soll im Zuge des pastoralen Zukunftsweges unseren Pfarreien ein Umbruch abverlangt werden, der auf Jahre Kräfte binden und Konflikte herbeiführen wird, indem sie zu einer Großpfarrei fusioniert werden müssen. Unsere Leute fragen: warum? Wir haben doch viele gut funktionierende Kirchenvorstände. Warum etwas Funktionierendes zerschlagen?

Sicher sind in den Plänen auch viele gute und zukunftsweisende Ideen. Aber nach den Informationsveranstaltungen, auf denen uns ein idealisierter Film präsentiert wurde, sagten die meisten nur: „Wir glauben und vertrauen denen in Köln nicht mehr." Weiß man dort, was das bedeutet?

Wer soll die Konflikte hier ausbaden? Was ist, wenn kaum einer mehr für die neuen Kirchenvorstände im kommenden Jahr kandidiert? Da kenne ich schon die Antwort aus Köln: „Sie sind der Pfarrer! Darum müssen Sie sich kümmern."

Warum fehlt bei aller Schau in die Zukunft der Ansatz bei der Gegenwart, beim Gespür des Gottesvolkes? Warum wird das, was heute in der Kirche lebt, kleingeredet? Zu wenig Glaube? Wer kann das überhaupt bestimmen?

Stimmt es, dass ein hoher Amtsträger unseres Bistums verkündet, dass das, was jetzt ansteht, die größte Veränderung der Kirchenstrukturen seit Napoleon sei? Damals wurde ein Landpfarrer Bischof, Marc-Antoine Berdolet, der jede Gemeinde persönlich besuchte, zuhörte und dann das veränderte, was notwendig war. Muss die Bistumsleitung angesichts der Vertrauenskrise jetzt nicht umso mehr das Gespräch auf Augenhöhe suchen? Im kalten Verwaltungsdeutsch der Bistumsverwaltung werden die Gemeinden in Stadt und Land als „die Fläche" bezeichnet. Verrät das eine Haltung, die sich selbst als den Mittelpunkt wähnt?

Haben wir vor Ort keine Ahnung von der Sache? Es gibt in der Bistumsverwaltung viele engagierte, kompetente und kooperative Fachleute, die es ernst nehmen, dass sie Dienstleister der Pfarreien sind, mit denen wir ausgezeichnet zusammenarbeiten, aber andere behandeln unsere Ehren- und Hauptamtlichen von oben herab und sprechen vom Geld des Bistums, bei dem sie überlegen müssten, was davon welcher Gemeinde zustehen könnte. Hat man vergessen, dass es unsere Gemeindemitglieder hier sind – knapp 40.000 Katholikinnen und Katholiken –, die die Kirchensteuer zahlen, die so die Bistumsverwaltung alimentieren, und dass meine Kolleginnen und Kollegen in der Seelsorge vor Ort diese Menschen bei der Stange halten? Wieso will man ... allein über Geld bestimmen, das einem nicht gehört? Engagierte Christinnen und Christen hier sagen: Der Bistumsleitung gehe es um Geld und Macht, nicht ums Evangelium. Das sind keine nachgebeteten Floskeln. Muss einem solch eine Vermutung nicht an die Substanz gehen? (...)

Nimmt man in Kauf, dass viele Engagierte sich stillschweigend abwenden? Oder sind das Christinnen und

Christen, die sowieso nicht gut genug waren? So denken Leute, die sich für bessere Christen halten. Wo bleibt die Verantwortung eines Hirten? Wir Pfarrer sollen die Gespräche mit den Ausgetretenen führen, aber was sollen wir denn zu Dingen sagen, für die wir nichts können? Ich möchte als Priester nicht in Sippenhaft genommen werden – weder für Mitbrüder, die Missbrauch begangen haben, noch für Versagen in der Kirchenleitung.

Ich sehe die Gefahr, dass unsere Kirche über Jahre weiter nur mit sich selbst beschäftigt sein wird. Ist es nicht die Sorge um die Institution, die zur Vertuschung geführt hat? Brauchen wir nicht die schonungslose Erschütterung, damit aus Trümmern Neues wachsen kann?

Haben wir überhaupt noch eine missionarische Kraft? Die aktuellen Skandale gehen an die Glaubenssubstanz. Ich höre Vorwürfe wie „Glaubenszerstörer", oder dass die Kirche vor die Wand gefahren werde und sie nur noch eine Karikatur ihrer selbst sei. Das höre ich von Menschen, die glauben möchten. Ich hätte es nicht gedacht, aber die Person eines Amtsträgers kann da viel aufbauen und zerstören. Glaube ist etwas sehr Sensibles. Der Kern unserer Botschaft ist verstellt, weil wir in der Kirche nicht als Auferstandene leben, sondern Angst um uns selbst, um Formen und hierarchische Strukturen haben. Das heraufziehende Unwetter wird schon zeigen, was stabil ist und was nicht.

Dabei werden unsere Kirche und ihre Botschaft mehr gebraucht denn je, weil immer mehr Menschen in unserem Zusammenleben auf der Strecke bleiben. Was ist allein mit der Herausforderung durch den Klimawandel? Da haben wir doch Lösungswege! Papst Franziskus hat das alles längst auf den Punkt gebracht. In der Flüchtlingskrise 2015 war ich stolz auf die Zeichen, die unsere

Kirche setzte. Ist es nicht allein eine Zivilisation der göttlichen Liebe, mit der das Leben auf unserem Planeten eine Zukunft hat? Aber unsere Sprachrohre sind verstopft mit einem tödlichen Mix aus Skandalen, Selbstgerechtigkeit und dem Beharren auf Nebensächlichkeiten. Wer sucht noch Lösungswege für die Menschheitsprobleme bei unserer Botschaft? Wer erwartet von der Kirche noch etwas?

Ich sehe ein reiches Erbe in unserem Lande, das aufs Spiel gesetzt wird. Als Mensch, der zutiefst in der Kultur unseres Landes verwurzelt ist, tut mir das weh. Dabei sind darin so viel geistiger Reichtum und so viel Kreativität verborgen. Aber selbst unsere Kirchengebäude, auf die wir gerade im Rheinland so stolz sein können, werden von Kirchenverantwortlichen nur noch als Ballast empfunden. Fängt man an, unser Erbe zu verschleudern, um Nebensächliches um jeden Preis zu erhalten? Ist da nicht längst ein versteckter Selbsthass am Werk?

Warum sagen mir Menschen, dass sie sich um mich sorgen, dass ich Konsequenzen fürchten müsste, wenn ich solche Fragen stelle? Warum haben sie den Eindruck, dass unsere Kirche in Bezug auf den Klerus ein System von Befehl und Gehorsam sei, von unbedingter Loyalität und totaler Identifikation, Macht und Abhängigkeit, das keine Nestbeschmutzer dulde? Erschreckt es nicht zu Tode, dass wir mit solchen Kategorien in Verbindung gebracht werden? Viele unterstellen uns einen Korpsgeist, aus dem heraus der Schutz der eigenen Gruppe wichtiger war als das Leid der Missbrauchsopfer. Warum wird immer nur davon gesprochen, dass es einzelne sind, die Fehler machen, dabei wissen wir doch als Theologen und Menschenkenner, für die wir uns halten, dass es sündige Strukturen gibt, die das befördern?

Ich bin nur ein Pfarrer vom Lande, vom Rande, kurz vor dem Abgrund – am Tagebau. Vielleicht fehlt mir einfach der weltkirchliche Weitblick oder der theologische Tiefgang, sodass ich letztlich alles falsch sehe. Ich bete viel, aber auf meine Fragen finde ich im Gebet keine Antwort. Es bleibt die Ratlosigkeit.

In der Frage steckt allerdings eine Kraft, die die Antwort nicht immer hat. Deshalb möchte ich zuletzt auch unsere Gemeinden, die einzelnen Christinnen und Christen etwas fragen: Wollt ihr euch das kaputtmachen lassen, was euch wertvoll ist? Wollt ihr die Kirche nur denen überlassen, die sie vor die Wand zu fahren drohen? Ist euer Glaube nicht viel stärker als der Kleinmut vieler kirchlicher Verantwortungsträger – weil ihr Fragende und Suchende seid, Pilgernde auf rauen Wegen, engagiert für das Unmittelbare, für unsere Orte, die allesamt Gottesorte sind? Ist euch die Botschaft des Evangeliums nicht zu kraftvoll, als dass Kleingeister und Angsthasen sie ersticken könnten? Sind wir nicht zu katholisch – das heißt: allgemein, voll Weltverantwortung –, als dass wir uns herausdrängen lassen? Ahnt ihr nicht, dass unsere Zeit die Hoffnung des Evangeliums und den spirituellen Reichtum des Christentums nötiger braucht denn je? Haben wir Angst vor einem reinigenden Unwetter, das die Turmspitzen hinwegfegen, die Grundmauern aber nicht erschüttern kann? Ist es vielleicht ein Fehler, dass wir Lösungen von der Kirchenleitung erwarten?

Ich sehe keine Alternative, als dass wir hier vor Ort als Kirche weitermachen.

Meik Schirpenbach,
26. November 2020

Etwas Wertvolles steht auf dem Spiel

Ende November 2020 habe ich mich mit diesen „Fragen an meine Kirche" zu Wort gemeldet, um die Wahrnehmung der sich zuspitzenden Kirchenkrise aus der Perspektive eines Pfarrers auf dem Lande, in Grevenbroich und Rommerskirchen am linken Niederrhein, ins Gespräch zu bringen. Der Anlass war eine Gemengelage, die sich aus konkreten Vorfällen rund um die Veröffentlichung juristischer Gutachten zur sexualisierten Gewalt im Erzbistum Köln, erschütternden Gesprächen mit Missbrauchsopfern und Informationsveranstaltungen über eine durchgreifende Strukturreform in den Gemeinden ergab: Frust und Enttäuschung auf allen Seiten, wie ich es in meinen 17 Priesterjahren noch nicht erlebt hatte. Bis dahin war ich stets optimistisch geblieben, aber jetzt fing es an, mich selbst runterzuziehen.

Ich musste mir Luft verschaffen. Als Seelsorger wollte ich das auch für meine Pfarreien tun – hier am Rande unseres Bistums –, in denen ich mit unserem Seelsorgeteam wirke. Und damit das Ganze als Beitrag von der Basis in die vielfältigen Diskussionen einfließen konnte, habe ich es von vornherein öffentlich gemacht. Ich wollte signalisieren, dass ich wahrnehme, was viele in unseren Gemeinden zutiefst bewegt. Aus dem Ernst der Lage heraus habe ich es scharf formuliert. Gerade als Pfarrer konnte ich zu den Vorfällen nicht schweigen. Es sollte ein Weckruf sein.

Die unerwartet große Resonanz weit über unsere Gemeinden hinaus hat gezeigt, wie viele diese Fragen bewegen, wie entsetzt sie über das sind, was sich in unserer Kirche zeigt, und wie groß die Sorge um ihren Fortbestand ist. Dass die Reaktionen nicht nur aus unserem Erzbistum Köln kamen, sondern aus dem gesamten Bundesgebiet und darüber hinaus, zeigt, dass die Probleme und Sorgen in unterschiedlicher Akzentuierung überall drängen. Es sind Stimmen aus der Mitte der Kirche, von sehr engagierten und tiefgläubigen Menschen. Hier nun, wie auch im Verlauf des Buchs, lasse ich immer wieder Menschen unserer Gemeinden zu Wort kommen:

„Sie haben mir mit Ihrem Brandbrief aus der Seele gesprochen! Ich hoffe, dass Ihre Worte Beachtung finden. Es ist erschreckend, dass von der Kirchenführung offenbar niemand merkt, wie es an der Basis in der Fläche brodelt. Nun haben wir hier vor Ort zum Glück noch eine große Zahl von Ehrenamtlern, die sich darum kümmern, dass vieles weiterhin funktioniert. Wenn die aber alle nach und nach vergrault werden, weil grundlegende Fragen wie der Missbrauchsskandal nicht offen diskutiert und gelöst werden, sieht es für die Zukunft düster aus.“

„Die tiefe Durchdringung der Themen beweist die ehrliche und fundierte Auseinandersetzung. Viele Punkte sprechen mir aus tiefster Seele.“

„Die Zeit, in der es nur um den ichbezogenen Ehrgeiz von einzelnen Hochgeweihten ging, ist seit vielen Jahren vorbei. Wir alle sind gefordert, uns notfalls allein für die Frohbotschaft Jesu Christi einzusetzen, damit der Auflösungsprozess der Amtskirche ein Ende findet. Ja, es ist unsere Christenpflicht, dass Sie und wir von der Basis her beginnen, deutliche Klage gegen die tatsächlichen ‚Glaubenszerstörer‘ zu führen.“

„Meine Mutter ist 80 Jahre alt … Und ist seit einigen Jahren nicht mehr zur Kirche gegangen. Sie hatte eine große Wut auf die Kirche. Ich konnte das nicht so richtig nachvollziehen. Dann hat sie mir erzählt, woher ihre Wut kam. Der Pfarrer war damals eine Institution im Dorf. Und wenn er seine Macht missbraucht hätte (was er nicht getan hat), wäre sie

ihm ausgeliefert gewesen. Alle hätten dem Pfarrer geglaubt. Und diese Ohnmacht, die sie als kleines Mädchen hatte, lag in dieser Wut. Dass es letztlich nur Glück war … Jetzt konnte ich sie verstehen."

Es herrscht eine tiefe Entfremdung zwischen dem Großteil der Leute in den Gemeinden und weiten Teilen der Kirchenleitung. Eine Kollegin hier resümiert, *„dass die meisten aktiven Christen das Vertrauen in unsere Kirchenleitung schon lange verloren haben. Wir begegnen allem, was aus Köln kommt, erst mal mit Misstrauen."*

Ein Kirchenvorstandsmitglied aus einem unserer Dörfer bringt es auf den Punkt: *„In vielen Situationen helfe ich mir, indem ich bewusst zwischen meinem Glauben an Gott und der institutionalisierten Kirche differenziere, auch wenn mir klar ist, dass das nicht der richtige Weg sein kann."*

„Ich werde als Ehrenamtlerin vor Ort weitermachen. Wie, weiß ich noch nicht. Mein Vertrauen auf den Wasserkopf Kirche ist tief erschüttert. Jetzt kann ich unsere Schwiegertochter verstehen, die schon vor Jahren aus der Kirche ausgetreten ist. Der Grund ist nicht die Zahlung der Kirchensteuer, die wird in gleicher Höhe an eine karitative Einrichtung gespendet, sondern die Verlogenheit, die in der Kirchenleitung herrscht."

Seitdem ist vieles passiert, nicht nur in unserem Bistum. Die Fragen rund um die Kirche haben sich weiter zugespitzt und bohren. Trauer, Scham, Wut und vor allem Resignation angesichts der kirchlichen Skandale haben sich in unseren Gemeinden weiter breitgemacht. Die Zahl der Kirchenaustritte steigt unaufhaltsam. Zugleich ändert sich die Lage unserer Welt dramatisch.

Haben Fragen zu Kirche und Christentum hierzulande angesichts der globalen Situation überhaupt noch eine Relevanz oder steht nicht Wichtigeres an, womit wir uns beschäftigen müssen? Wen interessieren innerkirchliche Probleme überhaupt noch? Sind sie in Zeiten der Krise nicht Luxusprobleme?

Es herrscht der Eindruck, dass sich in einer grundlegenden Aufarbeitung des Missbrauchsskandals, abgesehen von juristischen Klärungen, kaum etwas tut und es nicht wirklich weitergeht. Wie kann es sein, dass ein hoch engagierter Missbrauchsbeauftragter in unserem Bistum das Gefühl hat, ständig vor die Wand zu laufen und man ihn dann schulterzuckend gehen lässt?

> *„Der Druck wird immer größer. Aber es bewegt sich weiter nichts."*

> *„In Köln wird offensichtlich die Thematik ausgesessen. Man lässt die Gläubigen gegen Windmühlen kämpfen. Das ist sehr traurig. Mir fällt auch nichts ein, wie man aus dieser Ohnmacht herauskommen kann. Positive Energie dagegen setzen ... oder? Und beten!"*

Ich werde nicht die sexuelle Gewalt im kirchlichen Raum als solche beschreiben und analysieren. Dazu gibt es inzwischen gründliche Abhandlungen. Ich kenne zwar Opfer persönlich, aber insgesamt halte ich mich nicht für kompetent, darüber etwas zu schreiben. Es geht mir vielmehr um den kirchlichen Umgang damit. Denn ich bin mir sicher, dass viele andere Probleme damit zusammenhängen. Es gibt – und das mag zunächst irritieren – ein in sich falsches System mit tief liegenden Zusammenhängen:

> *„Erst dachte ich, es ist irre, es so auf den Punkt zu bringen. Dann merke ich bei mir, wie sehr das System mich wirklich unbemerkt auffrisst."*

Und das berührt die Substanz unseres Christseins. Kirche ist nicht bloß eine Institution, sondern eine konkrete menschliche Gemeinschaft. Es steht etwas Wertvolles auf dem Spiel und ich fürchte, dass wir erst, wenn es zerbrochen ist, merken, was wir verloren haben.

Viele engagierte Seelsorgerinnen, Seelsorger und Ehrenamtliche fürchten, dass die wertvolle Arbeit, die sie in den vergangenen Jahren in unseren Gemeinden geleistet haben, umsonst war. Sie fragen sich: „Warum machen wir das hier alles noch?" Katholische weiterführende Schulen erleben einen nie dagewesenen Einbruch der Anmeldezahlen. Hoch engagierte Lehrerinnen und Lehrer sind frustriert. Weggefährten im Priesterberuf denken ans Aufgeben. – Ich kann das alles gut nachvollziehen. Ich spüre innere Wut und Enttäuschung.

Wir können nicht akzeptieren, dass große Teile der Hierarchie unsere Arbeit behindern und gefährden. Wir wollen die sich abzeichnenden Zusammenbrüche nicht hinnehmen, sondern vertrauen auf Gott, der auf einer anderen Ebene zusammenhält und heilt. Nimmt man unsere Kämpfe und unser Ringen vor Ort überhaupt wahr? Zählen unsere Erfahrungen bei Bistumsleitungen? Meint man, uns über den rechten Glauben und die richtige pastorale Praxis immer nur belehren zu müssen, einen Glauben, den wir hier existenziell in der heutigen Lebenswirklichkeit zu leben versuchen – und nicht in einem binnenkirchlichen Ghetto? Diese Fragen stellen wir aber auch angesichts der Weise, wie unsere Kirche öffentlich wahrgenommen wird. Warum zählt dort nur die Kirchenleitung? – *„Und das, obwohl viele Seelsorger eine sehr gut Arbeit machen."*

„Wir sind an einem toten Punkt," formulierte Kardinal Marx am 4. Juni 2021 und zitierte damit Alfred Delp. Zum Christsein

gehört aber, den Tod als einen Durchgang zu verstehen. An dieser Schwelle befinden wir uns. Als Christin oder Christ stehen wir heute zwischen den Stühlen, ja manchmal gefühlt an der Wand. Es reißt einen hin und her, und doch weckt es auch Lebensgeister:

„Ich habe selten in so großer Offenheit so ein Statement von einem Pfarrer gehört."

„Welche Konsequenzen wird das für Sie haben?"

„Wie können wir unsere Solidarität zum Ausdruck bringen?"

„Köln darf doch kein Angstgegner für uns Christen sein."

„Wichtig sind das Wort Gottes und die Wahrheit!"

„Keine Angst und keine Hoffnungslosigkeit sollen uns niederzwingen."

„Man kann nur froh sein, dass nicht mehr geschwiegen wird bei den Gläubigen. Das lässt hoffen auf Bewegung in der Zukunft."

„Das hier ist trotz allem meine Kirche, die ich liebe, und ich hoffe, es bewegt sich durch die viele Kritik mal irgendetwas."

Da ist noch etwas anderes, das gegenüber dem bisher Gesagten widersprüchlich, ja fast schizophren klingen mag: So deprimierend die Situation auch ist, ich sehe doch keinen Grund zur Resignation. Ich bin gerne Priester und Seelsorger. Das ist ein großartiger Beruf. Ich bin katholisch und werde es bleiben, auch wenn ich mich nicht mit allem, was unsere aktuelle

Kirche ausmacht, identifizieren kann. Trotzdem bin ich nach wie vor überzeugt von der Sache.

Ich will jetzt kämpfen. Die Situation weckt meine inneren Kräfte. Ich weiß, dass viele Engagierte in unseren Gemeinden das genauso sehen. Es sind die, die gerade jetzt nicht aufgeben wollen, weil ihnen die Kirche nach wie vor eine geistliche Heimat ist. Jemand, der beispielsweise schon lange in einem Kirchenvorstand bei uns aktiv ist, sagte mir eines Abends vor einer unserer Kirchen:

„Ich kann es nicht verstehen, dass Leute jetzt aus der Kirche austreten. Ich bin doch nicht wegen eines Bischofs in der Kirche. Ich bin katholischer Christ, weil ich gläubig bin."

Das katholische Christsein lassen wir uns also nicht absprechen und halten viele Widersprüche aus. Daher habe ich auch im Juli 2021 einen zweiten Landpfarrerbrief veröffentlicht, in dem ich versucht habe, Perspektiven aufzuzeigen (siehe Anhang).

Ich bin überzeugt, wir benötigen eine Erweiterung unserer Sicht darauf, welchen Sinn und welche Bedeutung Kirche in unserer heutigen Weltlage hat und haben muss und weshalb wir das gerade jetzt nicht aufgeben können. Uns allen ist das, was wir in unseren Gemeinden unter katholischer Kirche verstehen und leben, sehr kostbar. Wir wollen es uns nicht kaputtmachen lassen – weder von unfähigen Kirchenleitungen noch von oberflächlicher Stimmungsmache:

„Wir müssen auftreten und nicht austreten. Jeder so wie er kann oder will. Ich lasse mir unsere Gemeinschaft nicht durch einige wenige kaputt machen. Es ist nicht einfach. Aber was ist schon einfach?"

Ich werde in diesem Buch an manchen Stellen etwas weiter ausholen, weil die Probleme vielschichtig und tiefgründig sind. Sie haben mit einer inneren Desorientierung zu tun, was die Mitte der christlichen Botschaft ist. Doch es gilt: Umwege erweitern die Ortskenntnis. Es braucht auch Umwege über andere ortskirchliche Situationen weltweit und in der Kirchengeschichte. Wir brauchen Orientierung und Vergewisserung, um weitermachen zu können. Vor allem möchte ich aufzeigen, wie sehr wir mit unserer kirchlichen Praxis hinter unseren eigenen Überzeugungen und unserer eigenen Tradition zurückbleiben. Vieles davon haben wir in den westlichen Kirchen im Laufe der Jahrhunderte verzerrt, nicht wirklich verinnerlicht oder vereinseitigt. In der aktuellen Misere unserer Kirche sehe ich vor allem ein geistliches Problem – besonders auf Seiten einiger, die sich qua Amt für „Experten" halten.

Was mich jedoch noch mehr umtreibt, ist die Tatsache, dass die Kirchenkrise nicht unsere einzige Krise ist, sondern dass wir längst in einer gewaltigen Menschheitskrise stecken, die aus vielen in sich verzahnten Krisen besteht. Eine Rückkehr daraus in eine wie auch immer geartete Normalität ist alles andere als absehbar. Die Klimakrise ist in ihrer Wurzel eine spirituelle Krise, weil sie grundlegend auf unserem Verhältnis zu unserer Mitwelt basiert. Hier böte die christliche Überlieferung ein unschätzbares Lösungspotenzial.

Papst Franziskus hat das immer wieder betont, aber es wird auch in der Kirche weitgehend ignoriert. „Katholisch" bedeutet „allgemein" im Sinne von „für alle". Es geht um nicht weniger als eine Hoffnungsperspektive für die ganze Menschheit, die nicht durch weitere Spaltungen und Vereinseitigungen zerstört werden darf. Hier zeigt sich umso dramatischer, welche Folgen die hausgemachte Selbstblockade der Kirche hat: Wir befinden uns in einer Situation von menschheitsgeschichtlichem Ernst. Die christliche Botschaft wäre als Hoffnungs- und

Gestaltungspotenzial gefragter denn je – doch die Kirche ist beschäftigt mit sich und schiebt sich selbst ins Abseits. Das ist unerträglich!

Putins verbrecherischer Angriffskrieg auf die Ukraine hat uns eine Entfesselung tödlicher Kräfte vor Augen geführt, mit der wir in unseren Breiten nicht mehr gerechnet hatten. Bislang selbstverständliche Sicherheiten sind damit weggebrochen. An was können wir uns überhaupt noch halten? Die Welt schreit nach Hoffnung!

Für mich gilt: Jede Zeit ist Gottes Zeit. Wohin ruft Gott uns in dieser auf so vielschichtige Weise undurchschaubaren Situation? Warum verharren wir als Kirche in unserer Selbstblockade – wenn die weltverändernde Kraft des Evangeliums notwendiger wäre denn je? Kann die Kirche in Anbetracht dieser Zeitenwende eine innere Wende vollziehen?

Wir brauchen uns als Kirche jetzt nicht wider alle äußeren Fakten als den großen Retter der Welt zu präsentieren, nach dem Motto: „Seht mal, wie sehr ihr uns jetzt braucht. Das haben wir euch doch schon immer gesagt." (Auch wenn ich mir im März 2022 sehnlichst gewünscht habe, der Papst würde mit dem Patriarchen von Konstantinopel sofort in die Ukraine reisen und Putin stoppen.) Nein, es geht darum, dass der Kirche klar wird, dass ihre einzige Aufgabe von Gott her lediglich ein Dienst für die Menschheit und kein Selbstzweck ist. Das macht bescheiden, nicht überheblich. Wir selbst sind nur Teil dieser Menschheit und stehen ihr nicht gegenüber.

Dieses Buch sei all denen gewidmet, die zwischen den Fronten stehen und nicht aufgeben wollen, denen in den Kirchenleitungen, die einen gemeinsamen Weg mit der Kirche vor Ort gehen wollen, und allen, die noch mit der Frage ringen, ob sie bleiben oder vielleicht auch wieder zurückkommen sollen. Ich hoffe, dass es fruchtbare Diskussionen fördert. Mit dem, was ich hier vortrage, stehe ich nicht allein. Es geht um Anliegen, die die allermeisten, denen Kirche am Herzen liegt, teilen. Angesichts der Polarisierungen ist vielen oft nicht mehr bewusst, dass es uns um die gleiche Sache geht. Selbst hohe Würdenträger in Köln sagten mir, dass sie dem zustimmten, was ich in meinen Landpfarrerbriefen geschrieben habe; sie könnten es aber in ihrer Position so nicht äußern. Was wir daher dringend brauchen, ist das offene Gespräch – auf allen Seiten.

1. Reizwort Kirche

Wer ist „die Kirche"? – eine folgenreiche Grundunklarheit

Wenn wir von „der Kirche" sprechen, müssen wir uns zunächst darüber klar werden, wovon wir überhaupt sprechen. In der analytischen Philosophie lernt man, sich über seinen Sprachgebrauch Rechenschaft zu geben: Wen oder was meinst du, wenn du diesen Begriff verwendest? Ich habe den Eindruck, dass im Blick auf den Begriff „Kirche" eine grundsätzliche und folgenreiche Unklarheit herrscht. Ich denke dabei nicht zuerst an die Unterscheidung zwischen dem Gebäude und der sozialen Größe. Hier besteht mehr Wechselwirkung, als uns allgemein bewusst ist. Mir geht es darum, wen wir mit „Kirche" meinen, wenn wir von der sozialen Größe reden. Noch unklarer wird das Ganze durch die Verwendung des Artikels: Wer ist *die* Kirche?

In seinem ursprünglichen Zusammenhang, wie er im Neuen Testament überliefert wird, bedeutet das griechische Wort *ekklesia*, das auf Deutsch mit „Kirche" wiedergegeben wird, ganz einfach „Versammlung" und noch genauer übersetzt „die Zusammengerufenen" oder „die Herausgerufenen". Das entspricht der Grundintention einer Sammlungsbewegung und hat noch keinen Anklang an irgendetwas Institutionelles. Insofern kann damit auch eine Volksversammlung im antiken Griechenland bezeichnet werden. Hier jedoch geht es um eine Sammlungsbewegung, die nach der biblischen Erfahrung schon viel früher ansetzt, indem Gott Menschen aus ihrem bisherigen Lebenskontext herausruft, sich auf ein Leben mit ihm einzulassen. Daraus erwuchs ein besonderes Volk, Israel, was wörtlich bedeutet: „der mit Gott ringt".

Israel wurde immer wieder durch die Propheten neu gesammelt und versammelt, um auf diesem Weg zu bleiben, und durch Jesus Christus wurde diese Sammlungsbewegung auf alle Menschen ausgeweitet. Juden sind deshalb die älteren Geschwister der Christen, aber Christen sind letztlich nichts anderes, eben eine Sammlungsbewegung, die sich von Gott herausgefordert weiß. Das bedeutet Kirche. Mehr nicht.

Von Anfang an hat es innerhalb dieser Sammlungsbewegung Menschen gegeben, denen besondere Aufgaben für die gesamte Bewegung übertragen wurden. Jesus selbst hat damit angefangen, indem er Apostel berief. Je größer die Bewegung wurde, umso notwendiger wurde dies. Interessant ist, dass sich überall in der antiken Welt, auch außerhalb des römischen Reiches, die gleiche Struktur entwickelte: Bischöfe, Priester und Diakone. Dies wurde nicht von oben herab verordnet oder durch eine allgemeine Versammlung beschlossen, weil es weder ein „Oben" noch eine weltweite Versammlungsstruktur gab. Spannenderweise gilt das gleiche Phänomen für die Entstehung der Bibel: Welche Bücher dazugehören und welche nicht, ist seit dem Ende des 2. Jahrhunderts überall klar, ohne dass dies von irgendeiner übergeordneten Institution angeordnet wurde. Beides ist ein bemerkenswerter Konsens.

Die Ämter in der Kirche sind nicht durch Amtsanmaßung entstanden, gleichsam als Dekadenz einer zuvor idealen Urkirche, sondern waren aus innerer Notwendigkeit von Anfang an gegeben. Damit haben sie eine Dienstfunktion. Das ist innerhalb eines sozialen Organismus etwas völlig Normales. Jesus selbst sagt: *„Ich bin unter euch als einer der dient"* (Lukas 22,27). Im Dienst aller zu sein, ist Jesu Selbstverständnis. Wesen und Funktion sind bei ihm nicht zu trennen. Der priesterliche Dienst ist kein Privileg, sondern ein notwendiger Dienst aus dem lebendigen Bedürfnis einer christlichen Gemeinde heraus. So geht es für Paulus darum, *„die Heiligen für die Erfüllung ihres Dienstes zuzurüsten, für den Aufbau des Leibes Christi, bis wir alle zur Einheit im Glauben und der Erkenntnis des*

Sohnes Gottes gelangen, zum vollkommenen Menschen, zur vollen Größe, die der Fülle Christi entspricht" (Epheser 4,12+13).

Priesterlicher Dienst ist also von Jesus selbst initiiert. Und die „Heiligen" sind für Paulus alle, die zur Sammlungsbewegung der Kirche gehören. „Heilig" ist keine moralische Qualität, sondern die Grundeigenschaft Gottes: seine Unverfügbarkeit, sein Geheimnis. „Heilige" sind Menschen, die sich davon berühren lassen, an denen also etwas von diesem Geheimnis aufleuchtet. Und das ist nach christlicher Erfahrung Gottes Absicht: an Menschen aufzuleuchten und so das Leben zu erleichtern. Dieses Geschehen macht Kirche aus.

Die weitere Entwicklung kann ich hier nicht nachzeichnen. Aber Tatsache ist, dass das, was sich ursprünglich als ein notwendiger Dienst an jedem Ort, wo es die Sammlungsbewegung („Kirche") gab, entwickelt hat, später mit dieser gleichgesetzt wurde: Die Kirche, das sind ihre Amtsträger. Eine dienende Struktur, die dem Ganzen Festigkeit geben sollte und an konkreten Bedürfnissen ausgerichtet war, wurde als das Eigentliche wahrgenommen: Kirche galt als Institution, die mit ihrer Dienst- und Leitungsstruktur gleichgesetzt wurde. Dort stehen wir noch heute. Diese Wahrnehmung ist völlig eingeschränkt: Wenn man also von einer „Institution Kirche" spricht, zielt man auf etwas, das für sich genommen wenig mit der eigentlichen Bedeutung von Kirche zu tun hat, sondern nur einen Teilaspekt berücksichtigt.

Diese Reduzierung der Wahrnehmung geschieht aus scheinbar entgegengesetzten Richtungen von „außen" und von „innen". In Teilen der öffentlichen Wahrnehmung und der medialen Darstellung wird Kirche auf ihre Kirchenleitung reduziert. Diese bekommt ihre öffentliche Bühne. Dann wird schnell alles, was auf dieser Ebene läuft, auf „die Kirche" übertragen.

Von einer gut recherchierenden Presse dürfte man statt pauschalisierender Vereinfachungen eine differenzierte Darstellung erwarten. Jede Christin und jeder Christ vor Ort sind die Kirche, jede besorgte oder auch kritische Stimme aus ihrer Mitte. Wird das öffentlich wahrgenommen?

Die äußerliche Wahrnehmung wird dadurch genährt und befördert, dass Teile der Kirchenleitung selbst vergessen haben, wo sie stehen und wer sie sind. Sie sehen sich selbst als „die Kirche". Wenn von „uns" die Rede ist, meint man den Klerus. Das geschieht sowohl unbewusst als auch absichtlich.

Wenn also in einem Bußgottesdienst von „Täterorganisation Erzbistum Köln" gesprochen wird, verdient das allen Respekt, und doch stellt sich die Frage: Wer ist hier mit dem Erzbistum gemeint? Ist das Erzbistum die Bistumsleitung? Ist das Erzbistum nicht eine Gemeinschaft der Gläubigen? Sind normale Gläubige Teil der Täterorganisation? Oder beansprucht die Kirchenleitung, „die Kirche" zu sein? Müsste nicht eingestanden werden, dass man das Erzbistum für sich vereinnahmt hat? Darf man die Gläubigen so einfach in Mithaftung nehmen? Sollen sie etwas mittragen, für das sie nichts können?

Christinnen und Christen in unseren Gemeinden erleben Kirchenleitung als weitgehend mit sich selbst beschäftigt. In unserem Bistum gibt es einen eigenartigen Sprachgebrauch in der Bistumsverwaltung: Wer im Generalvikariat arbeitet, gehört zum „Haus", und die Gemeinden mit ihren Seelsorgerinnen und Seelsorgern vor Ort bezeichnet man als die „Fläche". Das spürt man dort:

„Durch Ignorieren des ‚niederen Fußvolkes' konnten jahrhundertelang Strukturen erhalten bleiben. Wir brauchen einen langen Atem, um deutlich zu machen, dass dies auch unsere Kirche ist und wir solch einen Umgang mit uns und unseren Mitmenschen nicht hinnehmen. Wir als gläubige mündige Christen, die die Bibel lesen und in einer Gemeinschaft leben wollen, werden uns nicht den Mund verbieten lassen.

Also durchhalten und an Gemeinschaft und Gemeinde festhalten und gemeinsam beten."

Es sind aber nicht jahrhundertealte Strukturen, sondern spätere Engführungen und Vereinseitigungen, die hier wirken. Es bedarf daher der Selbstvergewisserung, denn hier ist auf verschiedenen Seiten manches aus dem Blick geraten.

Hirten und Schafe

Um das Verhältnis von Amtsträgern und Gläubigen in der Kirche zu beschreiben, wird gerne das uralte Bild von den Hirten und den Schafen herangezogen. Es gründet in der Bibel, hat wie so vieles mancherlei Verflachung und Banalisierung erfahren und wirkt deshalb sehr klischeehaft. Schließlich herrscht das Vorurteil, Schafe seien dumm, aber der Hirte wisse, wo es langgeht. Die Schafe müssen nur folgen … Wer so denkt, hat wenig Ahnung von Schafzucht und ihrer kulturellen Bedeutung.

Letztlich hat dieses Bild nur noch wenig mit konkreter Lebenserfahrung zu tun, ist aber dennoch sehr aufschlussreich, wenn wir uns auf seinen wirklichen Gehalt einlassen. Doch um die biblischen Bilder zu verstehen, muss man sich mit ihnen auseinandersetzen und in ihre Welt vorstoßen, damit sie in unsere Welt eindringen können.

Im Orient, aber auch in Europa, stehen Hirte und Herde in einer intensiven Lebensgemeinschaft. Das Meiste läuft durch Intuition, durch ein intimes Vertrauensverhältnis. Hirte und Schafe kennen sich wirklich. Der Hirte ist nichts ohne seine Schafe.

Ich selbst bin am Rhein aufgewachsen und habe in meiner Kindheit die großen Schafherden auf den Rheinwiesen erlebt und gerne beobachtet. In der Regel ging der Schäfer nicht voran, sondern war irgendwo am Rande oder auch mitten in der Herde zu sehen. Selbst wenn die Schafe durchs Dorf liefen, brauchte er nicht voranzugehen. Die Herde ging intuitiv ihren Weg. Natürlich hatte der Hirte im Blick, wohin die grobe Richtung ging, sie musste zu gutem Grünland führen. Doch die unmittelbaren Schritte dorthin waren von gegenseitigem Gespür bestimmt. Das Ganze lief, da eine lebendige Beziehung bestand.

Im rumänischen Siebenbürgen mit seiner kulturprägenden Hirtentradition konnte ich diese Beobachtungen vertiefen. Manche Hirten sind von Weitem durch ihren Schaffellmantel kaum von der Herde zu unterscheiden. Solange sie unterwegs sind, leben sie in Symbiose. Der Hirte hat gleichsam den Geruch seiner Schafe, und sie spüren das. Hirte und Herde sind nicht voneinander zu trennen. Und es ist beeindruckend zu sehen, wie sehr die selbstbewusste und wohlhabende Hirtenkultur das rumänische Selbstbewusstsein im Karpatenraum geprägt hat. Man kann dort immer noch beobachten, dass die Stäbe der Hirten und die der Bischöfe sich entsprechen.

Dass es in der Kirche hierzulande zu Entfremdungen zwischen Hirten und Herde gekommen ist, wird keiner bestreiten. Man vertraut einander nicht mehr. Manche Hirten der Kirche bei uns beanstanden, dass es auf Seiten der Gläubigen, wenn diese lehramtliche Schreiben beanstanden oder ignorieren oder Umstrukturierungen nicht mitvollziehen wollen, zu wenig Fühlen mit der Kirche (lateinisch *sentire cum ecclesia*), also Gespür für die Kirche gäbe. Rom wird dann schnell mit der Weltkirche gleichgesetzt. Hierzulande kreise man zu sehr um sich selbst. Kann ein Hirte so reden?

Jesus unterscheidet sehr scharf zwischen dem Hirten und dem Tagelöhner, dem an den Schafen nichts liegt (Joh 10,11–18). Der Hirte versucht in Krisenzeiten ein Gespür zu entwickeln, woran die Herde leidet. *Sentire cum ecclesia* ist also auch ein Gespür der Hirten für ihre Herden und damit etwas Wechselseitiges. Man könnte es als ein *sentire in ecclesia* akzentuieren: ein gegenseitiges Gespür in der gemeinsamen Kirche. Wir versuchen, uns aufeinander einzulassen, weil wir zusammengehören. Wenn der Hirte Hirte sein will, liegt die Initiative bei ihm. Das gehört zu seinem Selbstverständnis.

Ein interessantes Beispiel aus der Kirchengeschichte ist die sogenannte Union von Kiew im 16. Jahrhundert. Da die Ukraine seinerzeit zu Polen-Litauen gehörte, versuchten die polnischen Könige, die orthodoxe Kirche in eine Gemeinschaft mit der römisch-katholischen Kirche zu bringen. Die Bischöfe sollten die Leitungsvollmacht des römischen Papstes anerkennen. Der größte Teil der orthodoxen Bischöfe zog mit, weil es ihnen selbst ihre Lage erleichterte. Gescheitert ist das Ganze damals weitgehend daran, dass die Gläubigen und die Klöster das in weiten Bereichen einfach nicht mitvollzogen, weil sie die staatlichen und kirchenpolitischen Interessen durchschauten.

In sowjetischer Zeit funktionierte das trotz angewandter Gewalt im westukrainischen Lemberg in der umgekehrten Richtung nicht, und im Moment erleben wir eine tiefe Entfremdung der Angehörigen der ukrainisch-orthodoxen Kirche von ihrem Patriarchen Kyrill in Moskau, weil diesen das unsägliche Leid seiner Herde überhaupt nicht zu interessieren scheint und er auf skandalöse Weise Putins Krieg gutheißt. Das Moskauer Patriarchat wird daran zerbrechen.

Letztlich ist es die Herde, die immer das richtige Gespür hat. Alle Macht ist wirkungslos. Als sich 1054 die Kirchen von Rom und Konstantinopel, also Papst und Patriarch, unter lautem Knall voneinander trennten, vollzogen längst nicht alle Kirchen in Ost und West diesen Bruch mit, sondern ignorierten ihn einfach und blieben zusammen. Erst der westliche Überfall auf Konstantinopel 1204 brachte eine Entfremdung, die vermeidbar gewesen wäre, weil sie nicht von allen gewollt wurde. Heute will und kann der größte Teil der Christen bei uns die Trennung der Kirchen nicht weiter hinnehmen.

In unwegsamem Gelände, wie wir es jetzt erleben, kann es sein, dass einzelne Teile der Herde einen eigenen Pfad durch die Felsen gehen, ein Stück getrennt von den anderen, sich aber weiter in die gleiche Richtung bewegen. Wir versuchen in der jetzigen Situation mit und in unseren Gemeinden vor Ort unterwegs zu sein und uns so gut es geht an ihren Bedürfnissen zu orientieren und uns darauf zu konzentrieren.

Sind uns die Kirchenaustritte egal?

Unsere heutige Situation bringt eine neue Konstellation im Miteinander von Hirten und Herde mit sich: Den Hirten laufen die Schafe in Scharen weg. Die Zahlen sprechen für sich. Um was handelt es sich sonst bei den Kirchenaustritten? Natürlich muss man hier gut hinschauen und differenzieren. Dennoch stellt sich im Blick auf das Miteinander von Hirten und Herde die Frage: Ist es manchen unserer Oberhirten einfach nur egal, dass die Herde auseinanderläuft?

Wir gehen im Moment durch extrem steiniges Gelände – sollte da ein Hirte nicht alles versuchen, die Herde zusammenzuhalten? Oder gibt es auf verschiedenen Seiten ein ernsthaftes Interesse daran, jetzt Menschen zu verlieren, das heißt weggehen zu lassen, die in das eigene Bild der Kirche nicht passen? In unserer Geschichte gibt es kein einziges Beispiel für ein Gesundschrumpfen, wohl aber für schuldhafte Selbstreduktion und Flucht vor Verantwortung.

Während einer digitalen Sitzung eines Bistumsgremiums stellte ich die Frage, warum denn überhaupt nichts zu der Kirchenaustrittswelle gesagt werde? Darauf kam aus der Bistumsleitung die Antwort, dass das gar nichts mit der momentanen Situation zu tun habe, sondern schlicht und einfach daran liege, dass die Leute nicht mehr glauben.

Kann man die Kirchenaustrittswelle so einfach als Ausdruck einer schicksalhaften Säkularisierung abtun? Es mag dieses Desinteresse geben. Es gibt auch Menschen, die materialistisch eingestellt sind und ihr Geld einfach nur für sich behalten wollen. Aber in der Breite trifft das nicht zu. Ich glaube vielmehr, es kommt nicht mehr rüber, worum es in der Kirche geht. Die Botschaft ist durch die Zustände verdeckt. Und im Hinblick auf Reformanliegen herrscht kaum Dialog, sondern Belehrung. Die Anliegen werden als unberechtigt wegrelativiert. Eigentlich herrscht eine positive Grunderwartung, die aber bitter enttäuscht wird.

„Für mich macht es den Eindruck, dass Arroganz und Weltfremdheit bei der Kirchenleitung herrschen. Mich macht das fassungslos, wütend und ohnmächtig."

Wir bekommen in unserem Kreis viele E-Mails von Menschen, die mit einem Kirchenaustritt ringen oder schon ausgetreten sind. Viele sagen, dass sie sich dennoch weiterhin als Glaubende und Christen betrachten. Wer maßt sich an, darüber zu urteilen?

Tiefgläubige Menschen treten aus dem Kern unserer Gemeinden aus und doch fühlen wir uns vor Ort weiter mit ihnen verbunden. Das sehen auch viele, die bleiben, so. Irgendwie ringt jeder:

„Das Thema wird unserer Kirche viele Austritte bescheren und wenn sich die Kirchenleitung künftig nicht diesem Thema stellt und mit offenen Karten spielt, dann werden noch viel mehr Gläubige der Kirche den Rücken kehren. Gläubige, die gläubig sind

und das auch bleiben werden, aber der Kirche als solches nicht mehr angehören möchten. Ich selber kann dieses Verhalten mehr als gut verstehen. Das Urvertrauen, welches man in die Kirchenleitung hat, wird hier ganz massiv ‚missbraucht' und das von ganz oberster Stelle. … Ich kann die Menschen, die von der katholischen Kirche bzw. hier vom Erzbistum enttäuscht werden, sehr gut verstehen und so leid es mir tut, ich kann auch jeden verstehen, der aus diesem Grunde aus der Kirche austritt, gleichzeitig aber weiterhin seinen Glauben an Gott lebt."

Deshalb bekommen Ausgetretene von uns folgenden Brief:

Sehr geehrte Frau N.N.,

in der jetzigen Situation überlegen viele, aus der Kirche auszutreten oder haben diesen Schritt schon vollzogen. Für mich als Pfarrer gehören sie zu unseren Gemeinden wie alle anderen – deshalb möchte ich mich hiermit an Sie besonders wenden.

Ich vermute, dass die Frage eines Kirchenaustritts in der jetzigen Situation nur für wenige eine Frage des Glaubens ist. Viele sagen mir, dass sie sich weiterhin und ausdrücklich als Christinnen und Christen verstehen, aber das, was sie von der Kirchenleitung – ob in unserem Erzbistum oder anderswo – wahrnehmen, nicht mehr mittragen können und vor allem nicht mehr mitfinanzieren wollen. Das bezieht sich nicht nur auf die Art und Weise der Aufarbeitung der Missbrauchsfälle und die damit verbundenen Pannen und Ungeheuerlichkeiten, sondern genauso auf aufgestaute überfällige Reformfragen oder als arrogant oder selbstzentriert rüberkommende drittklassige Amtsträger in der Führung, die sich für bessere Christen halten, aber kaum noch Bezug zur Basis haben. Wenn man das Bild der Herde verwenden möchte: Es sieht so aus, als sei es dort egal, dass die Herde auseinanderläuft.

Alle diese Probleme hängen von der Sache her zusammen. Das ist wohl jedem von uns klar. Ich sehe die Probleme genauso, und sie gehen an die Substanz. Viele, auch ich selbst, leiden an der momentanen Wirklichkeit der Kirche. Wozu soll man sich das antun? Für manche ist die Schmerzgrenze längst überschritten.

Aber … aus welcher Kirche kann man eigentlich austreten? Was verstehen wir unter Kirche? Die Institution? – Oft wird „Kirche" auf die Amtsträger reduziert, und manche davon verhalten sich auch so, als seien ausschließlich sie „die Kirche". Das ist Amtsanmaßung. Ich selbst habe mich immer dagegen gewehrt, hier vor Ort „der Kirchenvertreter" zu sein. Die Kirche sind wir hier alle. Kein Papst oder Bischof ist „mehr" Kirche als ein einzelnes Gemeindemitglied. Ich wünsche mir da mehr Selbstbewusstsein. Wir dürfen die Kirche nicht denen überlassen, die sie zu einer Sekte verunstalten.

Ich selbst möchte mich weder herausdrängen lassen noch selbst gehen, auch wenn ich sicherlich anderswo berufliche Perspektiven hätte. Warum will ich nicht aufgeben?

Die christliche Kirche ist für mich eine Erfahrungsgemeinschaft, die ich vor allem hier vor Ort konkret erlebe. Ich habe – und da hatte ich wahrscheinlich Glück – Menschen erlebt, die mir darin eine Lebenserfahrung und echte innere Freiheit ermöglicht haben, die ich mir selber angeeignet und für mich weiterentwickelt habe. Das ist für mich eine gestaltende Kraft in unsere Gesellschaft hinein. Kirche steht für alle, die diese Kultur leben und weitergeben. Ich bin aber froh, dass mir nie eine rigide Sexualmoral oder moralischer Druck vermittelt wurden, was aber, wie ich weiß, manchen Älteren von uns den Glauben vergiftet hat. Das war aber eine Karikatur der christlichen Botschaft.

Ohne das Christentum und seine Spiritualität sehe ich langfristig die Gefahr eines großen Verlustes an Lebenskultur für unsere Gesellschaft. Für mich hat das Christentum eine spirituelle Kraft, aus der heraus wir die großen Herausforderungen der Zukunft angehen können, gerade auch die Klimakrise. Der Club of Rome schrieb 2019, dass es für eine dauerhafte Lösung dieser Krise eine Änderung unserer Einstellung zur Natur braucht – eine spirituelle Revolution. Dafür steht für mich Christentum, ohne Abgrenzung.

Allerdings sehe ich dieses Potenzial durch die Realität in vielen Bereichen der Kirchenleitung blockiert, leider auch in manchen Gemeinden. Trotzdem müssen wir uns die Frage stellen: Wollen wir uns kaputtmachen lassen, was uns wertvoll ist? Möchten wir diesen reichen Erfahrungsschatz aufgeben? Lassen wir einen kulturellen Ausverkauf unseres Landes durch immer mehr Kirchenschließungen zu? Vielen hohen Amtsträgern liegt nichts an dem, was hier vor Ort in Gefahr ist.

Ich glaube nicht, dass ich einer Sache anhänge, die sich überlebt hat. Für mich ist die christliche Botschaft keine Sache von gestern, sondern etwas, womit ich Zukunft gestalten will. Der Glaube entwickelt sich im Wortsinn: Es entfaltet sich etwas. Katholisch ist kein konfessioneller Begriff, sondern bedeutet „allgemein / für alle". Für mich ist eine weltweite Kirche ein Zeichen für eine geeinte Menschheit, die sich global und mit der Natur solidarisch weiß. Zu einer anderen Kirche übertreten ist für mich keine Alternative, weil ich wie viele andere darauf hinarbeite, dass alle Christinnen und Christen in Zukunft einen gemeinsamen Weg als Kirche gehen.

Ich weiß nicht, ob Sie diese Gedanken für nachvollziehbar halten. Sie müssen das tun, was jetzt für Sie ansteht, und aufrecht vor sich selbst bleiben. Aber eins möchte ich Ihnen versichern: Das, wofür die Taufe steht, verliert man durch einen Kirchenaustritt nicht. Die Taufe ist kein Mitgliedsausweis, sondern weckt eine innere Kraft. Sie ist eine Garantie, dass der Weg unseres Lebens ein gutes Ziel haben wird.

Als christliche Gemeinde vor Ort fühlen wir uns deshalb weiter mit denen verbunden, die für sich mit der institutionellen Seite gebrochen haben. Seien Sie hier weiter willkommen! Ausdrücklich möchte ich abschließend noch erwähnen, dass auch Menschen, die

aus der Kirche ausgetreten sind, von uns beerdigt werden, wenn das von ihnen selbst oder den Angehörigen gewünscht wird. Tote begraben ist für uns ein Ehrendienst.
  Aber die Kirche möchte ich nicht begraben.

Herzliche Grüße

Lohnt es sich, im Gespräch und in der Auseinandersetzung zu bleiben, oder soll man aufgeben?

> *„Kirche war schon immer ein Streitthema. – Wenn dann noch gestritten wird, ist es ja gut. Beunruhigend ist ja eher, dass viele jetzt nicht mehr streiten möchten, weil sie über den Punkt hinaus sind und der Kirche gänzlich den Rücken drehen. Da ist Kirche dann gar kein Thema mehr. Noch nicht mal mehr zum Streiten.“*

Wer meint, mit einem Kirchenaustritt „denen da oben“ einen Denkzettel verpassen zu können, liegt mit dieser Annahme falsch. Den finanziellen Verlust werden wir in den Gemeinden vor Ort tragen müssen. Wie gewöhnlich wird dann dort wieder zuerst gespart. Große Teile der Kirchenleitung – Bischöfe und Domkapitel – werden nicht aus der Kirchensteuer, sondern aus sogenannten Staatsleistungen bezahlt. Das sind Gelder aus dem allgemeinen Steueraufkommen, die hierzulande immer noch als Entschädigungen für die Enteignungen der Kirche in napoleonischer Zeit gezahlt werden.

Statt aus der Kirche auszutreten, wäre es effektiver, vor den Staatskanzleien für eine Ablösung dieser anachronistischen Praxis zu demonstrieren. Mit Kirchenaustritten bestraft man die Falschen. Im Hinblick auf das eigentliche Problem sind sie völlig wirkungslos.

Kirchen-Bashing

Dass ein Teil der Hirten für sich beansprucht, die Kirche zu sein, und diese dabei ihre Herde aus dem Blick verlieren, ist unbegreiflich. Genauso undifferenziert wird dem allerdings in der öffentlichen Meinung stattgegeben, indem dort von „der Kirche" oder „der katholischen Kirche" gesprochen wird, wenn die Kirchenleitung gemeint ist. Das ist für uns an der Basis eine schizophrene Situation.

Immer wieder wird versucht, die Probleme zu personalisieren, indem man sich auf Rücktrittsforderungen in Bezug auf bestimmte Bischöfe einschießt. Mit Rücktritten wären die Probleme aber nicht gelöst, denn aufgrund der strukturellen Ursachen würden neue Leute wieder an den gleichen Stellen scheitern. Die Gleichsetzung von dem, was man „die Kirche" nennt, mit einzelnen Bischofspersonen schlägt schnell um in einen enthemmten und pauschalisierenden Angriff gegen „Kirche" als solche.

Ich habe im Umgang mit manchen Medien die Erfahrung machen müssen, wie schwer es ist, eine differenzierte Aussage abgeben zu können. Teilweise wurde einseitig nachgebohrt oder Aussagen durch einen späteren Schnitt verzerrt.

Unsere Gemeindemitglieder wehren sich genau wie ich gegen die pauschalisierende Art, wie immer wieder von „der Kirche" geredet wird. Und sie erleben dabei teils dummdreiste Anfeindungen im persönlichen Umfeld. Solche Verallgemeinerungen treffen daneben und verletzen.

Wie bei jedem echten Problem gibt es in dieser Kirchenkrise nicht schwarz und weiß, gut und böse. Polarisierungen sind realitätsfremd. Angesichts des geschehenen Leids noch mehr Verletzungen in Kauf zu nehmen, ist ein Weg in den Abgrund. Einer echten Reform der Kirche leistet das einen Bärendienst.

Wir werden als Kirche vor Ort – und als solche sind wir Kirche von unten – schlichtweg übersehen. Und wir erleben auf verschiedenen Ebenen, öffentlich wie privat, einen pauschalisierenden Umgang mit der Krise, in dem nur noch von *der* katholischen Kirche die Rede ist. In einem undifferenzierten Umgang wird dabei alles niedergemacht, was uns kostbar ist. Und Kirche erscheint reduziert auf ihre organisatorischen Strukturen, wie ein Torso, ohne Rücksicht auf die, die sich mit ihr eben anders identifizieren als manche Leitungspersonen. Wir als katholische Kirche vor Ort möchten endlich als gleichwertige Teile der Kirche wahrgenommen werden, sowohl in der hiesigen Öffentlichkeit als auch von unserer Kirchenleitung.

Vor diesem Hintergrund entsteht der Eindruck, dass an manchen Stellen bewusst eine Stimmung erzeugt wird, die eine Eigendynamik entwickelt und letztlich bestehende Strukturen zementiert. Manche von uns, die sich weiterhin bewusst als katholische Christen betrachten, nehmen ein enthemmtes Katholiken- oder Kirchen-Bashing wahr, in dem Kirche und Glaube als Projektionsfläche für alles Mögliche dienen. Für „normale" Christinnen und Christen ist das verletzend:

„Schlimm ist meiner Meinung nach, dass dieser Kommentator am Ende vom ‚Katholikenklüngel' spricht. Da werden wir alle in einen Sack gesteckt und in Sippenhaft genommen. Das Ganze wird langsam unerträglich."

„Die Presse ist wie eine hungrige Meute, die wahllos alles zerfleischt, was ihnen in die Finger fällt. Da wird oft nicht mehr unterschieden zwischen dem Beschuldigten und denen, die keine Schuld haben. Da geht es um Verkaufsquoten und persönliche Karriere. Da schlägt man auch noch drauf, wenn das Opfer am Boden liegt. Und das Spiel fängt jetzt erst an."

„Es ist wirklich schade, dass es immer ‚Spiele' geben muss, dieses Phänomen durchzieht alle Lebensbereiche und bringt so viel Leid."

Es geht hier keinesfalls um ein Infragestellen unabhängiger Berichterstattung. Aber darf im Hinblick auf die katholische Kirche immer noch etwas ausgelebt werden, was die *political correctness* zu Recht anderswo längst verbietet? Im Laufe der Geschichte wurde sich viel an der katholischen Kirche abgearbeitet. Sie hat dafür selbst genug Angriffsfläche produziert. Trotzdem denke ich inzwischen, dass die Austrittswelle in ihren Ursachen zwar hausgemacht ist, aber durch mediale Kampagnen forciert und bewusst angeheizt wurde. Engagierte Messdienerinnen und Messdiener berichten mir, dass sie Angst haben, sich in der Schule als solche zu outen, um nicht gemobbt zu werden. Wo sind wir? Da ist doch etwas krank oder zumindest irrational.

Ich frage mich, ob da inzwischen über den Skandal, den die Kirche selbst herbeigeführt hat, hinaus weitere Aggressionen und Frust angesichts gesellschaftlicher Dauerkrisen auf Kirche projiziert werden. Ähnliches gab es auch in der Zeit der Reformation in den Exzessen des Bildersturms, wo sich unter religiösem Vorwand blinde Zerstörungswut an christlicher Kunst entlud und ein Menschheitserbe vernichtete. Es kann heute nicht um die Zerstörung von Kirche und Christentum in unserer Kultur gehen. Die dadurch entstehende Lücke wird durch nichts geschlossen. Bevor sich alle über die zurückgelassene Leere wundern, gilt es sorgfältig zu differenzieren.

Mehr Selbstbewusstsein

Ich glaube, wir müssen uns Folgendes fragen: Warum ist es uns nicht gelungen, bei den meisten Gläubigen ein christliches Selbstbewusstsein zu erzeugen, das weniger auf eine Kirchenleitung fixiert ist und sich nicht so einfach herausdrängen lässt? Im Mittelalter war man weitaus weniger obrigkeitshörig und auf die kirchliche Hierarchie fixiert, als wir es heute sind. So konnten sich immer wieder Reforminitiativen von unten her durchsetzen und behaupten. Ich bin stolz, wenn ich aus unseren Gemeinden auch heute derartige Stimmen höre:

„Ich mag mir die Gemeinschaft mit anderen Christen und Gott nicht vermiesen und nehmen lassen. Und ihr alle zum Glück auch nicht."

„Wir können doch eine gute Idee nicht einfach einer Minderheit zur Zerstörung überlassen."

„Meiner Meinung nach muss man aber doch bleiben und zeigen, dass es sich lohnt zu kämpfen für das, was der Glaube und die Gemeinschaft in der Kirche für den Einzelnen und die Gesellschaft bedeuten. Wir lieben unsere Kirche. Wir möchten sie nicht aufgeben."

Wir haben allen Grund zu solchem Selbstbewusstsein. Immerhin wurden wir bei unserer Taufe zu Königinnen und Königen gesalbt und außerdem zu Priestern und Propheten. Niemand kann uns diese Würde und Verantwortung nehmen.

Kirche ist Demokratisierung nach oben: nicht Abschaffung, sondern Verallgemeinerung des Königtums. Jesus selbst behält nichts exklusiv für sich, sondern gibt Anteil an dem, was er selber ist. Könige im biblischen Sinne handeln nicht aus Pflicht, sondern aus Souveränität und Freiheit. Nur so können wir durch die Krisen gehen. Wir werden Töchter und Söhne Gottes! Die Taufe bewirkt nicht eine simple passive Kirchenmitgliedschaft. Sie ist zuerst die entspannende Zusage, dass ein Leben aus Gottes Sicht nicht scheitern kann, dass es in jedem Fall ein gutes Ziel erreichen wird. Darüber hinaus ist sie eine Befähigung zu dem, was Jesus selber ausmacht.

Das geweihte Priestertum steht im Dienst dieses allgemeinen Priestertums. Es ist diesem Dienst geweiht. „Mehr" als ein getaufter Christ kann man auch durch die Weihe nicht werden, weil das als solches nicht mehr zu toppen ist.

In einer durchorganisierten und durchinstitutionalisierten Gesellschaft, die auf den Service von Spezialisten setzt, ist es jedoch schwer geworden, zu diesem Wesen von Kirche als Gemeinschaft vorzudringen. Unsere Mentalität ist vorgeprägt: Wir wollen uns auf Fachleute verlassen. Und so wird Kirche vor Ort tatsächlich von vielen, die nicht zur sogenannten Kerngemeinde gehören, mit dem Pfarrer gleichgesetzt, der dann der Fachmann für das Geistliche oder Spirituelle ist. Folglich höre ich dann zuweilen auf manchen Festivitäten, wenn es um das Wetter oder irgendein kleines Wunder geht: *„Herr Pastor, Sie haben doch den Draht nach oben."* – Der Draht braucht aber gar nicht nach oben zu gehen, sondern in die Tiefen von uns selbst. Dort wartet Gott.

Mich regt es inzwischen innerlich auf, wenn ich bei offiziellen Veranstaltungen, etwa dem Neujahrsempfang der Kommune, als „Vertreter der Kirche" begrüßt werde. Ich habe mir mittlerweile angewöhnt, dann immer im Saal zu fragen, wer denn alles getauft ist (was in unserer Neusser Gegend die Mehrheit der Menschen ist), und begrüße dann alle diese anwesenden Kirchenvertreter und -vertreterinnen.

Und dann ist da noch bei manchen Engagierten in unseren Gemeinden diese Erwartungshaltung hinsichtlich der Wertschätzung durch den Pfarrer. Ich kann ihr bei 21 Gemeinden beim besten Willen nicht mehr nachkommen. Viel gutes Engagement bemerke ich erst gar nicht, weil ich einfach nicht darum weiß. Darüber ist mancher enttäuscht. Und mich bedrückt das immer wieder. Eine Lösung sehe ich nur darin, sich auf beiden Seiten von diesem Druck zu befreien, statt ihm nachzugeben. Ich bin als Pastor nicht derjenige, dem zuliebe man sich engagiert. Ich möchte vielmehr das christliche Selbstbewusstsein jedes Einzelnen wecken und stärken, der sagen kann: „Ich bin ein Teil dieser Gemeinde, und es ist meine Gemeinde und meine Überzeugung, und deshalb tue ich hier etwas.“ – Es gibt schon viele, die so empfinden, und davor habe ich Respekt.

Manchmal höre ich in Gemeinden einen Satz wie: „Wir können doch den Pastor nicht allein lassen … wir müssen mitmachen.“ – Doch nein, ich möchte kein Engagement aus Mitleid. Denn wäre eine Sache nur bemitleidenswert, dann wäre es besser, sie ginge ein. Ich möchte vielmehr Menschen zu einem Engagement aus Überzeugung führen, sodass es Freude macht, etwas gemeinsam auf die Beine zu stellen. Der Apostel Paulus wäre vermutlich aus der Haut gefahren, hätte ihm in Korinth jemand gesagt: „Ich engagiere mich hier, um dir Last abzunehmen.“ – Nein, es ist eure Gemeinde! Es geht um euch! Ich erwarte keinen Dank, kann ihn aber auch nicht leisten. Ich finde es eher absurd, dass in manchen Gemeinden jährlich sogenannte Ehrenamtlerdankabende stattfinden, bei denen das Team der Hauptamtlichen etwas für die Ehrenamtler ausrichtet und sie bedient. Ist das ein christliches Gemeindeverständnis? Als Jugendlicher, der sich selbstbewusst in seiner Heimatpfarre im grundsoliden, menschlich-warmen Leverkusen engagierte, hätte ich das damals schräg gefunden.

„Was mich am meisten nervt, ist diese unendliche Dankbarkeitskultur in der evangelischen Kirche“ sagte Anna-Nicole Heinrich, jüngstes Präsidiumsmitglied der EKD, am 28. Dezember 2021 im Deutschlandfunk. Ich hörte zufällig diese Sendung und dachte mir, ja, da spricht es jemand mal klar aus! Eine überzogene Dankbarkeitskultur unterstellt doch irgendwie, dass der- oder diejenige, dem oder der gedankt wird, das ja nur aus gutem Willen mache und das doch alles gar nicht selbstverständlich sein kann. Aber das ist es doch für uns: eine selbstverständlich gute Sache. Ich jedenfalls möchte keinen Dank für mein Engagement, denn dieses kommt aus mir selbst, da ich von der Sache selbst überzeugt bin. Ich tue es also nicht nur den anderen zuliebe, sondern auch, weil es mir selbst guttut.

Auf manchen unserer Dörfer löst die Tatsache, dass ein Pfarrer nicht mehr zu runden Geburtstagen und Ehejubiläen zu Hause vorbeischaut oder „von der Kirche" kein Grußwort mehr kommt, Enttäuschung aus. Aber wir haben einfach kaum noch jemanden, der das übernehmen möchte. Und mich selbst schmerzt es sehr, dass ich nicht mehr die Zeit dafür finde. Trotzdem stellen sich die Fragen: Haben wir in der Vergangenheit falsche Erwartungen geweckt? Ist der Besuch durch andere Gemeindemitglieder weniger wert als der durch einen Priester?

Ich könnte viele solcher Beispiele aufführen. Haben wir uns auf Nebenschauplätzen verzettelt? Sind wir es, die Selbstbewusstsein vermitteln, oder wollen wir das von Gott her erschließen? Der Ernst der Lage und die heraufziehenden Krisen werden uns nur die zweite Alternative lassen.

Macht, Ohnmacht und Konflikte

Nicht nur im Hinblick auf die Kirchenleitung, sondern auch im Hinblick auf uns Priester vor Ort wird über Macht gesprochen. „Die Pfarrer müssen mehr Macht abgeben," habe ich auch hier in Pfarrgemeinderäten gehört. Ich habe dann immer nachgefragt, worin denn nun diese Macht des Pfarrers bestünde. Darauf gab es keine Antworten. Ich selbst empfinde jedenfalls im Gemeindealltag kaum etwas von dieser Macht. Im Gegenteil, ich fühle mich eher ohnmächtig, versuche Leute bei der Stange zu halten, Verantwortung zu übergeben und Initiativen zuzulassen, auch wenn ich nicht voll dahinterstehe.

Das heftigste Druckmittel ist der Satz: „Dann schmeiße ich hier eben alles hin." Was für ein Frust und welche Aggression sprechen daraus? Schmeißen wir die Brocken etwa hin, weil die Sache, um die es geht, uns fremd geworden ist?

Eigentlich ist das Miteinanderwirken in unseren Gemeinden von hohem Engagement und einer Liebe zur gemeinsamen Sache bestimmt, und doch bricht immer wieder eine heftige Emotionalität durch, die offenbart, unter welchem hohen inneren Druck manche engagierten Christen vor Ort stehen. Oft geht es darum, dass man fürchtet, die eigene Gemeinde käme anderen Gemeinden gegenüber zu kurz, zum Beispiel was die Zahl der Gottesdienste betrifft.

Woher kommen diese manchmal so aggressiven Schnellschüsse, alles hinzuwerfen? Warum gelingt es uns dann nicht, uns gegenseitig zumindest guten Willen zu unterstellen? Warum gelingt es nicht, offen miteinander über Ängste und Sorgen zu reden? Wir brauchen auf allen Seiten mehr Besonnenheit und Nachdenklichkeit. Oder leben wir längst so am Limit, dass unsere Fässer so schnell überlaufen? Will Gott uns nicht einen befreiten Umgang miteinander ermöglichen?

Im Widerspruch zu meinem persönlichen Empfinden und im Widerspruch zur Forderung, Macht abzugeben, höre ich immer noch den Ruf nach dem Pfarrer als dem „Papa" der Gemeinden, der Streit schlichtet, indem er entscheidet, wer gut und böse ist. *Sie sind doch der Pfarrer: Greifen Sie mal durch!"* Mit dem Ruf nach der letzten Verantwortung verbindet sich der Ruf nach dem Schuldigen, wenn dann mal etwas schiefläuft. Das erinnert mich an die Israeliten, die von Samuel um jeden Preis einen König forderten.

Verantwortung wirklich gemeinsam zu tragen und unsere Gemeinden als unsere gemeinsame Aufgabe zu sehen, ist eine große Herausforderung. Ich erfahre hier vielerorts, dass das gelingen kann und bin sehr dankbar dafür, mit solchen Menschen hier zu wirken, aber es gibt auch das krasse Gegenteil.

Gerade in der Coronasituation war es immer wieder eine innere Zerreißprobe für uns. Welche Regel sollte es für die Gottesdienste an Weihnachten geben? 3G war manchen zu locker und galt als verantwortungslos, das Bistum erlaubte freien Zugang für alle, 2G wurde als diskriminierend für Ungeimpfte empfunden und mit Kirchenaustrittswellen bedroht, während andere wegen zu großer Lockerungen auszutreten drohten. Ich übertreibe nicht. Letztlich haben wir unsere Pfarrgemeinderäte, zu denen wir ja als Seelsorgeteam selbst gehören, entscheiden lassen. Es kamen zwei unterschiedliche Entscheidungen heraus, die wir dann jeweils so umgesetzt haben. Ich habe für mich versucht, diese Spannung auszuhalten, selbst dann, als es E-Mails hagelte, ich solle eine klare Entscheidung treffen und durchziehen.

Wie angesichts der immer mehr zunehmenden Konflikte und Polarisierungen die Gemeinden zusammenhalten – darin sehe ich momentan die größte Leitungsaufgabe. Und wenn ich das ernst angehe, macht es permanent angreifbar. Wir müssen Gegensätze in uns und um uns herum aushalten und annehmen. Es liegt an uns selbst, den ersten Schritt ins Gespräch zu tun.

„Ich bete darum, dass eure Liebe immer noch reicher an Einsicht und Verständnis wird" (Philipper 1,9), schreibt Paulus. Mit diesem Gebet versuche ich, an meinen Dienst heranzugehen. Das heißt nicht, einfach alles zu akzeptieren und damit vermeintlich schwach zu sein. Es gibt die Forderung nach „Klarheit" in der Leitung, aber das kann nicht bedeuten, in jedem Konflikt schwarz und weiß zu definieren, wie es oft gewünscht wird, sondern zu differenzieren und um Lösungen zu ringen.

In einer sich uns immer komplizierter darbietenden Welt meinen wir mit sogenannter Klarheit Lösungen schaffen zu können, die aber oft nur vordergründig bleiben und eine kurzfristige Selbstbestätigung liefern. Wir möchten Dinge schnell erledigt haben, weil wir hoffen, dass sich dann eine konfliktfreie Ruhe einstellen würde. Diese wird es jedoch nie geben. Das ist nicht die Struktur der Wirklichkeit.

„Einsicht und Verständnis" bedeutet, auf einer tieferen Ebene das Verbindende zu suchen und von daher zwischen den unterschiedlichen Positionen zu vermitteln. Es kann durchaus einsam machen, wenn man sich keiner Gruppe vorschnell zuordnen möchte, aber die Verbindung, die mühsam entsteht, ist umso nachhaltiger.

Ein ehrlicher Umgang mit Macht, die es nun einmal gibt, bedarf einer gegenseitigen Offenheit und Transparenz. Mich beunruhigt, wenn ich mitbekomme, dass sich Menschen nicht trauen, mir etwas zu sagen, und sei es noch so kritisch. Da wird lange hin- und herüberlegt, wer dem Pastor das mal sagen könnte. Findet sich keiner, wird geschwiegen, obwohl die Hütte brennt. Das Gleiche gilt der Kirchenleitung gegenüber. Wir brauchen da mehr Selbstbewusstsein.

Immer noch Heimat

Gott sei Dank haben Menschen hier genau dieses Selbstbewusstsein:

> „Momentan machen sich bei mir keine Wut und Traurigkeit breit. Ich erwarte nicht viel von den Amtsträgern, d. h. dass dort irgendwelche gravierenden Veränderungen auftreten werden. Das ist auch nicht der Grund, weswegen ich in der Kirche bin und bleibe. Der Grund ist: Die katholische Kirche, der Glaube ist meine spirituelle Heimat."

„Immer wieder frage ich mich, ob ich in dieser Kirche noch bleiben kann. Aber wenn ich austreten würde, würde ich meine Wurzeln kappen. Ich habe den Glauben an Jesus Christus quasi mit der Muttermilch aufgesogen."

Manche fragen auch mich: „Warum bleibst du dabei und unterstützt ein System, das Missbrauch vertuscht hat, das Frauen diskriminiert und Menschen kleinhält?" Ja, für diese Dinge schäme ich mich. Dennoch: Ich bin nicht Priester geworden aus Liebe zu einem System, sondern weil ich mich durch Jesus Christus gerufen und vom Evangelium angesteckt fühlte. Kirche steht für mich für dieses Erbe. Ich möchte auch nicht in eine „andere" Kirche übertreten, weil es nur eine einzige „katholische", d. h. „allgemeine" und „für alle offene" Kirche gibt und die konkreten Kirchen um Jesu und der Menschheit willen ihre Spaltungen überwinden müssen. Wir sind auf dem Weg zur Einheit in der Ökumene. Spaltung ist von gestern. Wir können uns das nicht mehr leisten angesichts der Lage der Welt.

Warum bin ich also Katholik? – Nichtkatholiken unterstellen manchmal, ein richtiger Katholik müsse doch irgendwie vom Papst oder Bischof begeistert sein. Ich bin zum letzten Mal 1996 als Student in Rom gewesen, seitdem nicht mehr, auch wenn mich die Stadt kunsthistorisch sehr interessiert. Ich schätze Papst Franziskus sehr. Aber nicht wegen eines Papstes oder Bischofs bleibe ich katholisch, sondern weil ich in dieser Gemeinschaft den Geist und die Lehre Jesu Christi weitergeschenkt bekommen habe und das auch weiter tun will. Die katholische Kirche ist meine spirituelle Heimat. Dafür spielen Amtsträger und andere Personen eine zweitrangige Rolle.

Gerade weil uns die Kirche von ihrem eigentlichen Wesen her so viel bedeutet und wir selbstbewusste Christinnen und Christen sind, schockiert und beunruhigt uns die Abwendung, wie wir sie zurzeit erleben, zutiefst. Sie steht der inneren Dynamik der Kirche, die Menschen sammeln und verbinden will, diametral entgegen. Sie ist historisch einmalig, da Menschen gehen, weil Kirche sich nicht als das zeigen kann, wofür sie steht. Sie steckt in einer Selbstblockade.

Es gab und gibt in der Kirchengeschichte Verfolgungszeiten und große Wegbrüche durch Kriegsereignisse, wie etwa den Mongolensturm im 14. Jahrhundert, der für die blühende katholische Kirche des Ostens vernichtend war.

Was heute geschieht, liegt jedoch zu großen Teilen in der Kirche selbst begründet. Wichtig ist, herauszuarbeiten, worin dieses Versagen konkret besteht und warum es glaubenszerstörend wirkt. Ein erster Schritt ist, den Zusammenhang mit dem Missbrauchsskandal in seiner alles zersetzenden Kraft wahrzunehmen und die Probleme nicht von der Wurzel zu trennen, gleichsam outzusourcen, wie es momentan meist geschieht. Dazu möchte ich meine Wahrnehmungen einbringen.

2. Was der Missbrauchsskandal offenlegt – und was eine Aufarbeitung wäre

Eine substanzielle Erschütterung

Es ist offensichtlich, dass der Missbrauchsskandal inzwischen weltweit die moralische, aber auch die geistliche Glaubwürdigkeit unserer Kirche zerstört hat. Die Fakten sind bekannt, und mit Sicherheit wird im Laufe der Zeit noch mehr ans Licht kommen. Es geht nicht um eine Summe von Einzelfällen. Was sich hinter sexualisierter Gewalt verbirgt und woher sie im Einzelfall kommt, kann ich hier nicht bearbeiten. Es geht mir um das, was mit „Vertuschung" umschrieben wird, also den Umgang innerhalb der kirchlichen Strukturen damit. Denn wir müssen uns fragen: Wie tief hat sich der Skandal in diese Strukturen und das Wesen der Kirche hineingefressen? Haben wir zum Schutz der institutionellen Seite der Kirche – für das Ansehen und den Ruf des Klerus – nicht unsere eigenen Überzeugungen, das Wesen der Kirche, ja unseren Glauben an Gott verraten, weil wir vertuscht haben, statt auf die Opfer und die Wahrheit zu schauen?

„Für mich persönlich ist die genannte Zahl einfach unfassbar. Wenn man dann noch bedenkt, dass etliche Fälle im Dunkeln sind, kann man nur erschüttert sein. Wer will da noch den Vertretern von Moral und Glauben irgendwie vertrauen, sich ihnen anvertrauen, geschweige denn seine Kinder in Obhut geben? Von diesem Schock wird sich Köln lange nicht erholen.

Ich bin froh, dass trotz allem der Glaube an die christliche Botschaft noch existiert. Lasst uns da anknüpfen und weitermachen. Ich bin froh, dass es jede Menge Geistliche gibt, die aufgestanden sind, um das Unrecht zu bekämpfen."

Doch: Mit der juristischen Aufarbeitung, wie sie etwa im Erzbistum Köln trotz aller Auseinandersetzungen konsequent angegangen wurde, ist nichts Nachhaltiges erreicht. Die formaljuristische Fokussierung ist allerdings wenig verwunderlich: Die Kirche abendländischer Prägung erliegt hier einer Vereinseitigung, in die sie sich theologisch seit dem Hochmittelalter immer mehr begeben hat, als man versuchte, das Verhältnis des Menschen zu Gott in rechtlichen Kategorien zu fassen. Anselm von Canterbury ging im 12. Jahrhundert davon aus, dass der Mensch durch sein Verhalten Gott beleidigt habe und dass dies eine Genugtuung verlange, die Gott selbst durch den Tod seines Sohnes erwirkt habe.

Dieses Verständnis, das sich auf eine verkürzte Weise immer mehr durchsetzen konnte, weil es so einfach war, führte dazu, dass korrektes Verhalten wichtiger wurde als Liebe. Auch Theologie als solche erhob immer mehr den Anspruch, eine objektive Wissenschaft zu sein und löste sich von der spirituellen Erfahrung. Moral konnte auch ohne Empathie definiert werden. Von da aus war es kein weiter Schritt mehr, dass nur noch der äußere Schein des Korrekten im Vordergrund stand.

Hier wird also deutlich, dass wir es mit einem tief sitzenden spirituellen Problem des westlichen Christentums zu tun haben, das in der Erfahrung einer inneren Distanz des Menschen Gott gegenüber gründet und die Religion dadurch versachlicht und institutionalisiert hat. Dieser aus meiner Sicht eigentlichen Problematik, an der die Kirche meiner Ansicht nach krankt und die sich in der gesamten Kirchenkrise offenbart, möchte ich im Folgenden in verschiedenen Anläufen nachgehen.

Eine moralische Aufarbeitung bedeutet zunächst einmal, ernst zu nehmen, dass die Botschaft nicht von ihrem Träger getrennt werden kann. Das gehört zum christlichen Grundprinzip der

Inkarnation, d. h. der Menschwerdung: Das Wort Gottes mit seiner schöpferischen Kraft, das im ganzen Universum wirkt, fällt nicht vom Himmel, sondern geht durch Menschen hindurch, die es tragen. Damit das Wort gehört werden kann, müssen diese Menschen glaubwürdig sein, ihre Botschaft also selber ernst nehmen. Jesus Christus ist die Glaubwürdigkeit in Person. Paulus spricht im Blick auf alle anderen von zerbrechlichen Gefäßen. Das ist nicht als Entschuldigung gemeint, sondern will bescheiden machen.

Die moralische Aufarbeitung kann nicht an Kommissionen delegiert werden. Sie ist unsere gemeinsame Aufgabe, weil sie unser aller Selbstverständnis berührt. Wir müssen sie auf breiter Ebene einfordern, weil wir sonst aus dem Sog des Missbrauchs nicht herauskommen werden. Zuerst müssen wir viele Fragen zulassen:

Gibt es im Missbrauchsskandal nur die Summe der Einzelfälle – oder offenbart sich da auch ein System, das an manchen Stellen schlichtweg verkehrt ist?

Ich glaube nicht, dass ein System irgendwann mit Absicht konstruiert wurde. Es hat sich aus einer geistlichen Nachlässigkeit heraus entwickelt, einer spirituellen Langeweile, in die hinein andere Kräfte ihre Eigendynamik entwickeln konnten.

Wie, wenn nicht durch institutionelles Versagen, konnte es in solcher Breite dazu kommen, dass eine wesentliche Aufgabe der Kirche – der Kampf gegen das Böse und für Christus, der uns in den Opfern begegnet – ignoriert wurde zugunsten der Absicherung von Nebensächlichkeiten – wie dem Ansehen des Klerus? Musste das nicht scheitern, weil es in der Konsequenz gottlos war? Haben wir mit den Vertuschungen nicht selbst dem Bösen einen Raum mitten in der Kirche eröffnet und damit eine nachhaltige Selbstentfremdung ausgelöst? Die Vertuschung geschah doch, weil wir zu wenig Glaubensmut hatten! So sind wir zu einem Zerrbild unserer selbst geworden, einer

Karikatur von Kirche, weil sie in sich desorientiert ist. Verwechseln wir als Amtsträger geistliche Autorität mit Macht, die wir meinten einfordern zu können? Hat uns eine Glaubens- und Vertrauensarmut auf diesen Irrweg geführt?

Hoffen wir alle insgeheim, dass der Skandal eines Tages einfach „vorbei" sein wird und alles wieder gut ist? Aber warum sollte es irgendwo einen Teil der Kirche geben, der davon frei ist? Wir müssen uns der Tatsache annähern, dass nur die Wahrheit uns frei machen wird.

Noch konkreter: *Haben wir möglicherweise den Ruf und den Erhalt eines ausschließlich zölibatären Klerus um jeden Preis an die erste Stelle, vor seelsorgerische Erfordernisse, ja vor das Evangelium gestellt?*

Hier stoßen wir auf das Problem einer primären Identifikation mancher Priester und Bischöfe mit ihresgleichen. Dieses Phänomen bezeichnen wir als *Klerikalismus*. Warum wurde aus einem notwendigen Dienst ein privilegierter Stand, der eine Wagenburgmentalität entwickeln konnte? Warum haben wir eine Pervertierung des priesterlichen und seelsorgerlichen Dienstes durch die Täter zugelassen und laufen lassen?

Die nüchterne Geschäftigkeit, mit der in manchen Priestergremien in unserem Bistum über das Thema gesprochen wird, irritiert mich. Dagegen spricht Klaus Mertes SJ vom „geistlichen Ernst der Erschütterung". „Die Wucht der Anklage will gehört und ernst genommen werden."[1] Und François Dévaux, Gründer der französischen Opfervereinigung *la parole liberée*, hält den dortigen Bischöfen entgegen: „Sie sind eine Schande für die Menschlichkeit."

Wenn wir diese Erschütterung nicht an uns heranlassen können, dann müssen wir uns die Frage stellen: Fehlt uns die dafür notwendige Sensibilität? Sind wir abgebrüht und lassen nichts mehr wirklich an uns heran? Können wir über das Leid der Opfer trauern, die doch zu uns gehören? Oder ist ein klerikales Empfinden uns so sehr zum Habitus geworden, dass wir die Opfer als eine Bedrohung von irgendetwas empfinden?

In den Klageliedern des Alten Testaments wird die eigene Schuld vorbehaltlos ausgesprochen und mischt sich mit einer ehrlichen Trauer über das, was dadurch unwiederbringlich zerstört worden ist. Unsere jüdischen Vorfahren im Glauben waren weiter als wir heute und hatten eine innere Größe, die uns zurzeit fehlt.

Indem die Opfer als eine diffuse Bedrohung einer vermeintlichen Integrität des Klerus wahrgenommen wurden, wurden sie aus der Kirche herausgedrängt. Dabei sind es doch unsere eigenen Kinder, die geschändet wurden. Fehlt uns dieses Bewusstsein einer Identifikation mit unseren christlichen Schwestern und Brüdern?

Ich gebe zu, dass ich manchmal ein Problem mit der unter Priestern und Diakonen üblichen Bezeichnung „Mitbrüder" habe, als wenn es eine noch tiefere Verbindung als die für alle Getauften geltende Geschwisterlichkeit in Jesus Christus geben könnte oder meine Solidarität mit einem Priester größer sein müsste als mit einem anderen Christen. Patrick Bauer, ehemaliges Mitglied im Betroffenenbeirat unseres Bistums, bringt es auf den Punkt: „Man hat den Eindruck, dass die Fürsorge für Mitbrüder über der Fürsorge für die Opfer steht."

Papst Franziskus sagt: „Mit ist eine ‚verbeulte' Kirche, die verletzt und beschmutzt ist, weil sie auf die Straßen hinausgegangen ist, lieber als eine Kirche, die aufgrund ihrer Verschlossenheit und ihrer Bequemlichkeit, sich an die eigenen Sicherheiten zu klammern, krank ist."[2] Verletzt und beschmutzt ist die Kirche in ihren missbrauchten Kindern, und die Todeskrankheit ist ihre geistliche Arroganz und moralische Doppelbödigkeit, die die Sünde bei den anderen aufzeigen, in ihrer eigenen Selbsterstarrung aber nicht sehen wollte. In dieses Fahrwasser haben wir uns hineingebracht und sind endgültig auf Grund gelaufen.

Die Schatten der Angst

In der Bibel ist fortwährend von Umkehr die Rede. Im Neuen Testament wurde dafür das Wort *Metanoia* geprägt. In seiner unmittelbaren Bedeutung steht es nicht für eine Umkehr im Sinne einer Richtungsänderung, sondern bedeutet, durch etwas hindurchzuschauen oder zu erkennen. Es geht darum, anders auf eine Sache sehen zu lernen, erst anschließend kann sich etwas ändern.

Der Skandal der sexualisierten Gewalt fordert uns heraus, anders auf die Wirklichkeit der Kirche zu schauen. Es reicht nicht aus, die Fehler Einzelner zu bedauern, wenn die Strukturen, die eine stillschweigende Akzeptanz dieser Gewalt ermöglicht haben, weiter bestehen.

Gut und Böse lassen sich nicht durch Mauern voneinander trennen. Es gibt nicht einfach „die Guten" und „die Bösen". Der Abgrund tut sich oft haarscharf neben einer guten Absicht auf. So viele gute Absichten sind im Laufe der Zeit pervertiert worden. Es braucht den kritischen Blick auf den eigenen Weg, indem ich versuche, mich aus der Perspektive des anderen wahrzunehmen.

In der Kirche gab es trotz allem Freimut von Anfang an die Angst vor Feinden. Ein Freund-Feind-Schema stärkt den Zusammenhalt und Abgrenzung das Selbstbewusstsein. Wir kennen das aus verschiedensten gesellschaftlichen Zusammenhängen. Manche beschwören Verfolgungszeiten als geistliche Hoch-Zeiten der Kirche und sähen in der uns entgegenschlagenden Kritik und Ablehnung gerne eine neue Christenverfolgung. Die aktuelle Situation führt uns dahin, diesen Feind in uns selbst wahrzunehmen. Der äußere Feind wie der Feind in uns haben den gleichen Ursprung:

Sünde bedeutet die Entfremdung des Menschen von Gott. Sie bewirkt eine innere Leere, die schnell durch anderes gefüllt wird. Wir sind in diese geistliche Leere geraten. Viele spüren das. Sie finden bei uns nicht mehr das, was sie suchen. Es ist regelrecht zugemüllt.

Was die Einschätzung der Sündhaftigkeit eines Systems angeht, waren unsere älteren Geschwister, die Juden, schon einmal weiter als wir. Das Alte Testament ist voll reinigender prophetischer Selbstkritik, wo sich das Volk Israel von seinen eigenen Grundlagen als Gottesvolk entfremdet hat und in die Katastrophe geriet. Hier hat die Kirche die Erfahrungen Israels noch nicht eingeholt, sondern hinkt mühsam hinterher.

Was uns von Gott entfremdet, ist unsere Angst. Angst steht hinter allen Formen der Vertuschung. Man wollte „die Kirche" schützen. Es herrscht aber eine Grundunklarheit, welche Kirche man eigentlich schützen will. Ein eingeschränktes und verzerrtes Kirchenbild sowohl auf Seiten vieler in der Kirchenleitung als auch in weiten Teilen der Gesellschaft zeigt seine Auswirkungen: Letztlich ist es doch immer die Angst um den Klerus in seiner jetzigen Form.

Keiner von uns kann behaupten, dass er es an führender Stelle besser gemacht hätte. Aber die Frage, die wir uns stellen müssen, ist, wie wir aus diesem selbstgebauten Kerker, in den wir uns und vor allem die christliche Botschaft gebracht haben, befreien können? Dieser Kerker des Klerikalismus ist ein Abgrund, in den wir die Opfer und so viele andere, und insbesondere ihre Herzen, mitgerissen haben.

So viel Handeln im kirchlichen Kontext ist von einer Angst um uns selbst und unsere Sache bestimmt: Angst vor Substanzverlust, Angst vor Schwäche, die Angst vor einem Dammbruch.

Es gibt aber gar keine schützenden Dämme. Das war eine Illusion. Die innerste Substanz ist Gott selbst – und die kann nicht verloren gehen. Doch all diese Ängste lähmen auch die Gemeinden. Viele erzählen ständig davon, wie schön es früher war. Und es grassiert das verräterische Wörtchen „noch": „Wie viele kommen noch zur Messe?" – Angst paart sich gern mit Pessimismus.

Das Problem ist unsere Angst um ein System von Kirche, das nicht mit Kirche gleichgesetzt werden darf, und damit verbunden eine Angst um eine vordergründige Identität.

In der Praxis der Vertuschung hat sich die Angst um uns selbst als Todesschatten offenbart, in all ihrer vernichtenden Dynamik. Es ist eine geistliche Aufgabe, sich dem zu stellen und sich auf den Weg zu machen, das zu überwinden. Durch Verdrängung wird das nicht gelingen. Am Anfang steht jene Erschütterung durch die Wahrheit, die allein frei machen kann. Es gilt auch hier der Spruch des Jan Hus, den Václav Havel auf unsere Zeit bezogen hat: „Die Wahrheit wird siegen." Dieser Sieg wird letztlich allen zugutekommen.

Ein zentraler Zuruf der biblischen Botschaft lautet: Fürchtet euch nicht! 365-mal soll er in der Bibel stehen. Wie schwer ist es für uns, das zu verinnerlichen …

Eine fatale Prioritätensetzung

Manche kirchlichen Kreise sprechen inzwischen von einem „Missbrauch des Missbrauchs", wenn Reformfragen in Zusammenhang mit der Aufarbeitung des Missbrauchsskandals gebracht werden. Diese Einschätzung ist völlig absurd und zeugt von mangelndem Bewusstsein für die Kirche als zusammenhängenden Organismus. Das Angstproblem als Ursache der Vertuschungspraxis sitzt so tief, dass es eine Aufarbeitung verlangt, die ganzheitlich ansetzt und danach fragt: Was hat sich über die letzten Jahrhunderte hinweg in Verkündigung, Lehre und Leben in eine einseitige, ja ungesunde Richtung entwickelt?

Es ist illusorisch, dass nach einem reinigenden Sturm alles wieder so wie „früher" werden kann. Ein solches „wie früher" kann es nicht geben, weil sündhafte Strukturen dann aufs Neue ihre Eigendynamik entwickeln würden. Insofern ist die Aufarbeitung die Chance einer echten Verlebendigung der Kirche und berührt alle Reformfragen, denn die narzisstische Angst um den Selbsterhalt eines Klerus in seiner jetzigen Form hat neben der Vertuschungspraxis weitere Auswüchse mit sich gebracht, die immer wieder einen Verrat an Grundüberzeugungen der Kirche bedeuten.

So gewinnt man den Eindruck, alle pastoralen Strukturreformen der letzten Jahre dienten hierzulande in letzter Konsequenz nur einem Ziel: dem Erhalt eines zölibatären Klerus um jeden Preis. Alle Reformen drehen sich also um die Frage: Wie viele Priester werden wir noch haben? – Die Zahlen sind massiv rückläufig, die Gründe dafür vielfältig. Gerne wird behauptet, dass dies mit einem allgemeinen Rückgang christlichen Lebens zu tun habe. Es gebe keinen Priestermangel, sondern einen Christenmangel. Das stimmt so nicht. Die verpflichtende Ehelosigkeit hält viele davon ab, ihrer Berufung überhaupt nachzugehen, und viele verlassen diesen Weg später genau deshalb. Ich kenne zahlreiche Mitstudenten, die allein deshalb gegangen sind, und viele junge Männer, die sich deshalb erst gar nicht auf den Weg gemacht haben. Der Churer Pastoraltheologe Manfred Belok sagt zu Recht: „Wir haben keinen Priester-, sondern einen Weihemangel."[3]

Es geht mir nicht um die zölibatäre Lebensform als solche, die einen sehr hohen Wert darstellt. Sie gründet in einer kontemplativen Haltung und hat ihren Ort zuallererst im

Mönchtum und davon abgeleitet im priesterlichen Dienst. Ich kann dem immer noch sehr viel abgewinnen. Jesus selbst und viele Apostel haben so gelebt. Die Lebensform verliert aber an Aussagekraft, wenn sie zu einer Verpflichtung und notwendig mit dem Priesteramt verbunden wird. An diesem Punkt sind wir inzwischen angelangt, wenn als Reaktion nicht mehr von einer Freistellung der Zölibatspflicht, sondern von einer „Abschaffung des Zölibats" gesprochen wird. Und die negativen Auswirkungen der Zölibatspflicht auf die Seelsorge stehen einer angemessenen Wertschätzung der freiwilligen Ehelosigkeit an sich und ihres tieferen Sinns immer mehr im Wege.

Die Ostkirche kennt eine andere Tradition. Sie weiht auch verheiratete Männer für die Gemeindeseelsorge, während die Bischöfe aus dem Mönchtum kommen. Diese Praxis gilt für die orthodoxen Kirchen und für die meisten der katholischen Ostkirchen, also Kirchen östlicher Tradition, die in Gemeinschaft mit Rom stehen. In der Ukraine, in Teilen Rumäniens oder im Nahen Osten sind die meisten katholischen Priester verheiratet. Diese Christen leben nicht, wie manchmal angeführt wird, in einer anderen Kultur als wir, und viele sind längst in westlichen Ländern beheimatet.

Die ostkirchliche Praxis zeigt: Priesteramt und Ehe schließen einander nicht aus. In der Praxis der Westkirche, also der heutigen römisch-katholischen Kirche, ging es ursprünglich um einen sogenannten Enthaltsamkeitszölibat, das heißt um eine sexuelle Enthaltsamkeit vor einer kultischen Haltung, verbunden mit dem Fasten, wie es viele Religionen kennen. Erst im 11. Jahrhundert wurde daraus, unter Angleichung an das Mönchtum, eine für alle Priester verbindliche Lebensform. Die Praxis bis ins 17. Jahrhundert zeigt, dass das aber nie überall durchzusetzen war.

Immer wieder wird ins Spiel gebracht, ob es ein erster Reform-schritt sein könnte, sogenannte *viri probati* zu weihen, das heißt Männer reiferen Alters, die sich über Jahre in Ehe und Familie bewährt haben. Das wäre ein fauler Kompromiss. Man würde wieder versuchen, den Schein eines makellosen Klerus aufrechtzuerhalten und auf Nummer sicher zu gehen, anstatt zu akzeptieren, dass eine Lebenskrise sich auch in höherem Alter einstellen und eine Ehe immer noch scheitern kann. Dem gleichen Schein diente die Missbrauchsvertuschung.

Hinsichtlich der Weihezahlen würde ein Aufgreifen der östlichen Praxis in kurzer Zeit zu einer spürbaren Entspannung führen. Natürlich ist es gut und richtig, um geistliche Berufungen zu beten, aber dies gerät in eine eigenartige, fast zynische Schräglage, wenn man nicht bereit ist, den Berufungen in ihrer vollen Breite Raum zu geben. Sonst müsste man sich fragen, ob Gott absichtlich Berufungen zurückhält. Verdienen wir sie nicht? Haben wir dem rufenden Wirken Gottes künstliche Grenzen gesetzt? – Vielfach wird dann gesagt, die Leute wüssten den Wert des Priesteramtes nicht mehr zu schätzen. Das kann ich jedoch nicht bestätigen. Wir erfahren sehr viel Wertschätzung für unseren Dienst. Erst durch den Mangel aufgrund unserer Eingrenzungen in Bezug auf die Zulassung entsteht die Gefahr, dass die Notwendigkeit des priesterlichen Dienstes wegrelativiert wird, weil Leute erst dann fragen, ob die Dienste nicht auch von anderen ausgeübt werden können. Wir dürfen uns nicht wundern, dass so die Frage aufkommt, ob wir denn überhaupt noch Priester brauchen. Nur durch unsere Praxis im Hinblick auf die Zulassung zum Priesteramt laufen wir Gefahr, das Priesteramt wegzurationalisieren.

Selbstverständlich ist eine Priesterberufung ein Geschenk. Das habe ich auch persönlich so erlebt und empfinde das trotz belastender Aufgabenfülle immer noch so. Ich könnte mir keinen anderen Beruf vorstellen. Dennoch ist der priesterliche

Dienst auch eine schlichte Notwendigkeit. Er leitet sich aus der Feier der Eucharistie ab, die wiederum eine Notwendigkeit für das christliche Leben ist. Insofern ist es weder Gunst noch Gnade, dass ein Bischof jemanden zum Priester weiht. Auf mich wirkten die Dankrituale nach Weiheliturgien, die Neupriester dem Bischof entgegenbringen, immer schon schräg, denn der Bischof erfüllt hier nur seine Pflicht den Gemeinden gegenüber. Und alle können dankbar sein, dass sich ein Mensch als Priester in den Dienst nehmen lässt.

Doch durch den faktischen Priestermangel blutet die Eucharistie aus. Ich habe selbst erlebt und erlebe es immer noch, dass die Eucharistie eine Gemeinde aufbaut und dass ich dabei als Priester eine wesentliche und notwendige Aufgabe wahrnehme. Niemand in unseren Gemeinden relativiert das. Die Eucharistie ist für eine christliche Gemeinde lebensnotwendig, weil sie darin erfährt, wer sie selbst ist: Die Eucharistie sensibilisiert für die heilende Gegenwart Jesu Christi in allen Bereichen des Lebens. Sie konkretisiert etwas, was sonst nur Idee bliebe. Sie weckt einen Geist der Anbetung, der den Respekt vor dem Geheimnis und der Unverfügbarkeit des Lebens bewirkt. Es geht also um eine umfassende Perspektiverweiterung.

Damit ist klar, dass sie sich nicht durch andere gottesdienstliche Formen ersetzen lässt. Sie ist nicht eine Hochform des Gottesdienstes, sondern seine Grundform, da Jesus sie selbst so zu seinem lebendigen Gedächtnis und als Erfahrung seiner Gegenwart eingesetzt hat. Wenn man der Meinung ist, sie sei eigentlich zu hoch für ungeübte Menschen, unterschätzt man die einfache Kraft dieses Zeichens. Unterstellt man, dass Menschen nicht eucharistiefähig seien, unterstellt man damit, dass Jesus Christus sie eigentlich nicht erreichen kann. Hat sich Jesus verkalkuliert?

Statt zu unterstellen, dass die Mehrheit unserer Gläubigen das alles nicht mehr verstehen und wertschätzen könne, und zu klagen, dass sie deshalb nicht bereit seien, sonntags weitere Wege für eine Eucharistiefeier in Kauf zu nehmen, müssten wir die Möglichkeiten, sonntäglich die Eucharistie feiern zu können, ausweiten und sie an den unterschiedlichen Bedürfnissen und Möglichkeiten von Menschen orientieren. Es bräuchte für manche Gruppen auch kleinere, intensiver miterlebbare Feiern, zum Beispiel für Firmanden, Jugendgruppen, Kommunionkinder oder Exerzitien im Alltag. Dann wird man sich auch wieder als große Gemeinde finden können. Als Kaplan konnte ich noch die Erfahrung machen, dass das gelingen kann.

In Jesus ist die Fülle göttlichen Lebens. Er sucht die innige Gemeinschaft mit möglichst vielen. Es ist absurd, dass das Sakrament der Eucharistie vom Mangel bestimmt wird. Die Frage, die sich aus diesen Überlegungen ergibt, ist: Warum ist für uns die momentane Praxis der Zulassung zur Priesterweihe wertvoller als die Feier der Eucharistie vor Ort? Hat das mit einer mangelnden geistlichen Wertschätzung der Eucharistie seitens der Verantwortlichen zu tun? Ist das Bewusstsein, wie sehr die Feier der Eucharistie kirchenbildend wirken kann, verloren gegangen?

Um unsere Gemeinden in der Messfeier lebendig zu halten, fahren wir Priester am Wochenende viele Kilometer und feiern drei, manchmal vier Sonntagsmessen. Dies verlangt viel geistliche Selbstdisziplin und emotionalen Einsatz, damit es keine Fließbandarbeit wird. Der Einsatz ist es wert, aber es bleibt unbefriedigend, weil ohne Weiteres mehr Aufbauarbeit möglich wäre, könnte man sich den Gottesdienstgemeinden intensiver widmen.

Priesterlicher Dienst ist von menschlicher Nähe nicht trennbar. Der christliche Glaube ist keine abstrakte Lehre, die man sich theoretisch aneignen kann. Wir sprechen vom persönlichen Zeugnis, also von etwas, was durch die eigene Existenz geht. Wenn wir Jesus Christus als das Mensch gewordene Gotteswort begreifen, bedeutet das, dass in seiner Nachfolge die Botschaft durch unser Menschsein hindurch verkündet werden will. Das gelingt immer noch, aber es ist nur ein Bruchteil von dem, was möglich wäre, wenn mehr diesen Dienst ausüben könnten. Nicht nur junge Menschen brauchen diese Nähe. Norbert Breuer, ein Religionslehrer, schrieb mir dazu:

„Die Schüler sind ganz und gar nicht desinteressiert, sie sind desillusioniert … Ich bin überzeugt, dass der Schlüssel, den wir manchmal suchen, vor allem in der glaubwürdigen zwischenmenschlichen Begegnung liegt, hinter der der zugrundeliegende Einfluss der prägenden Botschaft durchscheint, in den Kontakten, die kontinuierlich und nachhaltig sind. Das weckt bzw. erhält das Interesse und eine fragile, aber existente Relevanz und Attraktivität der Botschaft, hinter der die Institution zurücktritt, die sich so gern in ihrer Selbstbezogenheit sonnt. So selbstverständlich die Unterrichtsbeteiligung (der Anteil nicht getaufter oder muslimischer Schüler*innen ist bei uns extrem gering), so ungeliebt ist jede Form von Schulgottesdienst, weil hier anscheinend die Authentizität fehlt, interessanterweise in der Wahrnehmung der Kinder weit mehr im katholischen als im evangelischen Bereich. Aber wie wollen Sie und Ihre Brüder diese Nähe leisten, wenn Sie zu Sachwaltern der Struktur- und Personalprobleme zu werden drohen und von all diesen katastrophalen Fehlleistungen überrollt werden? Anders gefragt: Müssten nicht die Amtsträger aller Schattierungen und Ränge statt zu hierarchisieren und zu verwalten, statt sich selbst in die Tasche zu lügen, zu vertuschen, schönzureden, Phrasen zu dreschen und Standesdünkel zu pflegen, statt zu klagen und anzuklagen die Speerspitze der Begegnungsbewegung sein – statt

dieser bestenfalls hinterherzuhecheln, schlechtestenfalls diese auszubremsen.

Jugendliche, so vielgehörte Aussagen, bleiben z. B. Gottesdiensten nicht fern, weil die falschen Lieder gesungen, die falsche Musik gespielt und die falschen Texte gelesen werden oder weil da so wenig los ist, sondern wegen fehlender Glaubwürdigkeit, Sprach- bzw. Antwortlosigkeit, dem fehlenden Gemeinschaftsgefühl und vor allem anderen der fehlenden Spiritualität und Stille. Ihnen fehlt zur Ruhe zu kommen mehr als fortwährende Aktion. Sie suchen Antworten, die uns allen alles abverlangen. (…) Wenn wir näher herankommen, dürfen wir auch mal versagen und das tun wir immer wieder. Wer weit weg ist, findet weniger Gnade. Eine aktuelle Erfahrung für die Kirche als Institution.

Dies sind Gedanken, ich kritisiere nicht Sie und all die Amtsbrüder, die sich wahrlich aufreiben. Die Kirche und ihre Vertreter sind aber zu oft nicht mehr die Freunde, die mitleiden, mitfeiern, mit am Tisch sitzen, nicht wirklich, sie haben Nähe und Vertrauen verloren, sie sind Dienstleister und Eventmanager und daher vielfach austauschbar. Oft werden sie auch einfach zu Unrecht so wahrgenommen."

Hier ist die Leidenschaft angesprochen, mit der wir angetreten sind, und die uns immer wieder ergreift. Aber weil wir so wenige sind, ist es so schwer geworden, nachhaltig zu wirken. Bei aller Begeisterung für meinen Beruf macht mich das oft so unfassbar traurig, wenn ich sehe, was an Seelsorge und Eucharistie des Lebens nötig wäre und von so vielen ersehnt wird.

Mancher, der sich einen Fernsehgottesdienst aus einer Bischofskirche anschaut, ist irritiert, warum dort so viele Priester am Altar stehen, während die Wirklichkeit nicht nur auf dem

Lande dazu in einem krassen Gegensatz steht. In manchen Bereichen der Kölner Innenstadt gibt es noch Priester, die „ihre" Kirche haben und das auch medial posten. Hier fragen sich die Leute, ob es nicht die Zölibatspflicht ist, die in letzter Instanz die Gemeindestruktur bestimmt, und ob sie nicht längst zu einem Moloch geworden ist, dem alles Übrige an kirchlichem Leben langfristig geopfert wird. Ich kann diesen Vermutungen nichts mehr entgegenhalten.

Beginnt bei einem großen Gottesdienst die Predigt, lautet die Eröffnung immer wieder: „Liebe Mitbrüder im geistlichen Amt, liebe Schwestern und Brüder …" – Egal wie das gemeint ist, was ankommt, ist: „Ihr wollt als Klerus doch nur unter euch bleiben." Ist damit nicht genau das Problem angesprochen, das hinter der Vertuschungspraxis steht? Es erweckt den Eindruck, als seien damit selbstzerstörerische Kräfte bei uns am Werk, die in der Konsequenz den Glauben vieler Christinnen und Christen zerstören. Eine Öffnung des Klerus scheint mit großen Ängsten verbunden zu sein. Wir sind an einem toten Punkt angelangt.

Falsche Loyalität

Ängste, die es im Klerus gibt, sind oft mit Fragen von Loyalität und Gehorsam verknüpft. Eine engagierte Katechetin berichtet, was sie über einen kritischen Pfarrer in unserem Bistum denkt:

„Wen jetzt irgendwelche Schritte gegen Pfarrer X. unternommen werden, würde mich das ebenfalls fassungslos wütend machen. Und ein starkes Gefühl der Ohnmacht auslösen bei mir. Und mich vielleicht auch auf den Weg bringen weiter weg von der Kirche … so einer Gruppe, die so menschenverachtend ist,

dass er noch nicht mal seine Meinung äußern darf. Auch wenn es der Dienstherr ist. Das zeigt wieder einmal die fürchterlichen Strukturen der Kirche. Ich bin sehr wütend. Da kommt dann alles bei mir wieder hoch. Die ganze Ausgrenzung von Leuten, die unbequem sind, wie Drewermann; die nicht erwünscht sind, wie Schwule und Lesben oder Geschiedene; die offiziell ausgegrenzt werden. Wenn man das in seinem persönlichen Umfeld mitbekommt, macht es sehr betroffen, und bei mir kommt ein starkes Gefühl der Solidarität auf. Wie soll ich meinen Kommunionskindern erklären, dass sie niemanden ausgrenzen sollen? Liebe deinen Nächsten, wie dich selbst; und dass Gott jeden liebt, so wie er ist?"

Viele Menschen in unseren Gemeinden sorgen sich um uns Priester, wenn wir Kritik äußern. Auch mir wurde gesagt: „Wenn du so etwas schreibst, fliegst du raus. Die sehen dich dann als Nestbeschmutzer." Man geht davon aus, dass der Klerus nach einem Schema von Befehl und Gehorsam funktioniert und das Ganze etwas von einem totalitären System habe. Das sollte uns sehr nachdenklich machen!

Was ist Loyalität? Blindes Vertrauen wider besseren Wissens? Dass der Vorgesetzte wichtiger ist als die Sache, um die es geht? Geht es darum, dass einem letztlich die Kirche egal zu sein hat? Als Seelsorger vor Ort befinden wir uns immer mehr in einem Loyalitätskonflikt zwischen der Kirchenleitung und unseren Gemeinden, von denen Schaden abzuhalten wir versprochen haben. Es geht also nicht um Illoyalität der Kirche gegenüber, sondern um einen Loyalitätskonflikt inmitten der Kirche und eine falsche Prioritätensetzung.

Es gibt kaum einen Begriff aus der christlichen Spiritualität, der so missbraucht und vereinseitigt worden ist wie der des Gehorsams. Auch in den Sprachen der Bibel ist der Begriff „Gehorsam" mit dem des Hörens verbunden: sich einhören auf Gottes Wort und versuchen, darauf eine Antwort zu geben. Dieses Wort erreicht uns auf verschiedene Weise, auch durch andere Menschen und so selbstverständlich auch durch einen, der mir in der kirchlichen Amtsstruktur vorgesetzt ist. Gehorsam bedeutet, nicht bloß meinen eigenen Intuitionen zu folgen, sondern in einem Dialog zu stehen. Ignatius von Loyola spricht von der geistlichen Einübung der Indifferenz, das heißt der inneren Freiheit, die sich auf anderes und Neues einlassen kann. Ich selbst habe mir vor diesem Hintergrund nie eine meiner Dienststellen ausgesucht, sondern versucht, mich auf das einzulassen, was mir von meinen Vorgesetzten in der Diözese vorgeschlagen wurde. Das hat sich für mich bis heute bewährt. Im Konfliktfall könnte das allerdings Auseinandersetzung bedeuten, im Sinne eines ehrlichen gemeinsamen Ringens.

Vor diesem Hintergrund bezog sich Gehorsam in der Geschichte der christlichen Spiritualität immer auf ein persönliches Verhältnis, in dem es gegenseitiges Vertrauen, Verantwortung und Respekt gab. Dem Vorgesetzten lag am geistlichen und menschlichen Wachstum des anderen. In dieser Freiheit der Kinder Gottes war man sich nahe.

Die Forderung nach einseitigem Gehorsam durch die Leitung zeugt im kirchlichen Kontext von einer erschreckenden Verflachung geistlichen Lebens und von schwachen Persönlichkeiten, die von ihrem Amt längst überfordert sind. Eingefordert um seiner selbst willen, ist er ein Krankheitssymptom eines nicht mehr lebendigen Organismus. Die Verantwortungsträger spüren das längst und sind angstbesetzt. Wird das Ganze durch geistliche Schemata verbrämt, ist dem geistlichen Missbrauch Tür und Tor geöffnet. Hier offenbart sich, dass der Missbrauchsskandal zugleich ein Machtskandal ist.

Das systematische Versagen der Kirchenleitungen gegenüber den Opfern sexualisierter Gewalt bis in die höchsten

Spitzen der Hierarchie hat einen Anspruch auf Gehorsam und Loyalität qua Amt zu einer Unmöglichkeit gemacht und deren Gehalt ad absurdum geführt. Gehorsam und Loyalität der Kirche gegenüber ist nicht mehr identisch mit Gehorsam und Loyalität gegenüber der Kirchenleitung. Im Umgang mit den Vorfällen sexualisierter Gewalt hat ein Großteil der Verantwortungsträger gezeigt, dass sie nicht den Interessen und Bedürfnissen der Kirche, sondern den vermeintlichen Partikularinteressen des Klerus gedient haben. Sie hatten keine klare Vorstellung von ihrer eigentlichen Aufgabe: Das ist kein Hirtendienst mehr.

Die Sache der Kirche ist die Sache der Menschlichkeit. Eigentlich ist das klar. Selbstverständlich kann es dabei zu Konflikten kommen, die einen überfordern. Solche Situationen kenne ich aus meinem Pfarreialltag zur Genüge. Dann muss ich das aussprechen, statt mich hinter Machtgehabe zu verstecken. Wenn ich mich bei Mitarbeiterinnen und Mitarbeitern für Fehler entschuldige, die ich gemacht habe – was häufig vorkommt –, verliere ich dadurch keineswegs an Ansehen oder Respekt. Es ist vielmehr ein Mindestanspruch für ein gutes Miteinander.

Der Priester unseres Bistums, den ich oben angedeutet habe, wurde in einem Interview gefragt, ob es sinnvoll sei, dass der Bischof angesichts der Lage zurücktrete. Er bejahte dies und wurde daraufhin aus unserer Personalabteilung auf schroffe Weise brieflich gemaßregelt und an seine Loyalität erinnert. – Das nimmt in unseren Gemeinden jedoch keiner mehr ernst, weil es nicht mehr durch moralische Autorität gedeckt ist.

Ein Wort, das gerne bewegt wird, um unbedingte Loyalität einzufordern, geht auf den heiligen Bischof Cyprian von Karthago im 3. Jahrhundert zurück: „Wo der Bischof ist, da ist die Kirche." Damit intendierte Cyprian jedoch nicht, denjenigen die Verbundenheit mit der Kirche abzusprechen, die nicht auf Linie des Bischofs sind, sondern wies die Bischöfe darauf hin, sich ihrer Verantwortung für die ganze anvertraute Kirche bewusst zu werden: Es geht nicht um deine Person, sondern um deine Herde. Die Betonung Cyprians lag auf dem zweiten, nicht auf dem ersten Teil der Formulierung. Der Bischof ist nicht mehr Kirche als die anderen.

Wer nicht bereit ist, Verantwortung zu übernehmen und sich stattdessen wegduckt, kann nicht mehr erwarten, dass sich andere seiner Leitung anvertrauen. Es ist nur noch beschämend, wie sich ranghohe Personen in unserem Bistum und anderswo gegenseitig Verantwortung zuschieben, sich selbst aber als nicht zuständig herauswinden. Statt das eigene Gewissen zu befragen, und damit vor die Kirche zu treten, wartet man darauf, dass einem juristisch etwas nachgewiesen werden kann. Das ist absolut armselig.

Der Anspruch, der mit einer Weihe verbunden ist, wird nicht mehr eingelöst. Die Kirche ist kopflos geworden. Statt Autorität regiert ängstliches Machtgehabe. Illoyal sind nicht die kirchlichen Mitarbeiterinnen und Mitarbeiter, die solche Bischöfe und andere Leitungspersonen kritisieren, illoyal sind vielmehr diese selbst, weil sie keine Loyalität den Menschen ihrer Kirche, das heißt der Kirche als solcher gegenüber empfinden, sondern den Eindruck machen, nur ihr eigenes Denkmal retten zu wollen. Kirche kann nicht mit einer Firma verglichen werden, in der man dem Dienstgeber gegenüber loyal zu sein hat, weil er der Dienstgeber ist. Wer so argumentiert, hat vom Wesen der Kirche nichts begriffen. Kirche ist gemeinsame Sendung und Verantwortung, denn Chef und Dienstgeber ist Jesus Christus, der jedem unmittelbar nah ist. Er ist auch vor Ort unser Gemeindeleiter.

Eine Verteidigung der Kirche ist nicht mit der Verteidigung ihrer Leitung zu verwechseln. Hier wurden immer wieder falsche Fronten aufgebaut. Die Kämpfe finden zuerst in uns selbst statt, in der Überwindung unseres angstbesetzten Kirchennarzissmus. Das schafft Freiheit für die eigentlichen Auseinandersetzungen, die anstehen, in der die Kirche sich mit allen Menschen guten Willens verbunden weiß. Innerkirchliche Forderungen nach Loyalität und die daraus entstehenden Kämpfe sind unsinnige Kraftverschwendung.

Ich halte Demut nach wie vor für eine große geistliche Tugend: Es ist heilsam, sich seine Grenzen einzugestehen und von daher einem anderen Menschen zu begegnen. *„Und ich lasse in deiner Mitte übrig ein demütiges und armes Volk, das seine Zuflucht sucht beim Namen des Herrn"* (Zefanja 3,12) – so beschreibt der Prophet Zefanja vorausschauend die Struktur und den Anspruch der Kirche. Im unmittelbaren Miteinander kann das gelingen. Nur in der menschlichen Begegnung kann man Ängste überwinden.

Hier liegt ein weiteres Problem: Heute haben wir es in vielen Bistümern mit undurchschaubaren Apparaten zu tun, innerhalb derer Gehorsam bürokratisiert wird. Es gibt kaum echte geistliche Beziehungen. Lächerlich wird das zum Beispiel, wenn ein Verwaltungsmitarbeiter des Bistums einen Kollegen in der Seelsorge, der sein neues Diensthandy noch nicht nutzen will, an seinen Gehorsam erinnert. Immer wieder macht es auf mich den Eindruck, dass es in Köln oder Rom zugeht wie bei einem Hofstaat. Nur fehlt die Kultur des Umgangs. Das wirkt dann wie eine Karikatur von Versailles.

Selbstverständlich kann es in einem lebendigen Organismus nicht darum gehen, immer nur das machen zu wollen, was man gerade will. Wer einen nüchternen Verstand hat und im Leben steht, erkennt die Zusammenhänge. Es gilt jedoch ernst zu nehmen, wie Menschen Dinge empfinden und was

Vorgehensweisen der Leitung auslösen, egal, ob das in Bezug auf eine Sachlage angemessen erscheint oder nicht: Eine Kirche ist nicht einfach ein Dienstgeber wie andere. Wenn sie aber so agieren will, muss sie sich auch daran messen lassen. Dann verliert sie aber jeden geistlichen Anspruch.

Dass man im Mittelalter mit Loyalitätskonflikten angesichts von Papst und Gegenpapst oder bei uns in Köln angesichts des Erzbischofs als Kurfürst wesentlich freier und ungezwungener umging und auch Exkommunikationen einfach ignorierte, zeugt von einer inneren Freiheit, die uns erst im 19. Jahrhundert verloren gegangen ist. Erzbischof Konrad von Hochstaden, der den Grundstein zum heutigen Kölner Dom legte, wurde nach kriegerischen Auseinandersetzungen von seinem Gegner, dem Grafen von Jülich, einem gläubigen Katholiken, neun Monate im Jenseitsturm der Burg Nideggen in der Eifel eingesperrt. Immerhin stand ihm dort eine Kapelle zur Verfügung, sodass er die Heilige Messe feiern konnte. Die geistliche Grundaufgabe des Bischofs wurde immer respektiert und geachtet, und trotzdem waren Grenzen klar. Ich sage das ohne Häme, schließlich war Konrad von Hochstaden einer meiner Vorgänger als Pfarrer von Wevelinghoven.

Jesus Christus im Missbrauchsopfer erkennen

Die langen Schatten der Angst lähmen die geistliche Vitalität der Kirche und lassen sie erstarren. Die innerkirchliche Angst ist eine Angst vor Kontrollverlust. Auch unter Pfarrern gibt es die Vorstellung – und sie wird von vielen Gemeindemitgliedern genährt –, man müsse seinen Laden im Griff haben. Von dieser Vorstellung müssen wir uns verabschieden. Ich kann jedenfalls bei 21 Gemeinden nicht behaupten, dass ich das unter Kontrolle hätte. Das Wirken Gottes ist nicht unter

Kontrolle zu bringen. Das anzuerkennen befreit. Spirituelles Leben ist vieldimensional. Die Gottsuche und auch die Hingabe an Gott kennen ganz unterschiedliche Richtungen, die sich aufeinander beziehen. Das erfordert Mut und innere Offenheit. So stehen der ängstliche Umgang mit der Eucharistie, der Umgang mit dem Priesteramt und der Umgang mit den Überlebenden sexualisierter Gewalt in einem inneren Zusammenhang.

Die Eucharistie will uns sensibel machen für die wirkende Gegenwart Gottes im Leben. In Jesus Christus wirkt Gott, und in seinem Leib und Blut möchte Jesus wirkend unter uns lebendig sein, um uns damit wiederum zu sensibilisieren für seine wirkende Gegenwart im ganz anderen. Die kirchliche Tradition hat dafür den Begriff der Realpräsenz geprägt, was wörtlich „wirkende Gegenwart" bedeutet.

Jesus hat von Anfang an seine wirkende Gegenwart in der Eucharistie mit seiner wirkenden Gegenwart im leidenden Menschen verbunden. Er identifiziert sich so sehr mit uns, dass wir von einer Identität des Leidenden mit Jesus ausgehen können. Im Evangelium spricht Jesus davon, dass das, was wir dem Geringsten seiner Schwestern und Brüder antun, ihm antun. Christus ist im leidenden Menschen genauso anwesend wie in der Eucharistie. Beides sind wesentliche Elemente, aus denen sich das Wesen der Kirche bildet.

Für mich ist es immer wieder bewegend zu sehen, welchen Stellenwert der leidende Mensch im Selbstverständnis der mittelalterlichen Kirche hatte. Die künstlerischen Zeugnisse sprechen für sich. Im Neusser Quirinusmünster, wo ich zum Diakon geweiht wurde, wird ein die Bögen der Südempore stützendes Kapitell aus den Skulpturen von Kranken mit Krücken gebildet: Der leidende Mensch spielt eine tragende Rolle für die Kirche. Es handelt sich um die einzige figürliche

Darstellung von Menschen in der Bauplastik dieser architektonisch so reichen und bewegten Kirche. Die meisten anderen Kapitel haben, wie in der Spätromanik üblich, die Form von Knospen, die dabei sind aufzugehen.

Dieser Moment der aufgehenden Knospe, den wir in jedem Frühjahr draußen beobachten, hat etwas unglaublich Dynamisches: Nach der Winterstarre sind die Kräfte gesammelt und beginnen sich zu entfalten. Wir ahnen, was werden will. Die Knospenkapitelle übertragen dieses Geschehen auf die Architektur und das Wesen der Kirche. Wir haben es nicht mit einem geschlossenen Gemäuer zu tun und einer trennenden Wand, sondern mit lebendigen Steinen, die über sich hinauswachsen wollen. In dieses Geschehen sind die Kranken mit ihren Krücken eingebunden – spannenderweise nur sie und keinerlei Darstellungen von Bischöfen, Priestern, Honorationen der Stadtgesellschaft, Herrschergestalten, Helden oder sonst jemandem, dem man eher eine tragende Rolle zudenken würde.

Für unsere heutige Situation, in der wir unser Selbstverständnis als Kirche nicht mehr in Kirchenbauten anschaulich machen, heißt das: Was kann uns die Erfahrung leidender Menschen und insbesondere der Missbrauchsbetroffenen für unser Selbstverständnis Grundlegendes sagen? Was lernen wir von ihnen? Sind wir bereit, von ihnen und damit von Christus zu lernen?

Gott ist nicht einfach da, auch nicht in der Kirche. Er ist im Kommen. In Jesus kommt er immer wieder neu und sucht die Begegnung mit uns. Die erste Aufgabe der Kirche ist nicht, Christus zu den Menschen zu bringen, sondern ihn zu entdecken, zu empfangen und dann weiterzugeben. Das erfahre ich individuell, es gilt aber genauso fürs Ganze. Es geht immer um Suche und Gefunden-Werden.

Das ist wohl der Grund, warum es in der Zeit der Spätgotik immer wieder in irgendeinem Winkel der Kirche versteckte Darstellungen des Antlitzes Christi auf dem Schweißtuch der Veronika gibt: In Sankt Kastor in Koblenz befindet sich im Grabmal des Trierer Erzbischofs Werner von Königstein (gestorben 1418) auf der Rückseite seines Wappens, das Engel zu Füßen der Liegefigur halten, ein solches Schweißtuch mit Antlitz, das von Anfang an von dem rahmenden Wandbogen mehr oder weniger verdeckt wurde und sich erst bei näherem Herangehen zeigt.

Ähnlich befindet sich im Bonner Münster im Querschiff unmittelbar hinter einer spätgotischen Lettnerempore ein etwa zeitgleiches Wandfresko mit einer ebensolchen Darstellung. Wer sich auf die Suche macht, wird in mittelalterlichen Kirchen viele derartige versteckte Christusbilder entdecken. Das Kommen des Herrn ereignet sich kaum auf einer geraden Straße des Lebens, sondern auf seinen Umwegen und in versteckten Winkeln. Christliche Existenz ist Gottsuche, im Vertrauen darauf, dass er uns ganz woanders abholt, jenseits unserer Bilder und Vorstellungen, die uns oft im Wege stehen. Er findet zu uns ganz unten.

Der Erfinderin des Fronleichnamsfestes im 13. Jahrhundert, der heiligen Juliane von Lüttich, waren diese Zusammenhänge bewusst. Im Hospiz von Cornillon vor den Toren Lüttichs an der Straße nach Aachen pflegte sie Kranke. Daraus wuchs ihre spirituelle Sensibilität für die Eucharistie.

Die heilige Elisabeth von Thüringen, ihre Zeitgenossin, erlebte es genauso. Ein Fresko in der Marbuger Elisabethkirche zeigt einen Kranken, der von ihr im Bett gepflegt wird. Der Kranke hat das Antlitz Jesu. Das Tagesgebet vom Tag der heiligen Elisabeth (19.11.) spricht von ihrem „wachen Herz für die Armen, in denen sie Christus erkannte und verehrte". In dieser Zeit des Minnegesangs erscheint Elisabeth als die hochverehrte große Dame, die Königstochter, die sich ihrer königlichen Würde und Verantwortung voll bewusst ist und daraus ihre Zuwendung lebte.

Das ist nicht überholt: Im Christentum ist das Königtum nicht abgeschafft, sondern demokratisiert. In der Taufsalbung werden alle zu Königinnen und Königen gesalbt. Elisabeth erkannte mit ihrer eigenen königlichen Würde diese zugleich im anderen Menschen. Immer wieder stoßen wir auf die Begegnung als Grundexistenzial des Christlichen. Spannend ist, dass das Wirken der heiligen Elisabeth die Grundlage ist, aus der durch Initiative ihrer Tochter Sophie von Brabant das Land Hessen entstand: Mit dem christlichen Allgemeinkönigtum ist verantwortungsbewusste Politik zu machen. Neben Elisabeth und Juliane könnten wir noch weitere große Frauen dieser Zeit anführen. Ihre Glaubensperspektive war immer auch die Opferperspektive, indem für sie die Identifikation mit Christus und seiner Kirche die Identifikation mit dem leidenden Menschen bedeutete.

Für mich selbst hat sich eine Erfahrung während meiner Zivildienstzeit tief in mein Gedächtnis eingeprägt, an die ich oft denke: Ich habe diesen Dienst in der Krankenpflege in einem Krankenhaus geleistet. Immer wieder wurden hilflose, alkoholisierte Obdachlose von der Straße eingeliefert. Meine Aufgabe war es, sie auszuziehen und zu duschen. Als ich einen, der sehr verschmutzt und geistig ziemlich abwesend war, ausgezogen hatte, blickte ich auf seiner Brust auf die Darstellung des gekreuzigten Jesus an seinem Rosenkranz, den er um den Hals hängen hatte.

Für uns sind diese Einsichten heute ein entscheidender Schritt zur nachhaltigen Aufarbeitung des Missbrauchsskandals:

Müssen wir Jesus Christus und damit Gott nicht konsequent auf der Seite der Opfer und Überlebenden des Missbrauchs suchen? Wie konnte es dazu kommen, dass im Umgang mit den Opfern die Seelsorge und damit der genuine Auftrag der Kirche, für die Schwachen da zu sein, nicht an erster Stelle stand? Liegt das nur daran, dass manche Entscheidungsträger in Bistumsleitungen einfach zu weit weg von der alltäglichen Seelsorge sind? Wie für den Priester und den Leviten im Gleichnis vom Barmherzigen Samariter scheint es für sie im täglichen Geschäft der Kirche Wichtigeres zu geben.

Die Missbrauchsopfer sind anwesender Christus in unserer Kirche. Wird hier Jesus Christus aus der Kirche rausgedrängt, weil er lästig ist? Würde sich jemand trauen, das Allerheiligste aus dem Tabernakel auf die Straße zu schütten? Was für ein Sakrileg, würden viele rufen. Doch das Sakrileg wurde hundertfach verübt von kirchlichen Verantwortungsträgern.

Ein Betroffener erzählt mir, dass er, obwohl im kirchlichen Dienst stehend, von den Bistumsverantwortlichen signalisiert bekommt: Du gehörst nicht zu uns. Monatelang wird trotz Nachfragens auf Mails nicht reagiert. Er stört den Betrieb. Bei ihm kommt an: „Es geht denen nur noch um Geld und die Wirkung in der Öffentlichkeit. Damit kann man bei denen noch etwas bewegen." Doch eine reine Fokussierung auf Entschädigungen lässt die Opfer weiter außen vor, weil es sie weiterhin aus der Gemeinschaft herausgedrängt. Sie sind aber Teil der Kirche, nicht weniger als Papst oder Bischof. Diese Anerkennung wird ihnen verweigert. Geld schafft keine Versöhnung. Man versucht, die Opfer weiterhin outzusourcen und draußen zu halten. Wir sehen, wie verheerend die Anmaßung in Teilen des Klerus ist, die eigentliche Kirche zu sein.

Die Opfer stören dieses System, während man die Täter nicht als störend empfand. Damit entlarvt sich das System und führt sich ad absurdum. Auch Opfer, die später selbst Priester wurden, haben dies so erfahren. Sie wurden fallen gelassen, damit das System nicht infrage gestellt werden musste.

Im Jugendslang der 2000er-Jahre wurde „Opfer" zu einem Schimpfwort: Jemand ist „Opfer", weil er es nicht anders verdient. Das klerikale System hat diese Perversion verinnerlicht. Es gilt deshalb zuerst, den Opfern ihre Würde als Glieder der Kirche, ja als Repräsentanten des Hauptes der Kirche, Jesus Christus, wiederzugeben. Mit diesem Perspektivwechsel beginnt echte Aufarbeitung.

Was sich im Umgang mit den Opfern sexualisierter Gewalt, aber auch im bedingungslosen Festhalten an der Zölibatspflicht, in den Loyalitätsforderungen und im Umgang mit wiederverheirateten Geschiedenen offenbart, ist eine erschreckende Lieblosigkeit und die Verweigerung echter Beziehung, die berührbar macht. Menschsein ist Beziehung. In der Beziehung zu Gott allein liegt eine Unsterblichkeit begründet. „Nur Objekte lösen sich auf."[4] Im Umgang mit dem Missbrauch wurden die Opfer zu Objekten degradiert, während die Institution maßlos überhöht wurde. Man verweigerte sich der Gemeinschaft mit dem leidenden Christus, indem man das Leid der Opfer nicht an sich ranließ.

Hier zeigt sich ein verzerrtes Verständnis von Kirche. Eigentlich ist Kirche Empathie, eine zutiefst empfundene Liebe zum leidenden Menschen, zur Natur, zu Gott. Dagegen steht diese erschreckende Verhärtung der Herzen. Sie zerstört Kirche, indem sie den Gemeinschaftswillen des Menschen mit Gott zerstört. Gott selbst ist in diesem Sinne das Kriterium für Gut und Böse, da er die höchste Person und die Quelle aller Lebendigkeit ist.[5]

Im Umgang mit dem Missbrauch hat sich Kirche Gott verweigert und ist damit einer Fehlorientierung ihres Gewissens erlegen. Theologisch-spirituell ist das verheerend: Bei allem handelt es sich um ein blockiertes oder zumindest stark reduziertes Gespür für die lebendige Anwesenheit Christi in seiner Kirche. In der Konsequenz heißt das: Kirche hat sich von Gott entfernt, deshalb bricht so vieles weg. Natürlich gibt es auch andere Gründe für eine wachsende äußere Bedeutungslosigkeit der Kirche, aber ihre geistliche Selbstbanalisierung sollte uns erschrecken.

Ein Anfang wäre einzugestehen, dass wir auch als Kirche zeitlebens in unserem Christsein Anfänger bleiben und Lernende der Liebe. Das hätte Signalkraft.

3. Vom Nutzen einer nutzlosen Kirche

Kranke Kirche in kranker Gesellschaft

„Wie? Du gehörst immer noch zu dem Verein? Wie kann man nur?" Aktive Christinnen und Christen in unseren Gemeinden berichten von solchen Infragestellungen oder gar regelrechten Anfeindungen in ihrem Umfeld. Eine Bistumsmitarbeiterin, die bei uns wohnt, erzählt:

> *„Eine Kollegin berichtete mir vor einigen Tagen, dass jemand das Gespräch mit ihr abbrach, als sie ihren Arbeitgeber nannte. Das ist kein Einzelfall mehr. Kollegen wurden beschimpft und mit der AfD verglichen."*

Diese Reaktionen haben etwas Übergriffiges an sich. Dahinter steckt mehr als nur eine Reaktion auf den Missbrauchsskandal. Er wird zum Anlass genommen, um einer weitaus tiefer sitzenden Enttäuschung Ausdruck zu geben, die sich zuweilen auf eine aggressive und distanzlose Art und Weise äußern kann. Welche Wunde ist hier berührt und was bricht hier auf?

Ich komme immer mehr zu der Überzeugung, dass sich darin eine tiefe Grundunsicherheit über Sinn und Stellung von Kirche in unserer Gesellschaft zeigt, die Teil einer tieferen Grundirritation ist, wie wir als Gesellschaft miteinander leben wollen. Eine vielfach orientierungslose Kirchenleitung, die die anstehende Richtung nicht erkennt, lebt in einer orientierungslosen Gesellschaft, die in sich gespalten und zerrissen ist. Christliche Gemeinden sind in dieser Spannung zutiefst verunsichert.

Wir haben es mit einer kranken Kirche in einer kranken Gesellschaft zu tun.

„Krank" verstehe ich hier nicht als Werturteil oder Vorwurf, sondern als die schmerzliche Feststellung, dass unser Leben in verschiedener Hinsicht und aus unterschiedlichen Gründen weit hinter seinen Möglichkeiten zurückbleibt und Menschen daran leiden. Krankheit ist keine Frage von Schuld. Diesen Zusammenhang hat Jesus aufgebrochen. Kirche und Gesellschaft sind vielmehr durch Ängste blockiert. Kirche wird in dieser Konstellation allerdings häufig als eine Institution wahrgenommen, die sich auf arrogante Weise über die Gesellschaft erhebt und Kritik an den Zuständen übt, ohne dabei selbstkritisch eigene Fehler wahrzunehmen.

Aus dem gemeinsamen Eindruck, dass etwas nicht stimmt und wir daran leiden, könnte eine tiefe Solidarität wachsen. Kirche und Gesellschaft stehen sich nicht gegenüber. Jeder, der zur Kirche gehört, ist Teil dieser Gesellschaft. Mich irritieren Diskussionen im Klerus, in denen „die Gesellschaft" als Gegenüber wahrgenommen wird. Das ist genauso absurd wie von „der Kirche" zu sprechen und damit die Kirchenleitung zu meinen. Noch eigenartiger ist die Gegenüberstellung von „uns" und „den Menschen", zu denen wir gesandt seien, als wenn wir selbst keine Menschen wären.

Es geht nicht darum, Recht zu haben oder Unrecht, um Gewinner und Verlierer eines Kulturkampfes, sondern um Zeitgenossenschaft, Solidarität und eine gemeinsame Zukunft, die auf dem Spiel steht. Kirche ist nach ihrem Selbstverständnis nur ein Werkzeug Gottes, um dem Menschen zu dienen, und steht als solche mitten in der Gesellschaft. Das vergessen Kirchenleute oft. Bezeichnend ist da, dass bei mancher Pfarrerkonferenz oder manchem Priesterrat im Tagungshaus unseres Bistums gerade die heftigsten Wortführer gegen „die Gesellschaft" hinterher ins Auto stiegen und dann anonym im Stau auf der Autobahn Richtung Köln standen. Mit der U-Bahn, die ihren Weg durch die ärmsten Kölner Stadtteile nimmt, kommt man schneller voran. Dabei gerät man auf Tuchfühlung mit „der Gesellschaft" in ihrer ganzen Vielfalt, Not und Widersprüchlichkeit.

Ein heilsamer Dialog tut not, innerkirchlich und gesellschaftlich. Heilsam heißt, Krankheiten zu erkennen und zu behandeln. Krankheiten können durch ungesundes Verhalten entstehen, das erkannt werden muss. Dem kommt man durch Nachfragen auf die Spur. Und Fragen entwickeln eine gestaltende Kraft, wenn wir sie zulassen.

Ich bin der festen Überzeugung, dass Gott uns in der jetzigen Situation wachruft! So möchte ich diese Fragen als Fragen aus der Mitte der Kirche und der Mitte der Gesellschaft verstanden wissen, in verschiedene Richtungen gefragt, aber uns alle angehend. Kritik gehört in diesen heilenden Zusammenhang. Sie wurzelt in Enttäuschung. Je verbitterter sie geäußert wird, umso herber war die Enttäuschung. Es widerspricht unserem katholischen Selbstverständnis, Kritik außen vor zu halten und Kritiker auszugrenzen. Woher kommt dann diese Dialogverweigerung durch Unterstellungen und Totschweigen? Warum grenzen wir uns ab und wollen unter uns bleiben? Wir schieben uns damit selber an den Rand.

Es gibt die Tragik kirchlicher Selbstmarginalisierung. Uns als Kirche wird immer noch eine gesellschaftliche und globale Mitverantwortung zugetraut, die wir nicht zu übernehmen bereit sind. Das enttäuscht so viele! Warum entsteht immer noch der Eindruck, dass es uns vornehmlich um den Erhalt unserer selbst geht? Sind wir nicht von der Angst vor dem Tod befreit? Zugegebenermaßen vermitteln auch manche unserer Gemeinden diesen Eindruck, dass sie lieber unter sich bleiben möchten und alles so bleiben soll, wie es immer schon war. Dieses „immer schon" umfasst natürlich nur die Zeitspanne, die man selbst überschaut.

Leben, wie es ist: Krisen, Ambivalenzen, Widersprüche

Wir haben es nicht mit zwei Lagern zu tun, wie immer wieder suggeriert wird – auf der einen Seite die, die zur Kirche stehen, auf der anderen Seite ihre Kritiker. Beide „Lager" sind in sich sehr breit gefächert und gehen ineinander über. Es gibt eine sehr große Schnittmenge von Menschen, die sich beiden Seiten zurechnen. Kritik kommt aus gegenläufigen Richtungen, und die Art und Weise, warum und wie sich Menschen der Kirche zurechnen, kennt ebenfalls eine große Vielfalt.

Was wir zunächst akzeptieren müssen, ist der paradoxale, ja widersprüchliche Charakter aller Wirklichkeit. Oder aber man muss sich so positionieren, dass man bewusst Bereiche der Wirklichkeit abspaltet. Damit möchte ich keineswegs einer Beliebigkeit das Wort reden, sondern anregen, sich auf einen inneren Weg zu begeben, der zu weitaus mehr tragenden Sicherheiten in aller faktischen Unsicherheit führt; kurzum, ein Weg vom Vordergründigen und Vereinfachenden zu dem, was wir religiöse Erfahrungen nennen.

Zum Erwachsen-Werden gehört wesentlich, Ambivalenzen, Mehrdeutigkeiten und Widersprüchlichkeiten auszuhalten und fruchtbar zu machen. Akzeptiert man das, entwickelt sich daraus ein großes gestalterisches Potenzial. Zum Glauben wird immer der Zweifel gehören, die ja Brüder sind, wie es der Prager Priester und Theologe Tomáš Halík eindrucksvoll beschreibt.[6] So kommen wir weiter.

Wenn die Kirche für sich beansprucht, in Gott als dem erfahrbaren Fundament der Wirklichkeit zu gründen, müssen Widersprüchlichkeiten und Ambivalenzen zu ihrem Wesen gehören. Das wurzelt schon allein in der Gotteserfahrung, die in sich widersprüchlich ist: Gott ist fern und unbegreiflich, zugleich nah und dem Menschen innerlicher als er sich selbst ist. Auch die Nichterfahrung Gottes ist eine Gotteserfahrung. Ich versuche Menschen im konkreten Gespräch immer wieder Mut zu machen, ihr Gefühl, nicht glauben zu können, als eine Weise des Glaubens und der Gotteserfahrung zu deuten. Es geht mir nicht um eine Vereinnahmung nichtglaubender Menschen, sondern darum, sie zu ermutigen, auf diesem Weg nicht vorschnell zu resignieren. In dieser vorschnellen Resignation, manchmal gepaart mit innerer Bequemlichkeit, sehe ich eines der großen Probleme unserer Zivilisation. Das lässt sich auf alle Problemstellungen, die nachhaltiges Handeln erfordern, übertragen. Ein Leben in Widersprüchen ist noch keine Heuchelei. Die Widersprüche zu leugnen hingegen schon.

Darf die faktische Kirche in ihrer ganzen Widersprüchlichkeit beanspruchen, die Kirche Jesu Christi zu sein? Hierzu müssen wir klären, was damit überhaupt gemeint sein kann: Jesus ist nicht ein ethisches Vorbild, das von einem Christen erreicht werden müsste. An solch einem Anspruch müssen wir in den Augen Außenstehender immer scheitern. Er ist vielmehr der, der Anteil geben will an seiner Lebendigkeit. Insofern hat die Kirche nicht Christus als Besitz, sondern empfängt ihn.

In meiner Alltagsroutine als Pfarrer kann das verloren gehen, wenn ich mich dem nicht immer wieder bewusst stelle. Leib Christi ist die Kirche immer nur im Status des Aufbaus. So hat schon Paulus dieses Bild begriffen. Deshalb wird Kirche immer eine unfertige und armselige Kirche sein. Eine heilsame Selbstrelativierung der Kirche gehört zu ihrer wesenhaften Grunddynamik. Ansonsten läuft die Kirche durch ihre Anstößigkeit Gefahr, für suchende und fragende Menschen den Glaubenszugang zu verstellen oder gar glaubenszerstörend zu wirken. Um Glauben und inneres Wachstum zu ermöglichen, muss Kirche in ihrer aktuellen Form sich selbst relativieren. Auch als Pfarrer muss ich das, ohne dadurch überflüssig zu werden: Ich möchte nicht, dass Menschen wegen mir glauben oder in der Gemeinde sind, und trotzdem möchte ich beides ermöglichen.

Systemrelevanz

Die Fragen rund um Kirche in der Gesellschaft spitzen sich zu auf die Frage, wozu die Kirche überhaupt gebraucht wird. Schnell werden Argumente wie soziales Engagement oder Sinnstiftung herangezogen. Beides gibt es auch reichlich außerkirchlich. In der Coronapandemie kam die Frage nach der sogenannten Systemrelevanz auf. Berufe, Institutionen und Gruppen wurden für unverzichtbar erklärt und manche – auch die Kirchen – kämpften darum, dieses Prädikat zugesprochen zu bekommen.

Was ist mit denen, die nicht als systemrelevant gelten? Ist die Systemrelevanz das, was dem menschlichen Leben Sinn verleiht? Klar ist es ein gutes und selbstbestätigendes Gefühl, das über sich sagen zu dürfen. Aber es schafft keine dauerhafte Befriedigung, weil es von außen kommt. Bemisst sich der Wert eines Menschen nach seinem gesellschaftlichen Nutzen? Wer möchte sich darauf reduziert wissen, dass er für ein System relevant ist?

Deshalb geht die Frage nach einem gesellschaftlichen Nutzen der Kirche in eine verkehrte Richtung. Diese Frage kann nur jenseits der Systeme beantwortet werden. Kirche erfüllt aus sich keinen Nutzen innerhalb von Systemen und wird dort nicht gebraucht. Sie will einen Freiraum von jeglichem Nutzenkalkül und Effizienzdenken eröffnen, weil der Mensch nicht darauf reduziert werden darf.

Folglich ist eine nutzlose Kirche zunächst nichts Negatives und uns sollte ein Vorwurf der Nutzlosigkeit nicht irritieren. Erst recht für Gott müssen wir zugeben: Er lässt sich nicht gebrauchen und befriedigt keine Bedürfnisse. Er ist kein Faktor unserer Nutzenabwägungen und Sachzwänge und alles andere als systemrelevant, weil er sich in kein System pressen lässt. Das ist ernüchternd und befreiend zugleich.

Die jüdische und christliche Erfahrung geht nicht davon aus, dass sich der Mensch irgendwann auf die Suche nach Gott gemacht hat, weil er das als notwendig eingesehen hätte, sondern dass Gott sich auf die Suche nach dem Menschen macht. Gott ist der, der anspricht und herausfordert. Der Mensch hat nicht darauf gewartet.

Innerhalb einer unter ihrer Nutzenorientierung leidenden Gesellschaft darf Kirche sich im positiven Sinne als Randphänomen begreifen: Wo das Denken in geschlossenen Systemen an seine Grenzen stößt, öffnen sich in aller Verunsicherung Freiräume. Kirche lässt sich von ihrem Wesen her am intensivsten an ihren Rändern erfahren und von dort her denken: *„Mitten unter euch steht er, den ihr nicht kennt ..."* (Johannes 1,26) – fordert uns Johannes der Täufer heraus.

Am Rand findet die Begegnung mit dem Unbekannten statt, in dem uns der Herr neu begegnet. Die Ränder der Kirche sind keine Grenzen, sondern offen und nicht wirklich definierbar. Kirche kann sich nicht von Gesellschaft abgrenzen, es sei denn, sie will sich selbst verlieren. Eine Unterscheidung zwischen „Nahen" und „Fernstehenden" im Hinblick auf das Gemeindeleben sagt nichts über die Stellung im Leben der Kirche. Ich erlebe intensive Begegnungen und Gottesnähe mit beiden. Trauergespräche bei ganz fremden Leuten sind da immer wieder bereichernd. Für mich ist es selbstverständlich, die Leute bei sich zu Hause zu besuchen und sie nicht ins Pfarrhaus zu bitten. So vollzieht sich Kirche an allen Orten unserer weitläufigen Gemeinden hier, auch auf dem abgelegensten Hof.

Positiv bedeutet das, dass wir jede Angst um uns selbst hinter uns lassen können. Das wird uns frei machen. Es ist für mich befreiend, mir immer wieder klarzumachen, dass der Fortbestand unserer Gemeinden hier in Grevenbroich und Rommerskirchen nicht an mir liegt. So kann ich mich unbefangen in neue Situationen begeben, ohne Ergebnisse vorauszukalkulieren.

Die Freiheit von Nutzen und Notwendigkeit, nach der wir uns in unserem Innersten sehnen, ist in Natur und Schöpfung angelegt. Schon ein Gang durch die Landschaft kann befreiend sein. Der schlesische Mystiker, Arzt und Priester Angelus Silesius formuliert es so: *„Die Ros' ist ohn' warum, sie blüht, weil sie blüht, fragt nicht, ob man sie siehet."*[7]

Aus dem Garten wissen wir: Nur was blüht, kann Frucht bringen. Kirche soll Menschen aufblühen lassen. Die Abtei von Floreffe, in der belgischen Wallonie majestätisch am Zusammenfluss von Maas und Sambre gelegen, war jahrhundertelang ein Seelsorgezentrum der Prämonstratenser und hat als Devise: *florete flores* – die Blumen sollen blühen!

Viel von dieser befreienden Grundeinsicht ist uns verloren gegangen. Es gibt unter Priestern und Seelsorgern allgemein einen Druck, sogenannten pastoralen Erfolg haben zu müssen. Treffen unter Mitbrüdern und Kolleginnen und Kollegen werden, wenn nicht über die allgemeinen Zustände geklagt wird, schnell zu einer Leistungsschau. Engagierte in Gemeinden werfen dem Seelsorgeteam vor, man mache zu wenig, setze sich zu wenig für die Jugend ein und so weiter. Schließlich sei man ja selbst ehrenamtlich tätig und erwarte deshalb von den Hauptamtlichen das gleiche Engagement über die Arbeitszeiten hinaus.

Wer weiß denn, ob sich ein Hauptamtlicher nicht ehrenamtlich in einer ganz anderen Gemeinde oder wo auch immer engagiert? Unsere Priester sind faul – das behauptet selbst mancher Bischof. Wenn wir Pfarrer bei unserem Dienst mehr Einsatz zeigen würden, wäre alles besser. – Warum neigen wir untereinander zu derartigen Unterstellungen? Empirisch nicht verifizierbare Behauptungen vergiften nur die Atmosphäre. Es sind die Nebenschauplätze, die uns davon abhalten, uns gemeinsamen Problemen zuzuwenden.

Wie können wir uns frei machen von einer Fixierung auf Erfolg und Misserfolg, auch im Vergleich der Kirchen untereinander? Innere Unfreiheit und Zwanghaftigkeit sind ein Hauptgrund für Vertuschung und Heuchelei. Haben wir in den Gemeinden bereitwillig Priester überhöht und mit Erwartungen konfrontiert, denen sie menschlich nicht gewachsen sein konnten? Auch das hat zu manchem Scheitern beigetragen und zum Missbrauch geistlicher Autorität. Auch Engagierte in Gemeinden sind von Machtspielen nicht per se frei.

Wie können wir unsere Sorgen und Befindlichkeiten gegenseitig akzeptieren lernen und ehrlich darüber sprechen? Ich habe lange geglaubt, dass es auf die Quantität unseres Engagements ankommt, und war stolz auf meine langen Arbeitstage. Mich begleitet das ständige Gefühl, im Vergleich zu anderen Seelsorgern weniger „erfolgreich" zu sein. Ich kann dieses Gefühl inzwischen aber gut zulassen und bin dankbar dafür. Es hilft mir, meinen Dienst in all seiner Ambivalenz ehrlich einzuschätzen.

4. Gefährdete Freiräume – unsere Kirchengebäude

Identitätsfragen

Kirchenaustritte treffen die Gemeinden vor Ort in ihren finanziellen Möglichkeiten, nicht die Kirchenleitung. Wo weniger Geld zur Verfügung steht, muss man sich fragen, wo man hinein investieren möchte. Schnell kommt dann der Vorschlag, „wir sollten lieber in Menschen statt in Steine investieren!" Das ist richtig. Was für mich allerdings nicht zu den Steinen zählt, sind unsere Kirchengebäude. Im Hinblick auf sie stellt sich die Alternative nicht. Kirchengebäude in der unerschöpflichen Vielfalt ihrer künstlerischen Ausdrucksformen bauen Kirche auf und helfen Menschen, sich als lebendige Steine zu begreifen. Sie sind innerhalb der Kirchenkrise ein ganz sensibler Bereich, denn sie stellen symbolisch den Menschen in seiner von Gott verbürgten Unverfügbarkeit dar. Das tun sie auch durch ihre wirtschaftliche Nutzlosigkeit. Sie sind gefährdete Freiräume. An ihnen wird sichtbar, wie es um uns steht.

Der ganze Fragenkomplex nach gesellschaftlicher Relevanz und Präsenz von Kirche und ihre ambivalente Rolle lassen sich daran weiter veranschaulichen: Wie gehen wir mit diesem großen kulturellen und spirituellen Erbe um, das uns anvertraut ist und nicht nur uns gehört, sondern allen? Ist es uns egal, was aus diesem Erbe wird? – Ich stelle diese Frage in alle Richtungen. Ist es ein Gewinn, wenn Kirchen zu Kletterhallen und teuren Eventlocations mutieren? Wer kann sich über solche Verluste wirklich freuen? Oder begegnet ihr die Mehrheit schon mit müdem Desinteresse? Sind nicht die schlimmsten Verluste die, die niemand mehr bemerkt? Spüren wir nicht gerade an der Frage nach der Zukunft der Kirchengebäude die gesamtgesellschaftliche Bedeutung der Kirchenkrise? Die Kir-

chengebäude veranschaulichen wie kaum ein anderer Bereich,
wie sehr sich Kirche hierzulande als im Dienst der Gesellschaft
stehend begreifen muss. Hier wird noch deutlicher, was heute
auf dem Spiel steht.[8]

Wir haben bei uns in Grevenbroich und Rommerskirchen
21 wertvolle historische Kirchengebäude. Ich halte regelmäßig
abwechselnd in allen von ihnen die Sonntagsmesse. Für mich
ist es bereichernd, die Aussagekraft dieser so unterschiedlichen
Räume in die Liturgie mit einzubeziehen. Ich habe keinerlei
Bedürfnis nach einer festen Kirche, die ich dann als „meine"
Kirche nach meinen Vorstellungen gestalten könnte.

Unsere Kirchen sind durch die Reihe das Wahrzeichen ihres
Ortes und als Landmarken erkennbar. Sie sind Orte, an denen
Menschen, die sonst nichts oder wenig mit Kirche zu tun haben, dieser begegnen. Die damit verbundene Wirkung einer
elementaren, unaufdringlichen Verkündigung wird als solche
viel zu wenig wahrgenommen. In unserer Gegend hier verbindet sich damit ein Netz von Wegkreuzen, Heiligenhäuschen
und Kapellen, die liebevoll gepflegt werden – von Schützenbru-
derschaften, Dorfgemeinschaften oder Anwohnern, von denen
manche gar nichts mit der Pfarrgemeinde zu tun haben. Die
Landschaft ist mit christlichen Wegmarken durchgestaltet, die
die konkrete Kirche im Sinne einer heiligen Anarchie weiten.

In vielen Sprachen bezeichnet das Wort „Kirche" sowohl
die Gemeinschaft als auch das Gotteshaus. Die Identität der
Begriffe beruht auf einem wesentlichen inneren Zusammenhang, der darin besteht, dass das Gebäude über seine Funktion
für die Gemeinschaft zugleich auch Darstellung und Repräsentation der Gemeinschaft ist und ihrer Selbstvergewisserung
dient. Dies beginnt mit der optischen Präsenz: Viele Menschen
nehmen eine christliche Gemeinde zuerst über ihr Kirchengebäude wahr. Seelsorgerinnen und Seelsorger bleiben vielen
unbekannt, aber die Zuordnung zu einem bestimmten Gebäu-

de schafft Klarheit. Das ist keineswegs selbstverständlich. Personen aus Politik und Gesellschaft werden in der Regel nicht einem Gebäude zugeordnet. Kirche ist vor allem anderen optisch präsent.

Kirchenräume sind alles andere als funktional. Sie sind als Räume unangemessen hoch, akustisch ungünstig gebaut und aufwändig zu heizen. Sie sind Freiräume aller Funktionalität und Verzweckung und in diesem Sinne Symbole der Freiheit und Humanität. Sie stehen für den Freiraum, den Gott schenkt. Am Eingang von St. Jakob, einer der großartigsten Kirchen Lüttichs, ist zu lesen: „Maison de Dieu, maison de tous" – Haus Gottes, Haus für alle. Das ist ein Programm: Unsere Kirchengebäude sind etwas Wesentliches, womit wir uns als Kirche gesellschaftlich einbringen.

Durch das Kirchengebäude geschieht eine Identitätsstiftung, die über die jeweilige Gottesdienstgemeinde hinausgeht. Eine nicht geringe Zahl von Menschen empfindet eine Verbundenheit mit dem Gotteshaus, die nicht mit dem Wahrzeichencharakter, sondern mit der Funktion als Gotteshaus zu tun hat. Das Gespür, es hier mit einem andersartigen, ausgesonderten, heiligen Ort zu tun zu haben, ist vielfach vorhanden. Die Tatsache, dass damit oft die Erinnerung an Ereignisse des eigenen Lebens, etwa Erstkommunion oder Hochzeit, verbunden werden, soll den Eindruck nicht schmälern: Nicht das biografische Ereignis heiligt gleichsam den Ort, sondern die Tatsache, dass das Ereignis in dieser Kirche stattfand, gibt dem Ereignis stärkere Gewichtung. Es stimmt also nicht, dass Gotteshäuser von vielen zu Hochzeiten und dergleichen zuerst wegen der schönen Kulisse aufgesucht werden, sondern das Bedürfnis, dass der Rahmen stimmen soll, bezieht sich darauf, dass das Ereignis tatsächlich von der Gegenwart des Heiligen umfangen werden soll. Eine Ahnung reicht als Ansatz aus. Man muss das nicht weiter erklären können.

Selbstverständlich suchen Brautpaare und andere auch einen schönen Raum. War es nicht die Absicht der Bauherren, mit den Kirchen schöne Räume zu schaffen? Gerade die Barockarchitektur erhebt von sich aus den Anspruch, den Menschen gewinnen und begeistern zu wollen. Sie setzt bei der Vermittlung der Inhalte bewusst bei der unmittelbaren Sinnlichkeit an, holt den Menschen bei seinen Gefühlen und Eindrücken ab, um ihn dann aber in eine Wirklichkeit jenseits des Ästhetischen zu führen. Sicher, gerade junge Leute haben heute einen Sensus für das Ästhetische. Hochzeiten sollen in diesem Sinne perfekt sein. Das braucht man nicht als Äußerlichkeiten abzutun, vielmehr geht es darum, den Schritt vom Ästhetischen hin zum Mysterium zu ermöglichen. Die Schönheit ist eine Spur, die ins Göttliche führt.

Ein christlicher Humanismus, von dem die Kunst des Barock getragen war – aber auch guter moderner Kirchenbau –, versucht, die verschiedenen Bereiche des Humanen zu integrieren. Wo diese Integrationsleistung durch uns verweigert wird, indem ein künstlicher Gegensatz zwischen einem Anspruch des Glaubens und außerreligiösen Bedürfnissen des Menschen formuliert wird, ist in Wirklichkeit längst ein Verlust der Mitte eingetreten, weil der Glaube ohne eine Integration in die menschlichen Bedürfnisse überhaupt keine Funktion der Mitte mehr ausüben kann. Eine tragende Mitte braucht etwas, das sie tragen kann.

Mittelalterliche Kirchen standen nicht für sich, sondern waren auf vielfältige Weise in das sie umgebende Stadtgefüge eingebunden, sodass die genaue Grenze zwischen dem Bereich des Sakralen und des Profanen, die heute gerne beschworen wird, gar nicht auszumachen war. Den Übergangsbereich bildeten insbesondere karitative Einrichtungen: Spitäler waren zugleich Sakralräume. Der Krankensaal schloss mit einem Altarraum ab (z. B. Beaune, Brügge Sint Jan, Tonnerre).

In Brügge hat sich bis heute für die kleinen spätmittelalter-lichen Armenhäuser die Bezeichnung *godshuis* (Gotteshaus) gehalten: Wer den Armen beherbergt, beherbergt Gott. Die französische Bezeichnung *hôtel dieu* (Gottesherberge) für das Krankenhaus geht in dieselbe Richtung. Diese mittelalterliche Sichtweise der Einordnung des Heiligen bzw. der Hinordnung des Profanen, überdeutlich in den Werken der Nächstenliebe, bleibt für heutiges pastorales Handeln richtungweisend. Eine Abgrenzung gibt es nicht.

Wieder geht es um Angst: Ein profanes Verständnis oder gar eine profane Nutzung könnte den Charakter des Sakralen gefährden. Manchen ist ein „Ganz oder gar nicht" wichtiger als der Erhalt einer Kirche: Wenn sie nicht mehr ausschließlich als Sakralgebäude zu nutzen ist, geben wir sie lieber auf.

Eine solche Vorstellung stammt aus der heidnischen Reli-giosität. Das Christentum kennt keine Trennung mehr zwi-schen dem Sakralen und dem Profanen, sondern geht von einer Öffnung des Profanen auf das Sakrale aus. Dies gründet in der Menschwerdung des göttlichen Wortes in Jesus Chris-tus: Es gibt nichts Weltliches mehr, was Gott fremd wäre. Aus dem Profanen führen die Spuren in das Mysterium Gottes. Auch eine Unterscheidung zwischen sakraler und profaner Kunst ist letztlich nicht möglich. Das Sakrale ist die Weitung des Profanen, indem es dessen Tiefendimension offenlegt. Es geht also nicht darum, etwas Sakrales für das Profane zu öff-nen, weil umgekehrt das Profane immer schon vom Sakralen umfangen ist. Das Sakrale ist kein Sonderraum. Im Mittelal-ter machte man das dadurch deutlich, dass man Stadtgrund-rissen mittels der Platzierung von Kirchenbauten eine sakrale Struktur einschrieb und sie damit auf die Anwesenheit Gottes hin symbolisch öffnete. Dies geschah zum Beispiel durch eine Kreuzform, wie das in Worms oder Köln noch heute sichtbar ist.

Die Grenze von profan und sakral befindet sich nicht an der Schwelle der Kirchentür, sondern an der Schwelle zum Altarraum. Schon archäologisch ist dies das einzige eindeutige Indiz, einen Kirchenraum zu identifizieren, als die Altäre noch aus Holz waren. An dieser Schwelle stellte die Liturgie die Begegnung und Durchdringung von Gott und Welt dar. Romanische Kirchen drücken diese Schwelle durch eine stets unterschiedliche Höhe von Kirchenschiff und Chorraum aus, wobei der Chorraum niedriger ist, was darauf hindeutet, dass Gott sich niedrig macht, um den Menschen groß zu machen.

In der Liturgie der byzantinischen Ostkirchen wird diese Schwelle der Begegnung durch die Ikonostase, also die Bilderwand sichtbar gemacht, während bei Armeniern und Syrern bis nach Südindien ein Vorhang, der während der Liturgie geöffnet und geschlossen wird, das Geschehen an dieser Linie veranschaulicht: Die uralten Kirchenräume der Chaldäer und Aramäer im Zweistromland von Irak, Südosttürkei und Nordsyrien, die die ältesten erhaltenen Kirchenräume weltweit darstellen, bestehen immer aus zwei klar abgegrenzten Raumteilen, von denen das Kirchenschiff die Synagoge und der Altarraum das Allerheiligste des Jerusalemer Tempels darstellt. In diesem Sinne wäre nach ältester Überlieferung nur der Altarraum von profanen Aktivitäten freizuhalten, für das Schiff bieten sich viele Möglichkeiten.

Einfache Präsenz

Christlicher Glaube erschließt sich nicht primär durch Glaubenswissen, sondern als Beziehung zu einer nicht fassbaren Gegenwart. Jede gelebte Beziehung bedarf des Ausdrucks, in dem sie sinnlich greifbar wird. Das kann in konkreten Vollzügen bestehen, einer Umarmung, einem leidenschaftlichen

Kuss – aber auch anhand von Gegenständen, die an die Geliebten erinnern, sei es ein Bild, ein anvertrautes Geschenk, ein Ort oder was auch immer. Der Übergang zwischen beiden Formen ist fließend. Es geht um die Berührbarkeit der eigenen Person.

Der Glaube bedarf dessen genauso: Im Christentum verdichtet sich das im Sakrament der Eucharistie. Aus diesem Vermächtnis der Gegenwart, das immer wieder des konkreten Vollzugs bedarf, haben sich weitere Formen der Vergegenwärtigung entwickelt. Dazu zählt das Kirchengebäude. Es ist Ausdruck einer verborgenen Gegenwart. Darin besteht Sakralität. Sie ist nicht losgelöst von dem gottesdienstlichen Vollzug als solchem, sondern auf diesen hin geordnet, lässt ihn nachwirken, wenn er abgeschlossen ist, und ruft seinen Wiedervollzug wach. Das menschliche Herz ist langsam in Bezug auf alles, was in die Tiefe geht. Das ist keine Schwäche, sondern eine Stärke, die aber der Gestaltung bedarf. In diesem Sinne ist die Einrichtung eines Kultortes ein Erfordernis der Menschlichkeit – damit das Herz mitkommt.

Christliche Kirchenarchitektur weist immer über sich hinaus. Dafür stehen die Türme, aber auch der Grundriss: Die architektonische Mitte war nie die Mitte der gottesdienstlichen Feier.[9] Auf eine architektonische Stimmigkeit im Hinblick auf die Funktionalität wurde durchweg verzichtet. Altäre standen nie unter der Kuppel oder in der Vierung, dem Schnittpunkt von Haupt- und Querschiff. Es gibt, abgesehen von der Grabrotunde in Jerusalem, vor dem 20. Jahrhundert keinen als Zentralbau errichteten Kirchenraum, der seine liturgische Mitte in der architektonischen Mitte hat.[10] Auch der christliche Zentralbau ist ein gerichteter Bau, dem eine über ihn hinaus verweisende Achse eingeschrieben ist. Der Altar stand immer an der Ostwand, zur aufgehenden Sonne hin. Bis zur Frührenaissance, die erstmals in Italien die Kirchenachse den Erfordernissen des Stadtbildes anpasste, entsprach diese innere Achse in etwa dem Lauf der Sonne.[11]

Warum aber zögerte man so lange, die architektonische Mitte beziehungsweise die zentralen Schnittpunkte zum liturgischen Zentrum zu machen und so die Architektur zu vollenden? Der Befund weist in folgende Richtung: Man wollte eine Spannung aushalten und nicht etwas schaffen, das in ästhetischer Vollkommenheit in sich ruhte. Der Kirchenraum bedeutet nicht die Verfügbarkeit der Mitte, sondern öffnet auf sie hin und ermöglicht die Annäherung. Er ist ein Raum der bleibenden Zuwendung, der man aber nicht habhaft werden kann. Gott ist unverfügbares, sich entziehendes und zugleich zuwendendes Geheimnis, das sich im liturgischen Geschehen vergegenwärtigt. Niemand kann hier sich selbst feiern. Liturgie hat sich in Kirchenräumen nie absolut gesetzt, sondern über sich hinaus verwiesen und relativiert. Der Raum bestärkte das. Diese Relativierung war für die Kirche heilsam.

Eine alte Ausstattung ist in einem Kirchenraum kein überkommenes Relikt, sondern kreative Herausforderung für eine zeitgemäße Liturgie. Ich finde es spannend, verschiedene scheinbar funktionslos gewordene Elemente, wie etwa Seitenaltäre oder Kanzeln, auf eine neue Weise mit einzubeziehen. Es braucht weniger Umgestaltungen, sondern Einfühlungsvermögen und den Willen, sich selbst zu relativieren. Solche Räume schaffen Freiheit, weil sie etwas Unverfügbares darstellen. Erst in den letzten vierzig Jahren wurde das banalisiert, indem plötzlich Priester- und Bischofsthrone in die Mittelachse rückten. Das riecht nach Selbstdarstellung. Dass die Versuchung dazu für einen Zelebranten sehr groß ist, weiß ich aus eigener Erfahrung. Es hat ja durchaus etwas von einer Bühne, auf der man steht und gesehen wird. Es braucht deshalb viel Selbstdisziplin.

Aus diesem Grunde standen Bischofsstühle und Priestersitze (mit Ausnahme Roms in der Spätantike) früher nie mittig, sondern immer am Rande, an der Seitenwand. In orthodoxen Kirchen ist das noch heute so. Auch ist es angebracht, wie in den ostkirchlichen Liturgien, den gesamten Kirchenraum in das liturgische Handeln mit einzubeziehen, zum Beispiel indem man als Priester mit dem Weihrauchfass zur Gabenbereitung durch die ganze Gemeinde bis zur Tür geht, statt „das Volk" nur von vorne aus zu inzensieren. So wird klar, dass es nicht um Selbstbeweihräucherung geht.

Im Dienst der Gesellschaft

Ein Blick in die Geschichte macht deutlich, dass zu keiner Zeit die religiöse Praxis in der Breite der Gesellschaft gleich intensiv ausgeprägt war.[12] Wir brauchen frühere Zeiten nicht zu glorifizieren und befinden uns trotz aller Krisen nicht in einer Ausnahmezeit. Immer gab es Intensivformen religiösen Lebens, die sich von einer distanzierteren Mehrheit unterschieden. Die Entstehung des Mönchtums hätte sich sonst nie ereignet. Mönche und Nonnen haben ihren Lebensentwurf als stellvertretend und auf alle Menschen hin ausgerichtet verstanden, ohne sich als Elite zu sehen. Hier wird der stellvertretende Dienst nicht an der Sichtbarkeit für die anderen festgemacht, sondern an der bloßen Tatsache der eigenen Existenz. So sind wir heute Kirche für die anderen. Ich versuche damit das Selbstbewusstsein unserer Gemeinden zu stärken, dass wir nicht nur für uns selbst im Gottesdienst sind, sondern für alle anderen mit.

Eine aufrechte Bescheidenheit bedeutet keine Selbstrelativierung oder gar Selbstmarginalisierung. Aufrechte Bescheidenheit zeugt von echtem Selbstbewusstsein, das Aufdringlichkeit nicht nötig hat: Christliche Gemeinden nehmen so mit dem Unterhalt ihrer Gotteshäuser einen Dienst an der Gesellschaft wahr. Man unterscheidet nur oberflächlich eine kulturelle von einer geistlichen Dimension. Kultur bedeutet bewusste Auseinandersetzung mit den Dimensionen des Lebens, Reflexion und Innehalten. Innerhalb dessen lässt sich der Glaube verorten.

Die Kirchenkrise mit ihrem drastischen Rückgang der offiziellen Mitglieder wirft die Frage auf, inwieweit dieser Dienst an der Gesellschaft finanziell von den Gemeinden in Zukunft noch getragen werden kann. Wie weit reichen die eigenen Ressourcen und inwieweit ist es legitim, Unterstützung anzufragen? Was will eine Gesellschaft als ihr kulturelles Erbe gemeinschaftlich tragen? Christen sind Teil der Gesellschaft und als solche Staatsbürger und Steuerzahler wie jeder andere auch. In diesem Sinne sind kirchliche Aufgaben gesellschaftliche Aufgaben und keine Sonderbereiche. Eine engagierte Offenheit vonseiten der Kirche, die nicht von Ansprüchen, sondern vom Willen zur Mitgestaltung bestimmt ist, ließe das Anliegen einer breiteren Unterstützung sicher Gehör finden, nicht jedoch das moralisierende Absetzungsgehabe mancher Kirchenleiter. Kirchengebäude sind also ein hochsensibler, breiter, gesellschaftlicher Schnittpunkt.

Gerade in den neuen Bundesländern wird der Unterhalt vieler Kirchen von privaten Initiativen mitgetragen. Viel leistet die Deutsche Stiftung Denkmalschutz. In Köln steht hierfür der Förderverein Romanische Kirchen, der keine kirchliche Vereinigung ist.

Im pastoralen Jargon hat sich die Floskel eingeschlichen: „Eine Kirche ist kein Museum!" Das unterstellt, dass eine Besichtigung einer kunsthistorisch interessanten Kirche eigentlich nicht mit ihrem Charakter als Gotteshaus vereinbar sei. Was ist denn an einem Museum negativ?

Mich faszinieren Kirchengebäude auch in architektonischer und kunsthistorischer Hinsicht. Positiv verbindet sich mit der

Zuschreibung „Museum" eine pädagogische Aufgabe und eine gewinnende Präsentation wertvoller Gegenstände. Der Mensch braucht Bildung, um sich in seinem Menschsein zu entfalten, und ein Museum möchte Zugänge eröffnen. Kulturelle Bildung ist in diesem Sinne ein Selbstzweck, ein Bestandteil des Menschlichen. Bildung ist ein zutiefst katechetisches Anliegen. Glaube geht mit steter Bildung einher, weil der Mensch im Wachsen ist.

Ist eine Kirche nicht auch im weitesten Sinne ein Museum, wenn sie Kunst präsentiert, die aus dem Glauben heraus entstanden ist? Kunst hat immer geistigen Gehalt. Ein Museum möchte seine Sammlungsgegenstände in einen Dialog mit dem Betrachter bringen. Sie sollen ihn anregen. Kunst im Gotteshaus möchte das auch. Ein historisches Museum regt zur Auseinandersetzung mit Geschichte an. Christliche Verkündigung wird immer auf die Heilsgeschichte zurückgreifen.

Die Furcht vor dem Museum liegt darin begründet, dass ein Museum museal wirken könnte, dass es nur noch die Präsentation einer vergangenen Epoche bietet, zu der der Besucher keinen direkten Zugang mehr hat, deren Zeugnisse aber bewahrt werden sollen. Ein Museum kann nicht den Anspruch erheben, Herr über die Vergänglichkeit zu sein.[13]

Museal im negativen Sinne werden Gegenstände dann präsentiert, wenn sie aus ihrem Zusammenhang gerissen werden. Sie sind dann wie aufgebahrte Tote, die von Menschen besucht werden, die im Leben keinen Bezug zu ihnen hatten. In diesem Sinne ist eine Kirche – zumindest ihrem Anspruch nach – ein nicht museales Museum, da sie ihre Gegenstände in voller Funktion und in ihrem Zusammenhang präsentiert. Es geht nicht um ein Erhalten um des Erhaltens willen, um die Vergänglichkeit aufzuhalten. Die lebendige Wechselwirkung von Eros und Thanatos, von Liebe und Tod, tiefer Begeisterung und dem Wissen um die Vergänglichkeit alles Menschenwerks, die Leben und Kreativität freisetzt, will gewahrt werden. Das gilt auch im Hinblick auf manche blinde Renovierungswut der letzten Jahrzehnte, die allzu oft museale Sterilität hinterlassen hat.

In der Oberstadt der lothringischen Stadt Bar-le-Duc befindet sich die ehemalige Stiftskirche Saint Etienne, heute eine der Hauptkirchen der Zentralpfarrei des Barrois. Sie wird dem Besucher als eine „véritable église-musée", eine wirkliche Museumskirche präsentiert, verbunden mit der Einladung, sich von ihr etwas erzählen zu lassen. Die Kirche steht in vollem gottesdienstlichem Gebrauch, aber wie selbstverständlich wird sie als erzählendes Schatzhaus der Stadt und ihrer Geschichte verstanden, die von der Glaubensgeschichte nicht losgelöst werden kann. Der innere Zusammenhang all dieser Bereiche wird einfach als selbstverständlich vorausgesetzt. Hier herrscht gesundes Selbstbewusstsein.

Kirchen üben eine Anziehungskraft aus. Man hat eine Stadt nicht gesehen, wenn man nicht ihre Hauptkirche gesehen hat. Also kann da kein völliges Desinteresse sein. Auch wenn nicht alle wissen, wie man sich in einer Kirche verhält oder kleidet, so merken doch alle, dass dieser Ort etwas Besonderes hat: Man spürt den Unterschied von vorne und hinten. Es geschieht etwas in diesen Räumen. Der Kirchenraum übt eine Wirkung aus, noch bevor man seine liturgische Funktion kennt oder erlebt hat.

Für mich hat diese Erfahrung nichts mit der konfessionellen Ausrichtung einer Kirche zu tun. In traditionell konfessionell durchmischten Landschaften wie beispielsweise Rheinhessen spielt es keine Rolle, wem die jeweilige Kirche gehört, wenn man sich auf Entdeckungstour begibt. Ob im Wormser

Dom oder der Oppenheimer Katharinenkirche, die Faszination greift.

Ein Besucher, der eine fremde Kirche betritt, ist zumindest neugierig, das Gebäude von innen zu entdecken. Es liegt an uns, diese Entdeckung gelingen zu lassen, indem wir die Kirche mit der Botschaft, die ihr mitgegeben worden ist, sprechen lassen. Es braucht keine Beschilderung. Ein guter Kirchenführer, auch in Form von ausleihbaren Tafeln, kann am Eingang für den Interessierten bereitliegen. Vielleicht können hier und da kurze Texte als Anregung ausliegen: Vor einem Kreuz, dem Tabernakel oder dem Altar genügt z. B. Kolosser 3,3: *„Euer Leben ist mit Christus verborgen in Gott."* Die Aussage ist prägnant und unmittelbar, und so tief, dass sie zu einer Auseinandersetzung anregen kann. Ähnlich die Worte „Ich in Dir, Du in mir." Im Eingangsbereich könnte die Frage liegen: „Hast du Sehnsucht, über die Grenze zu schreiten? Sehnst du dich nach Liebe und Freiheit?" Wir haben damit sehr positive Erfahrung gemacht, gerade wenn wir bewusst in die offene Kirche eingeladen haben.

Es sind existenzielle Kurzformeln als Zugänge des Christlichen, die heute nottun. Theologische Feinarbeit ist gefragt, die immer wieder damit beginnt, sich selbst über den Kern der christlichen Botschaft und dessen Lebensrelevanz Rechenschaft zu geben. Prägnante Kurzformeln, die nicht bloß Schlagworte sind, sind eingängiger als lange Abhandlungen, aber eben weitaus schwieriger zu erstellen.

Im Mittelalter war eine solche Vorgehensweise nicht ungewöhnlich. Der Aachener Barbarossaleuchter aus dem 12. Jahrhundert, in der Mitte des achteckigen Kernbaus des dortigen Doms hängend, liefert seine Erklärung kurz und knapp mit, allerdings in Latein. Man liest beim Umschreiten: „Das himmlische Jerusalem wird durch dieses Bild bezeichnet, die Erscheinung des Friedens: Dort ist sichere Ruhe auch für uns. (...)

In diese Heimat bring uns durch deine Fürbitte, gütige Maria ..."[14] Mit diesen Worten ist kurz und knapp das Entscheidende gesagt, und das berührt.

Verlebendigung statt Ausverkauf

Eine Gemeinde lebt mit ihrem Kirchengebäude. Schon Kinder reden von „unserer" Kirche. Dies hat mit der Aneignung der eigenen Lebenswelt als Heimat zu tun. Das Kirchengebäude wird schon durch seine äußere Form als Heimat prägend wahrgenommen. Kinderzeichnungen sprechen da eine deutliche Sprache. Die Kirche im Dorf zu lassen, damit sie im Alltag, zum Beispiel auf dem Schulweg, vorkommt, hat eine eminent pädagogische Relevanz, denn Aneignung geschieht in spielerischer Wiederholung. Eine sonntägliche Autofahrt zur weiter entfernt liegenden Kirche kann dies nicht nachholen.

Durch die anstehenden Umstrukturierungen der sogenannten Seelsorgeeinheiten erhält die identifikationsstiftende Funktion der Kirchengebäude eine neue Brisanz. Es geht auch bei uns die Angst um, dass Kirchen aufgegeben werden[15], und in den letzten Jahren wird über dieses Thema in unserem Bistum immer enthemmter diskutiert – wenn auch etwas später als anderswo. Gerne weisen pastorale Experten darauf hin, dass Menschen doch sonst für alles Mögliche weite Wege in Kauf nähmen, beispielsweise zum Einkaufen, nur aber für den Gottesdienst die nachbarschaftliche Nähe einforderten, und bewerten diese Haltung als inkonsequent. Diese Einschätzung ignoriert den wirklichen Sachverhalt: Im gottesdienstlichen Geschehen wird nicht eine Verlängerung des Alltags gesucht, sondern eine Unterbrechung und Vertiefung. Das will bei Vertrautem ansetzen. Die Kirche ist in manchen unserer Dörfer das Einzige, was geblieben ist, nachdem im

Laufe der Jahre Schule, Gaststätten oder Geschäfte aufgegeben wurden.

Aufgrund des Priestermangels kann in manchen unserer Kirchen nur noch vierzehntägig Eucharistie gefeiert werden. Angst geht um, dass Kirchen aufgeben werden. Es lässt sich beobachten, dass sich im Falle von Zusammenlegungen kirchlichen Lebens verbunden mit Kirchenschließungen die Entwicklungen hinsichtlich der konkreten Zahlen nicht mit Gleichungen wie 1+1=2, sondern eher mit 1+1=1,2 beschreiben lassen. Die Entwicklung in den nördlichen Niederlanden, wo in den letzten Jahrzehnten viele Kirchen geschlossen wurden, spiegelt das wider. Es als Reibungsverlust abzutun und in Kauf zu nehmen, zeugt einmal mehr von der alles zersetzenden klerikalen Verantwortungslosigkeit.

Kirchenschließungen befördern die Erosion. Erosion ist kein natürliches Schicksal, sondern hat ihre Ursache in falscher Bodenbearbeitung. Es geht um einen Verlust von Heimat, und die Beheimatung im Glauben ist offensichtlich mit konkreten Personen und Orten verbunden. Es zeigt, wie ganzheitlich das Phänomen des Glaubens gesehen werden muss und dass es nicht auf einen mental-kognitiven Bereich reduziert werden kann. Man kann dem Menschen nicht mehr abverlangen, als ihm möglich ist. Kirchenschließungen und Missbrauchsskandal bewirken die gleiche Dynamik und gründen beide im Desinteresse an den Menschen, die die Kirche bilden.

Stattdessen wird wieder eine moralisierende Erwartungshaltung formuliert: „Wenn ihr wirklich Glauben würdet, dann müssten diese Probleme doch für euch zweitrangig sein. Dann müsstet ihr eigentlich mehr Flexibilität zeigen." Wer so argumentiert, verkennt die Ausrichtung des christlichen Glaubens auf die Menschwerdung: dass das Wort eben nur in den konkreten menschlichen Verhältnissen und damit auch nur in den konkreten menschlichen Bedürfnissen greift. Glaube kennt kein „eigentlich" und keinen Konjunktiv. Als Menschen müssen wir uns annehmen, wie wir sind. Die Sehnsucht nach Beheimatung ist eine menschliche Grundsehnsucht und verlangt nach Ausdruck.

Kirchengebäude als Werke menschlichen Schaffens haben dahingehend eine nahezu sakramentale Dimension. Selbstverständlich braucht es Apostel, die ihre Heimat verlassen. Das habe ich selbst getan. Aber auch in der Urgemeinde waren diese eine Minderheit. Hier gilt das organische Bild vom Leib mit den vielen Gliedern.

Wenn ich von Kirchenschließungen höre, wenn das im Priesterrat oder der Kunstkommission unseres Bistums Thema ist, tut mir das jedes Mal in der Seele weh. Kirchenschließungen sind aufgrund der tiefen Irritationen, die sie bei so vielen auslösen, und der Chancen, die mit diesem Schritt im Blick auf ein konkretes Kirchengebäude für immer vertan werden, in den meisten Fällen pastoral unverantwortbar. Dies gilt weitaus stärker als in der Zeit der Säkularisation 1802/3, wo in unserer Gegend weitaus mehr Kirchen aufgegeben wurden als heute, weil die heutige Säkularisierung von der Kirche selbst forciert wird. Das klerikale Desinteresse weiter Kreise der Kirchenleitungen führt zu einem kulturellen und geistlichen Ausverkauf eines Menschheitserbes. Viele spüren diese Zusammenhänge emotional, können es aber nicht in Worte fassen. Die Gemengelage erfordert eine weitaus größere Behutsamkeit im Umgang mit den sakralen Freiräumen, da diese viel stärker als vor zweihundert Jahren als eben solche empfunden werden. Die Sensibilität ist heute größer als damals, da die Freiräume nötiger denn je sind.

Freilich gab es diese Sensibilität in der Urkirche noch nicht. Es ist äußerst riskant, heutige Glaubenswirklichkeit im Blick auf die frühen Jahrhunderte relativieren zu wollen.[16] Heilsgeschichte geht auch nach der biblischen Zeit weiter, und manches Kostbare ist im Sinne einer menschlichen Einwurzelung des Glaubens erst im Laufe der späteren Jahrhunderte gewachsen. Das immer noch vorhandene Gespür vieler Menschen für Sakralität durch den Schritt einer Profanierung zu ignorieren, ist verantwortungslos. Es wäre eine Vergewaltigung des *sensus fidelium*, des natürlichen Glaubensempfindens, vieler. Was bei einem solchen Schritt verloren gegeben wird, wird nicht mehr aufgefangen. Geradezu grotesk ist, dass eine sogenannte Profanierung, also eine Entwidmung einer Kirche, ganz simpel durch das Verlesen eines bischöflichen Profanierungsdekrets vollzogen wird. Da ist jeder Sinn für Sakralität verloren gegangen.

Ich habe den Eindruck, dass manche Kirchenverantwortliche Kirchengebäude nur noch als Ballast empfinden. Profanierungen werden gar wie ein Aushängeschild zukunftsorientierter Pastoral vor sich hergetragen. Ich frage mich, ob da ein versteckter Selbsthass am Werk ist? Es manifestiert sich eine eigenartige Autoaggression: Lieber reißen wir eine Kirche ab, statt den Mut zu haben, eine breitere Nutzung zu wagen. Selbstaggression ist Stressabbau. Der Stress kommt aus der Angst um uns selbst. Oder sind es Kulturbanausen, die ein Erbe verschleudern, zu dem sie selber mangels Bildung keinen Zugang mehr haben? Ist es ein Hass auf eine Gesellschaft, die sich in Teilen abwendet, nach dem Motto: Dann sollt ihr auch unsere Kunst nicht mehr haben!

Die innere Desorientierung und die fatale Prioritätensetzung, die sich im Umgang mit dem Missbrauchsskandal offenbart, wirkt subtil auch im Umgang mit unseren Kirchengebäuden. Auch sie sind zu ungeliebten Kindern geworden. Wir können froh sein, dass es eine staatliche Denkmalpflege gibt, die manchmal wacher für die Aussagekraft unserer Kirchen wirkt als viele im innerkirchlichen Raum.

Als Kirche in ihrer körperschaftlichen Struktur sind wir nicht die „moralischen" Eigentümer unserer Gotteshäuser, über die wir frei verfügen könnten. Sie sind uns als geistliches und kulturelles Erbe lediglich treuhänderisch anvertraut, genauso wie unser geistliches Erbe. Wenn wir es selbst nicht mehr schaffen, sie zu erhalten, müssen wir einen Hilferuf in die Gesellschaft hinein starten und dies zu einer gemeinsamen Aufgabe machen, weil der drohende Verlust alle betrifft. Stattdessen wollen wir es – wie bei der Aufklärung des Missbrauchsskandals – wieder alleine schaffen und signalisieren, dass wir niemanden von außerhalb brauchen und es letztlich besser können. Am Problemfeld der Kirchengebäude zeigt sich aber, dass es dieses „außerhalb" gar nicht gibt. Wir stehen mit unseren Kirchen immer schon mitten im Leben unserer Städte und Dörfer und damit mitten im gesellschaftlichen Dialog.

Wenn es nur daran liegt, dass wir Kirchengebäude nicht mehr bezahlen können, dürfen wir das äußern und mit anderen nach Lösungen suchen, was auch bedeutet, dass wir unsere Kirchen einer breiteren Nutzung öffnen können. Ich denke nicht an sogenannte Grabeskirchen, die mit ihren Kolumbarien Ordnung und Sauberkeit über den Tod hinaus gewährleisten, sondern an eine Öffnung für das Leben, das diese Gebäude umgibt. Wir dürfen dabei an die großen Stadtkirchen des späten Mittelalters denken, die Zentren des bürgerlichen Lebens waren und Ausdruck des Selbstbewusstseins einer Gemeinschaft, die sich auf alle Bereiche des Lebens erstreckte. Wenn wir keine künstlichen Grenzen ziehen, können wir diese Gemeinschaft heute wiederentdecken. Die gewaltige Münchner Frauenkirche in ihren klaren, kraftvollen Formen wurde nicht als Kathedrale des Erzbistums erbaut, sondern von der Bürgerschaft mit Unterstützung des Landesherren, und das innerhalb von nur annähernd zwanzig Jahren, anders als der jahrhundertelange Kölner Dombau, der die Kölner Bürgerschaft offensichtlich weniger bewog. Bayern glänzt von solchen spätgotischen Bürgerkirchen – Landshut, Ingolstadt, Straubing, Burghausen, um nur die größten zu nennen.

Eine kreative Herausforderung muss also sein, wie wir das Leben an konkreten Kirchorten erhalten und gestalten können. Dazu gilt es, die Identifikation mit dem Kirchort eher noch zu verstärken, als zu relativieren.

In Italien mag den Besucher insbesondere in kleineren Städten die Zahl der Kirchen verwundern, die dort in Gebrauch stehen, ohne dass sie Pfarr- oder Ordenskirchen sind. Gottesdienst findet dort nicht sonntäglich statt, sondern unregelmäßig. Betreut werden diese Kirchen seit jeher von Bruderschaften, die sich häufig aus den Nachbarschaften dieser Kirchen rekrutieren. Zu besonderen Zeiten, oft in Zusammenhang mit dem jeweiligen Patrozinium, finden an diesen Kirchen feierliche Gottesdienste statt, häufig verbunden mit Prozessionen, aber auch mit gemeinsamem Essen und Festlichkeiten auf der Straße, bis hin zu sportlichen Wettkämpfen. Die Identifikation der Menschen mit der Kirche ihrer *contrada* ist sehr groß. Die religiöse Dimension ist hier in das Alltägliche eingebettet.

Nun lässt sich dieses italienische Phänomen nicht eins zu eins auf unsere deutsche Wirklichkeit übertragen. Wir können versuchen, Gruppen zu erhalten oder neu zu etablieren, die sich einem bestimmten Kirchengebäude besonders zugehörig fühlen und es – über vielleicht nur sporadisch stattfindende Eucharistiefeiern hinaus – mit Leben füllen. Gottesdienste bilden hierbei den Kern, um den herum Fruchtfleisch gebildet werden muss. Sonst hat der Kern keinen Halt. Es ist auch denkbar, dass eine in der Nähe einer Kirche angesiedelte Gemeinschaft oder Einrichtung diese stärker als die „ihre" in den Blick nimmt, beispielsweise ein Kindergarten, eine Einrichtung betreuten Wohnens für ältere Menschen, eine Schule oder in unserer Gegend hier eine Schützenbruderschaft.[17]

Es muss nicht eine dezidiert kirchliche Gruppe sein. Hier kann das Kirchengebäude Grenzen aufbrechen. Anstatt zur *ultima ratio* einer Ganzaufgabe zu greifen, müssen wir über weitere Nutzungen über den unmittelbaren liturgischen Gebrauch hinaus nachdenken. Die entscheidende Frage ist, ob die Botschaft des Kirchengebäudes vernehmbar und die liturgische Kernfunktion gewahrt bleiben.

Dem Mittelalter war da offensichtlich mehr möglich als uns: In städtischen Pfarrkirchen wurden Gesandtschaften empfangen, es fanden Bürgerversammlungen und Hoheitsakte statt sowie Gerichtsverhandlungen. Aus einem vergewisserten Gespür für die Mitte könnte auch heute manches möglich sein.

In Bonn, wo ich Stadtjugendseelsorger war, haben wir in die Jugendkirche St. Franziskus regelmäßig die Nachbarschaft des Altstadtviertels zum Mittagessen eingeladen. Jugendliche haben Suppe gekocht, und alle saßen an einem langen Tisch, der sich durch das Kirchenschiff hinzog. Keiner empfand das als Entweihung des Ortes, aber jeder spürte, dass die menschliche Begegnung in diesem Rahmen eine andere Dichte bekam, also geheiligt wurde, das heißt, in einem Licht der verborgenen göttlichen Liebe stand. Nicht jeder würde das so formulieren, aber dass so etwas empfunden wurde, bin ich sicher. In einem Gemeinderaum hätte diese „Franziskusmahlzeit" nicht diese Wirkung gehabt.

Wenn man aus finanziellen Gründen an Räumlichkeiten sparen muss, dann kann man auf Pfarrheime und Gemeindehäuser gut verzichten und den Kirchenräumen eine flexiblere Nutzung geben. Da ist im Bereich sozialer und katechetischer Aktivitäten sehr viel möglich. In unserer Grevenbroicher Stadtkirche beispielsweise verteilt eine nichtkirchliche Initiative der Obdachlosenhilfe im Winter Lebensmittel.

Das Kirchenschiff kann durchaus auch für geselliges Miteinander genutzt werden. Der Raum wird unser Miteinander und die Begegnung in die übrige Gesellschaft hinein prägen, wenn wir den Altarraum als Ort der Vergegenwärtigung des Unverfügbaren freihalten. Wir können aktiv auf Gruppen und Initiativen in unseren Stadtteilen und Dörfern zugehen und sie zur Mitnutzung unserer Gotteshäuser einladen. Das wird unser Selbstbewusstsein als Kirche positiv verändern. Wir brauchen unsere Kirchen nicht zu schützen und abzuschotten, wenn immer mehr Menschen sie als ein Zuhause erfahren. Haus Gottes, Haus für alle – wenn das nicht ein Inbegriff von Sakralität ist. *„Seht, Gottes Wohnung unter Menschen"* (Offenbarung 21,3) sah der Evangelist Johannes auch im Hinblick auf die Kirchengebäude voraus, die es zu seiner Zeit noch nicht gab. Das will konkret hier und jetzt beginnen.

Die Option, Kirchengebäude offen und in Gebrauch zu halten, ist zugleich eine Option für eine missionarische Kirche, die sich nicht hinter Türen verschließt und im Leben unserer Gesellschaft präsent bleiben möchte. Das wäre eine Kirche, die keine Angst um sich selber oder einen Verlust ihrer Identität hat. Kirche und Kirchen sollten in diesem Sinne zur Verfügung stehen[18], aus der Hingabe heraus, die ihr Herr in ihr leben will. Das schafft neues Vertrauen und Bindungen!

5. Jenseits der Vorurteile – Was Kirche noch zu sagen hat

Kirchenkrisen als Gesellschaftskrisen

Die gesellschaftliche Relevanz unserer Kirchengebäude hat die Richtung offengelegt, in die wir heute nach der bleibenden Aufgabe der Kirche fragen müssen. Jenseits aller Selbstbestätigungsversuche liegt sie eigentlich auf der Hand: Die Menschheit und die ganze Schöpfung leiden auf mannigfaltige Weise. Unsere Seelen sind verletzt und wir wandern durch manche Nacht. Was kann uns darin Halt und Heimat geben? In diesem Sinne stehen wir als Kirche nicht „den Menschen" gegenüber, sondern sind gemeinsam als Menschen unterwegs. Die Kirchenkrise bricht in einer Situation vielfacher Krisen auf. Die Einschränkungen und Auswirkungen der Coronapandemie haben viele von uns, Groß und Klein, an ihre Grenzen gebracht: die schmerzenden Verluste, die vielen Streitereien, manche Unzufriedenheit, die Polarisierungen. All das wühlt uns auf. Viele fragen sich, wann wieder bessere Zeiten kommen werden.

Ohne die Lage schwarzzumalen, bin ich mir sicher, dass uns nach der Coronakrise weitere Krisen im Griff behalten werden. Die Klimakrise wird sich verschärfen, und durch sie ausgelöst die Migration. Es zeichnet sich ab, dass Teile unseres Wirtschaftssystems an ihre Grenzen kommen. Die Kluft zwischen Arm und Reich wird kontinuierlich größer. Wir werden unseren Lebensstandard im Westen nicht halten können, es sei denn, wir wollten ihn auf Kosten der Mehrheit der Menschheit und der Natur um jeden Preis verteidigen. Das kann noch ein paar Jahre gut gehen, wird die Krise aber nur verstärken. Ähnlich wie in der Kirchenkrise ist es die Angst um sich selbst, die die Auswege aus der Krise blockiert.

Der brutale Angriffskrieg Putins und der russischen Armee gegen die Ukraine wird die Auswirkungen dieser Krisen beschleunigen und bringt einen Faktor hinzu, auf den wir als Einzelne überhaupt keinen Einfluss haben: die Unberechenbarkeit politisch agierender Personen, die sich jeder rationalen Einsicht entzogen haben und das sinnlose Leid der ihnen hilflos ausgelieferten Menschen nicht nur in Kauf nehmen, sondern willentlich beabsichtigen. Wer möchte da als Glaubender nicht von einer Entfesselung des Bösen sprechen? In Putin offenbart sich der Weltöffentlichkeit eine unmaskierte Fratze des Menschen, in der etwas zum Ausdruck kommt, was uns alle innerlich zu vergiften droht. Der Mensch ist nicht einfach gut. Er kann sich dem völligen Gegenteil überlassen und gewinnt damit eine äußerlich nahezu grenzenlose Macht über andere. Das Phänomen des Bösen verbindet sich mit menschlicher Intelligenz und Kreativität. Wir erschrecken vor unseren Abgründen. Das Neue Testament spricht vom *diabolos*, das heißt vom Verdreher und Durcheinanderwerfer und beschreibt diese Wirkkraft damit treffend.

In Bezug auf unser Lebensgefühl bedeutet das alles eine Zeitenwende. Ob wir wollen oder nicht, einer oberflächlichen Leichtigkeit und einer hedonistischen Konsumhaltung wird jede Grundlage verloren gehen. Der einzelne Mensch bleibt mit einem Gefühl permanenter Überforderung und Verunsicherung zurück.

Diese Situation ehrlich zu analysieren, gehört zum prophetischen Dienst einer jeden Christin und eines jeden Christen. Auch dazu wurden wir bei der Taufe gesalbt. Propheten beschwören kein Unglück herauf, aber sie weigern sich, zu verdrängen und zu beschönigen. Ihr Glaube befreit sie zum Realismus. Deshalb können sie nicht beschwichtigen oder mit unserem kölschen „et hät noch immer joot jejange"[19] vertrösten. Nicht der christliche Glaube ist irrational, sondern der

Umgang unserer Zivilisation mit der Wirklichkeit, insbesondere die Illusion, aus der Welt dauerhaft monetär darstellbaren Gewinn schöpfen zu können. Diese Wirtschaft tötet.

Das nach außen gerichtete Verhalten, das die Krisen in Welt und Kirche heraufbeschworen hat, hat eine zerstörerische Auswirkung auf das Innere des Menschen. Dazu schreibt die französische Philosophin Corine Pelluchon:

„Die nach außen, gegen die Natur gerichtete Gewalt zwingt das Individuum, sie umgekehrt gegen sich selbst auszuüben, und sorgt für eine Dressur des spirituellen Lebens und eine Armut des Denkens, die es zerstört." [20]

Bereits Max Horkheimer bemerkt dazu:

„Die Tötung des inneren Lebens ist die Quittung dafür, dass die Menschen vor dem äußeren Leben, dem Leben außer ihrem, keine Achtung haben. [...] Die Menschen, die bloß sich selbst wollen, machen sich buchstäblich selbst zunichte, an sich selbst rächt sich das Leben für die Schuld, die es am Leben begeht." [21]

Was bedeutet das für uns heute? Unsere primäre Aufgabe besteht jetzt darin, uns und unsere Kinder innerlich stark zu machen, damit wir aufrecht durch diese Zeit gehen können und innerhalb dieser Krisen dennoch ein gutes Leben führen können – mehr auch nicht. Das mag bescheiden und resigniert klingen, bedeutet aber einen gewaltigen inneren Kraftaufwand. Kirche fände so zu ihrer ureigensten Aufgabe zurück. Auch wenn die äußere Leichtigkeit des Lebens auf Dauer nicht zurückkehren wird, können wir trotzdem eine innere Leichtigkeit lernen, die die äußere Wirklichkeit nicht verdrängen muss.

Als zweiter Schritt im Aufgabenpaket steht die positive Mitgestaltung von Wegen, die nachhaltig aus den Krisen herausführen. An diesen beiden Aufgaben werden sich alle unsere gemeindlichen Aktivitäten in Zukunft orientieren müssen. Die zuerst notwendige innere Widerstandskraft bezeichnen wir als Resilienz. Resilienz ist eine geistliche Aufgabe. Mit diesem Begriff können wir das Grundanliegen Jesu auf unsere Zeit übertragen und neu formulieren. Paulus spricht da bildhaft von der „Rüstung Gottes" (Epheser 6,11). Gerade wenn heute so viele äußere Stützen wegfallen, bringt es nichts, zu versuchen, neue zu errichten. Es bleibt nur das, was zuinnerst trägt. Es geht um etwas, was in unseren Herzen aufbrechen will – angesichts dessen, was um uns und in uns passiert. Doch diese Botschaft ist durch die in der Kirchenkrise zutage tretenden Skandale verstellt. Das spüren viele Christen vor Ort:

„Ich hoffe, dass die Botschaft Gottes nicht von den Institutionsskandalen und den menschlichen Schwächen in den Hintergrund gedrängt oder gar überschattet wird. Wir Kinder Gottes sollten uns, jeder für sich, bemühen, Heil in unsere schöne Welt zu tragen."

Angesichts der ernsten Lage müssen wir lernen, diese Botschaft von ihren Trägern zu trennen, auch von unserer eigenen Unzulänglichkeit, um ihre Ursprünglichkeit neu zu erfahren – nicht als eine Doktrin mit erhobenem Zeigefinger, sondern als Befreiung, die von innen nach außen wirkt und so zum Handeln befähigt. Wir müssen auf diesen Durchbruch hinarbeiten, sonst steht ein geistliches Menschheitserbe auf dem Spiel.

Hierzu gehört zunächst, die Krise als den Normalzustand zu akzeptieren. Es kann von den Strukturen der Wirklichkeit her keinen Zustand stabiler Ordnung geben. Auch die Bibel kennt das nicht. Dies zu akzeptieren, schafft eine Handlungsbasis.

Auch die Kirche befand sich zu keiner Zeit ihrer Geschichte außerhalb einer Krise. Frühere Zeiten waren nicht besser. Zeiten institutioneller Festigkeit waren Krisenzeiten für den Geist der Bergpredigt. Eine institutionelle Festigkeit konnte sich nie lange halten.

Es geht folglich nicht an erster Stelle um einen Weg aus der Krise, sondern um einen Weg durch sie hindurch. Krise als Normalzustand besagt, dass wir immer wieder mit menschlichem Scheitern und Versagen und somit mit Enttäuschungen konfrontiert sein werden. Krise als einen Dauermodus anzunehmen, ist die Voraussetzung, aus konkreten Krisen herauszukommen. Auch das ist eine Paradoxie der Wirklichkeit. Ansonsten bleibt man in Vorwürfen und Blockaden stecken.

Die Klimakrise als spirituelle Krise

Wie die Klimakrise auch unsere Gegenden heimsucht, ist uns spätestens mit der Flutkatastrophe im Sommer 2021 klar geworden. Sie ist eine weltgeschichtliche Situation, in der wir als Christinnen und Christen insofern besonders herausgefordert sind, da sie eine zutiefst spirituelle Krise ist, die unsere Lebenshaltung betrifft. Der Club of Rome hat 2017 unter Bezug auf Papst Franziskus eindringlich darauf hingewiesen, dass eine Bewältigung der Klimakrise „unvermeidlich auch eine spirituelle Dimension braucht".[22]

Glaube ist Umgang mit dem Heiligen. In der biblischen Überlieferung bedeutet „heilig" keine menschliche Qualität, etwa im Sinne einer moralischen oder spirituellen Perfektion, sondern schlichtweg die Eigenschaft Gottes, also das, was unverfügbar ist und unsere vordergründige Wahrnehmung übersteigt. Für Christen ist nur Gott heilig. Heilige Menschen sind es nur im abgeleiteten Sinne, weil sie etwas vom Mysterium

Gottes bei sich durchscheinen lassen. Sie brauchen dafür nicht in jeder Hinsicht ein Vorbild sein.

Auch die Natur ist im Sinne dieses Durchscheinens heilig, weil sie den Zugang zu einer Gotteserfahrung eröffnet und als Gottes Eigentum unverfügbar ist. Wir brauchen daher angesichts der ökologischen Krisen einen Umgang mit der Natur als etwas Heiligem. Aus dieser Perspektive betrachtet bezeichnen wir die Natur als „Schöpfung".

„Wer das Heilige heilig hält, wird geheiligt" (Weisheit 6,10) – das ist die Wechselwirkung, die für die ökologische Spiritualität des Christentums wesentlich ist. Die Ehrfurcht, die in den sakralen Handlungen des Gottesdienstes eingeübt wird, will eine existenzielle Ehrfurcht gegenüber Gott, dem Menschen, der Natur und letztlich dem eigenen Leben aufbauen. Liturgie ist in diesem Sinne ein Training an der Realität.

Aber: Appelle reichen nicht, es braucht Motivation. Nur wer die Herzen bewegt, bewegt die Welt. Es braucht eine Wandlung unserer Haltung: Nur was ich liebe, werde ich schützen und erhalten.

Ich bin überzeugt, dass das Christentum ein gewaltiges Lösungspotenzial für dieses Hauptproblem unserer Zeit bereithält. Das erfolgt nicht im Sinne eines unmittelbaren moralischen Gebots wie: *Du musst die Natur schützen!* – Solche Mahnungen verhallen wie auf anderen Gebieten in der Regel ungehört oder führen zu aggressiven Gegenreaktionen. Die Kirche hat nicht primär die Aufgabe, zu mahnen, sondern einen alternativen Lebensstil zu entwickeln, in dem sich die Liebe zur Schöpfung entwickeln kann und der sich aus der Freiheit des Evangeliums ergibt.

Befragen wir die jüdisch-christliche Überlieferung aus dieser Perspektive, stoßen wir jedoch zunächst auf eine Blockade, mit der gerne ausgebremst, ja, „die Kirche" letztlich für die Misere mitverantwortlich gemacht wird. Denn kaum eine Aussage der Bibel wird von ihrer ursprünglichen Aussageabsicht her so missverstanden wie Genesis 1,28: *„Unterwerft euch die Erde und herrscht über die Fische des Meeres, die Vögel des Himmels und über alle Tiere, die auf der Erde kriechen."*

Tatsächlich sind hier die beiden hebräischen Verben *kabasch* und *radah* im Sinne von herrschen und unterwerfen zu verstehen, allerdings ist damit das Verhältnis Gottes zur Natur gemeint, an dem der Mensch bloß Anteil bekommt. Er herrscht nicht autonom oder gar autokratisch, sondern segnend und erhaltend über das, was Gott lediglich der Sorge des Menschen anvertraut hat. Er ist dazu gerufen, so immer mehr Gottes Ebenbild zu werden. Das Verb *radah* beschreibt biblisch auch das Verhältnis eines Hirten zu seiner Herde. Dieser leitet zwar die Herde, steht aber zugleich in einer engsten Lebensgemeinschaft mit ihr und kann nur aus diesem Gespür heraus richtig entscheiden. Herrschaft impliziert Zuwendung.

Zugleich beschreiben die Verben im damaligen Kontext eine Entzauberung und Entmachtung einer als götterhaft und dämonisch verstandenen Natur, wie sie außerhalb des jüdischen Volkes in Babylonien oder Ägypten aufgefasst wurde. Von dieser Angst sollte der Mensch befreit werden, indem er der Natur nicht mehr untergeordnet und schicksalhaft ausgeliefert war, sondern ihr gegenüber und mit ihr gemeinsam allein Gott unterstand. Das biblische Naturverständnis ist seiner Tendenz nach also aufklärerisch, begreift die Natur nicht mehr als ein undurchschaubares und ängstigendes, von Göttern beherrschtes Chaos, sondern als eine von Gott gewollte Ordnung, innerhalb der der Mensch eine Aufgabe hat. Schöpfung bedeutet, Chaos zu ordnen und ein für alle gutes Zusammenleben zu ermöglichen. Mensch und Natur sind gleichberechtigte Partner.

Die Existenz der Natur wird nicht einfach als gegeben angenommen, sondern ist Gegenstand des Staunens und fragt nach

Hintergründen und Konsequenzen. Warum gibt es überhaupt Ordnung und Sein? Nichts ist selbstverständlich. Die Natur ist aber kein Teil Gottes, sondern Ergebnis seines gestaltenden Willens.

Nach biblischem Verständnis hat die Natur keinen Sinn in sich, sondern hat ihn von der Freude und dem Gefallen her, das ihr Schöpfer an ihr hat. Sie ist aus reiner Liebe und Freude geschaffen. Fügt der Mensch sich in diese Ausrichtung ein, ist der große Schöpfungsfriede gewährleistet. Für den Menschen ist es die Freude des Geschenkt-Seins, eine Freude, aus der eine umfassende Liebe geboren wird. Von Anfang an hat die Stellung des Menschen in der Natur also eine ethische Dimension: Es ist ihm vom Schöpfer aufgetragen, mit allen Bereichen der Natur in Beziehung zu treten, diese Zusammenhänge zu verstehen und zu respektieren. Artenvielfalt ist aus dieser Perspektive ein Wert in sich, weil Gott diese Vielfalt will. Das Interesse der Bibel gilt dem Mysterium und dem Wunder der Natur, nicht dem machbaren oder rationell verstehbaren Aspekt.

Die Schlüsselkategorie lautet im Blick auf den Menschen „Verantwortung", zu der er durch Gott gerufen ist. Nur in diesem Sinne ist der Mensch als Gottes Ebenbild Mitschöpfer. Gott segnet seine Schöpfung, und so ist der Mensch beauftragt, segnend zu wirken. Der Mensch bleibt innerhalb des Gesamtgefüges mit seiner besonderen Aufgabe der besondere Ansprechpartner Gottes. In seiner praktischen Konsequenz ist das biblische Naturverständnis erst heute vollumfänglich zu verstehen: Der Mensch hat wirklich Verantwortung für die Schöpfung und kann sich da nicht herausreden, da sein Verhalten den Fortbestand der Schöpfung ernstlich gefährdet.

Die an die Schöpfungsberichte anknüpfende Erzählung vom sogenannten Sündenfall erkennt die Grundproblematik des Menschen in der Grenzüberschreitung, also im Ausbruch aus dem von Gott gesetzten Ordnungsrahmen. Der Baum der Erkenntnis steht für den für das Wohlergehen der ganzen Schöpfung notwendigen Respekt der von Gott gesetzten Grenzen. Indem der Mensch diese überschreitet, gewinnen Tod und Gewalt Macht über die ganze Schöpfung. Sünde wird als Trennung von Gott als der allumfassenden Lebensquelle verstanden. Die Beziehung des Menschen zu sich, zur Natur und zu Gott ist seitdem gestört. Die fortlaufende biblische Geschichte beschreibt den Versuch und den bleibenden Aufruf, diese Entfremdung zu überwinden und das Beziehungsgeflecht wiederherzustellen.

Grundlegend ist dabei die Vorstellung eines Bundes, den Gott mit dem Menschen und allen lebendigen Lebewesen schließt. Ziel und Inhalt eines solchen Bundes ist das Wohlergehen aller unter gegenseitiger Anerkennung. Die Initiative geht von Gott aus, der den Menschen mit seinen besonderen Fähigkeiten als seinen Bundespartner zum Wohle seiner Umwelt gewinnen will. Die Erde ist dem Menschen nicht als Eigentum gegeben, sondern wie einem Gärtner zur Pflege anvertraut. Der Mensch kann mit seiner Kompetenz dadurch auf eine harmonische Weise am Schöpfungswerk Gottes partizipieren, kann dieses Gleichgewicht jedoch auch schwer stören – statt Gärtner zum Ausbeuter werden –, und der Lauf der Geschichte, den die Bibel aufgrund dieser Tatsache eher pessimistisch nachzeichnet, bestätigt dies. Gleichsam prophetisch herrscht im Alten Testament ein grundsätzliches Misstrauen gegenüber städtischer Kultur und Urbanisation; es wird die nomadische Hirtenkultur als Ideal favorisiert und immer wieder für Beispiele gelungenen Lebens herangezogen.

Das Neue Testament erkennt in Jesus die Erfüllung der Hoffnung auf eine endgültige Wiederherstellung der Gottes-

und damit der Schöpfungsbeziehung: Jesus selbst lebt innerhalb eines vollendeten Dreierverhältnisses von Gott, Natur und Mensch. Im Sinne der jüdisch-alttestamentarischen Kulturkritik hinterfragt er jede Form von Absicherungs- und Anspruchsdenken. Er führt dies aus, indem er die Armen seligpreist und die, die nach äußerlichen Maßstäben im Leben zu kurz gekommen sind (Matthäus 5,3–12). Statt des Rechtes des Stärkeren gilt ein Recht des Schwächeren. Im Bild von den Vögeln und den Lilien (Matthäus 6,19–34) beschreibt er eine totale Freiheit durch die Übergabe an Gott, was für ihn der Inbegriff eines natürlichen Lebens ist. Der göttliche Geist geht allen materiellen Werten voraus und macht davon frei. Er ruft auf, in allem zuerst dieses Reich Gottes zu suchen, wie es in der ursprünglichen Schöpfung angelegt war, also diese natürliche Harmonie in der Gemeinschaft mit Gott und Schöpfung. Jede Form von Dominanz ist Jesus fremd.

Im Mysterium der Eucharistie greift Jesus auf pflanzliche Grundlagen der Ernährung zurück (Getreide und Trauben), um darin die intime Gemeinschaft mit Gott und untereinander auszudrücken. In die gleiche Richtung geht der liturgische Gebrauch des Olivenöls (bei Taufe, Firmung, Weihe, Krankensalbung). Die Liturgie ist in die Zeichenhaftigkeit der Natur eingebettet. In gleicher Weise gilt das für den Gebrauch des Wassers. Bei der orthodoxen Wasserweihe nach Weihnachten, während der ein goldenes Kreuz aus dem eiskalten Wasser gefischt wird, wird das in seiner ganzen Dramatik anschaulich.

Das angestrebte Ideal, das in der Liturgie zur bleibenden Darstellung und Vergegenwärtigung kommt, ist der Friede des Universums in der Versöhnung mit Gott – also ein universaler Frieden, der den ganzen Kosmos umfasst, im Sinne eines

Dreiklangs von Liebe, Frieden und Universalität. Christlicher Gottesdienst hat ursprünglich eine kosmische Relevanz. Der Mensch steht dabei mit allem in einem unmittelbaren Zusammenhang.

Diese Zusammenhänge sind besonders im Markusevangelium bestimmend: Jesus wird, als er 40 Tage in der Wüste lebt, von Engeln und wilden Tieren versorgt – Ausdruck einer umfassenden Heilungs- und Vermittlungstätigkeit in Bezug auf die ganze Schöpfung. Der österliche Auftrag an die Jünger lautet: *„Verkündet das Evangelium allen Geschöpfen"* (Markus 16,15) – das Heil gilt also der ganzen Natur. Der Kolosserbrief (Kolosser 1,23) greift diesen Gedanken wieder auf: *„Das Evangelium wird allen Geschöpfen unter dem Himmel verkündet."* Ein anonymer Kartäusermönch schreibt „von Teilnahme an der unendlichen Liebe Gottes. Sie kennt keine andere Sorge, als das Kommen Christi in allen Bereichen der Schöpfung vorzubereiten."[23]

Die Natur ist dem Menschen kein Gegenüber, sondern Mitgeschöpf. So stehen an erster Stelle die Solidarität und die Verbundenheit. Papst Franziskus hat diese Zusammenhänge in seiner Enzyklika *Laudato si'* vehement betont. Der Mensch steht für die bleibende Verbindung des Schöpfers mit seiner Schöpfung und kann diese Verbindung existenziell in seinem Leben verwirklichen, befindet sich also fortwährend für die Natur in einer Art Gottesdienst: Die Natur wiederum findet im Menschen zu sich, indem der Mensch sie auf ihren Schöpfer hin öffnet. Er ist kein Fremdkörper innerhalb ihrer. Er macht sich aber selber dazu, wenn er die Natur als Objekt und Verfügungsmasse betrachtet.

Die Vorstellung einer tiefen Verbundenheit von Mensch und Natur ist etwas anderes, als die Natur einfach als einen Wert in sich zu begreifen, dem wir aber gegenüberstehen. Auch ist sie kein Idealzustand, sondern im Zustand der Entwicklung. Sie kennt in sich Leid, Schmerz und Gewalt. Der Apostel Paulus brachte dies im Römerbrief in Zusammenhang: *„Denn die ganze Schöpfung wartet sehnsüchtig auf das Offenbarwerden der Söhne Gottes. Die Schöpfung ist der Vergänglichkeit unterworfen, nicht aus eigenem Willen, sondern durch den, der sie unterworfen hat; aber zugleich gab er ihr Hoffnung: Auch die Schöpfung soll von der Sklaverei und Verlorenheit befreit werden zur Freiheit und Herrlichkeit der Kinder Gottes. Denn wir wissen, dass die gesamte Schöpfung bis zum heutigen Tag seufzt und in Geburtswehen liegt"* (Römer 8,19–22).

Die Zuwendung Gottes zum Menschen betrifft also nicht nur den Menschen selbst, sondern hat Konsequenzen für sein Verhältnis zur Natur. In seiner Bedürftigkeit darf sich der Mensch mit allen Geschöpfen solidarisch wissen.

Im 20. Jahrhundert hat neben anderen der rumänische Mönch und Einsiedler Cleopan Ilie auf die geistliche Dimension der ökologischen Verantwortung hingewiesen. Bedingt durch die Verfolgungen seitens der Securitate[24] musste er viele Jahre als einsamer Schäfer in den Wäldern leben und empfand sie als Jahre, in denen er wie ein König lebte, obwohl sie hart waren. Cleopan Ilie steht da nicht allein: Eine Fortschreibung des Lebens Jesu bilden in der frühen Kirche die Überlieferungen der altorientalischen Mönchsväter (und -mütter). Diese zeichnet eine innige Liebe zur Natur aus, die als Ausweis ihres inneren Lebens im Geiste des Evangeliums gilt. Der enge, geschwisterliche Kontakt zur Natur gilt ihnen als Zugang zum Geheimnis Gottes.

Durch die Übung der Herzensdemut (die Eigenschaft Jesu nach Matthäus 11,29) können sie ungezwungen mit Wildtieren in Kontakt treten, wie es für den Menschen vor der Katastrophe des Sündenfalls angenommen wird. Der im Osten hochverehrte *Isaak von Ninive* (7. Jh.) spricht vom Mitleid mit allen Kreaturen. *Franziskus von Assisi* kann alle Geschöpfe, Natur und Kosmos, ja sogar den Tod als seine Schwestern und Brüder annehmen, geprägt von einer tiefen Solidarität. Das hat auch Rückwirkung auf das in der Natur vorhandene Gewaltpotenzial: Franziskus besänftigt den Wolf von Gubbio. Von orientalischen Mönchsvätern wird überliefert, dass Raubtiere und Schlangen in ihrer Gegenwart zahm, ja Löwen zu Vegetariern wurden. Hier spielt die Friedensvision des Propheten *Jesaja* hinein (Jesaja 9,6–8), wo der Löwe beim Lamm liegt und Kuh und Bärin sich anfreunden. Solche Berichte über ein Zusammenleben mit Raubtieren oder gar Skorpionen gibt es von ägyptischen Wüstenmönchen und anderen orthodoxen Mönchen auch aus heutiger Zeit. Es ist der innere Frieden, der nach außen strahlt und wirkt.

Christliche Erlösungshoffnung bezieht sich also nicht nur auf den Menschen, sondern auf die gesamte Natur. Das Reich Gottes ist allumfassend und nicht anthropozentrisch. Indem ich alles Geschaffene liebe, begreife ich das göttliche Geheimnis in allem. Der Geist einer dem Evangelium gemäßen Einfachheit und Kontemplation steht einem Verständnis der Natur als Objekt und Gegenstand der Bereicherung unvereinbar gegenüber.

Das Evangelium akzeptiert weder Konsum noch Gewinn als menschliche Grundbedürfnisse. Der Gedanke eines „gesunden Egoismus" ist ihm fremd. Das Evolutionsmodell steht mit dem biblischen Schöpfungsglauben in Einklang, nicht jedoch ein simplifizierter Darwinismus der vom Überlebenskampf und dem Recht des Stärkeren ausgeht.

Vor diesem Hintergrund stellt unser neuzeitliches Weltbild eine riskante kulturelle und zivilisatorische Reduzierung dar, die aus einer Verkürzung des menschlichen Erkenntnisvermögens auf eine vordergründige, nutzenorientierte Rationalität herrührt. Die Dimension der Kontemplation und der spirituellen Erfahrung mit ihrer Sensibilität für das Unverfügbare und Transzendente wurde für irrational erklärt – mit all den fatalen Folgen für unsere Mitwelt. Es kam auch zu einer Verkürzung christlicher Vorstellung, als einzelne Gruppen im Gefolge der Reformation behaupteten, ökonomischer Erfolg könnte ein Zeichen göttlicher Gunst sein und kontemplative Klöster seien gesellschaftlich nutzlos. Das Gegenteil gilt: Wer heute eine Zukunft will, muss auf die Erfahrung der Kontemplation hören.

Ein einfaches Leben ist aus der Perspektive des Evangeliums eine Forderung, die sich aus der Gerechtigkeit und dem Bedürfnis nach Teilhabe ergibt. Das ist mehr als eine bloße Moral. Es geht in die gleiche Stoßrichtung wie die Aufarbeitung des Missbrauchsskandals: Eine innere Überwindung des menschlichen Narzissmus, der Lieblosigkeit und Herzensverhärtung unseren Mitgeschöpfen gegenüber. Es geht um nichts Geringeres als den Aufbau einer neuen Zivilisation der Liebe, wie es der Gründer des europäischen Instituts für Ökologie in Metz, Jean-Marie Pelt, formuliert hat. Ihr Aufbau kann aber nur gelingen, wenn der Mensch seine spirituellen Fähigkeiten in den Vordergrund stellt.[25] Pelt hat aus dieser Haltung heraus Stadtplanung betrieben und das alte Metz zu einer ökologischen Stadt weitergestaltet, in der Architektur und Natur im Dialog stehen.

Eine Zivilisation der Liebe als eine ökologische Zivilisation, die die vordergründige Rationalität hinter sich lässt, weckt die schöpferischen Kräfte des Menschen, in denen er dann tatsächlich seine Gottebenbildlichkeit, auf die hin er geschaffen ist, verwirklichen kann. Es braucht den Mut und die Größe, damit auf den Weg zu kommen. Hierzu schreibt der ostsyrische Mönch Isaak von Ninive bereits im 7. Jahrhundert:

„Bloßes Wissen ist von Furcht begleitet, der Glaube hingegen von der Hoffnung. Solange sich jemand bloß der Methoden der Rationalität bedient, umso mehr wird er von Furcht ergriffen. (…) wer auf dem Weg des Glaubens geht, wird schnell frei und unabhängig, als Kind Gottes kann er frei mit allem umgehen. Der Liebende im Glauben hat Zugang zu jeder geschaffenen Kreatur, denn der Glaube gibt ihm die Kraft, neue Schöpfung zu gestalten, so wie Gott es kann. (…) Die Techniken des Verstandes dominieren die Welt seit 5000 Jahren, aber niemand konnte je den Kopf über die Erde erheben und die Kraft seines Schöpfers wahrnehmen, bevor uns nicht unser Glaube von unserer irdischen Geschäftigkeit befreit." [26]

Dabei ist es für Isaak gerade die Demut, die den Menschen gottähnlich macht, nicht die Überheblichkeit den Mitgeschöpfen gegenüber. Was ansteht, ist ein qualitativer Fortschritt in unserer Zivilisation, in der der Mensch seine gottgeschenkten Fähigkeiten ganzheitlich entwickelt und einsetzt und er frei wird von Interessensabwägungen. Die ursprüngliche christliche Spiritualität hat dafür längst die Ansätze freigelegt.

In der westlichen Welt sind wir mit der Aufklärung stecken geblieben. Sie hat uns von manchem Aberglauben und Bevormundung befreit, jedoch nicht von unseren Ansprüchen und unserem Egoismus. Diese Erkenntnis beginnt sich durchzusetzen. Die französische Philosophin Corine Pelluchon hat diesen Schritt in eine neue Aufklärung, den auch der Club of Rome fordert,[27] als „Zeitalter des Lebendigen" gekennzeichnet.[28] Papst Franziskus sieht in *Laudato si'* die unaufschiebbare Dringlichkeit, „in einer mutigen kulturellen Revolution voranzuschreiten".[29]

Es braucht dazu die im Evangelium angesprochene innere Umkehr, um die permanente Angst zu überwinden, zu kurz zu kommen. Das meint eine Umkehr aus der Haltung, etwas Besonderes sein zu wollen, hin zu einer Geschwisterlichkeit mit allen Geschöpfen und einer Haltung der Grundverantwortung allen gegenüber, zu der ich von Gott gerufen bin. Nur auf diesem Wege lässt sich ein Frieden mit der Natur dauerhaft sichern. Die Gefahr liegt also immer wieder in der Reduktion eines Weltbildes.

Es gilt, einen längst angelegten Reichtum in Bezug auf die ganze Menschheit und die Natur wiederzuentdecken. Das öffnet die innere Bereitschaft zu einem einfacheren und bescheideneren Lebensstil, der aber innerlich reich und glücklich macht. Gutes Leben ist einfach! Für den Alltag gilt die befreiende Losung: Every day for future!

Das lässt sich auf vielerlei Weise konkret erfahren. Als Pfarrer auf dem Lande besitze ich kein Auto, sondern bin bei Wind und Wetter mit dem Fahrrad unterwegs. Viele sagen, das sei unmöglich – für mich ist es ein positives und intensives Lebensgefühl, die Verbundenheit mit der Schöpfung bei Wind und Wetter zu erfahren. Ich glaube, dass es bei mir Lebenshaltung und Seelsorge prägt – allein schon die positive Entschleunigung, die mich auf das Unmittelbare und Nachhaltige schauen lässt. Ich versuche, aus dieser Erfahrung heraus Menschen zu begegnen und mit der strukturellen Überforderung, die meine berufliche Aufgabe mit sich bringt, umzugehen. Mehr als das, was Gott mir als Geschöpf mitgibt, kann und brauche ich nicht leisten.

Ein befreites Leben

Wo es außen eng wird, braucht der Mensch inneren Freiraum. Die Überlegungen zur ökologischen Spiritualität ließen sich auf andere Lebensbereiche übertragen. Es geht um einen Freiraum vom vordergründigen Ich des Menschen, das so leicht manipulierbar ist. Die Befreiung zu sich selbst beinhaltet paradoxerweise eine Befreiung von sich selbst und den selbstgemachten Blockaden. Das gilt individuell, aber auch für das kirchliche Leben. Wo Spiritualität oberflächlich blieb, wurde sie immer wieder als eine Manipulation der Persönlichkeit erlebt, bis hin zu echtem geistlichen Missbrauch, der gebrochene und unfreie Menschen hervorgebracht hat. Wo es in die Tiefe geht, handelt es sich hingegen um eine spürbare Erfahrung von Freiheit und gesteigerter Lebensfreude. Freudlosigkeit und Lieblosigkeit und das daraus wachsende Leid sind ein gesamtgesellschaftliches Problem. Als Seelsorger nehmen wir das intensiv wahr.

Es berührt mich bei persönlichen Begegnungen, gerade auch bei Hausbesuchen im Umfeld von Beerdigungen, wie zerstritten manche Familien sind, gerade wenn sie eng aufeinander im gleichen Ort wohnen. Er herrsch Verbitterung dem Leben gegenüber. Man redet nicht mehr miteinander, teilweise seit Generationen. Einen Ausweg daraus eröffnen besonders diejenigen, die sich einmal an anderen Orten als Fremde erfahren haben. Denn sie haben erfahren, wie nötig es ist, selbst den ersten Schritt auf den anderen zu zu wagen.

Die Landschaft in der Gegend, in der ich hier wirke, ist von stiller Schönheit, aber sie trägt tiefe Wunden, die der Braunkohleabbau gerissen hat, und die als Narben sichtbar bleiben. Vielen Dörfern gab die Kohle Arbeit und einen bescheidenen Wohlstand, andere mussten dafür umgesiedelt werden, was viele Bewohner bis heute nicht verkraftet haben. Auch ich empfinde eine tiefe Trauer um das, was verloren gegangen ist.

Angesichts des Kohleausstiegs kocht die Gemengelage wieder hoch. Diese Region hat große Opfer gebracht für den wirtschaftlichen Aufstieg der Bundesrepublik. Sie ist eine geschundene Schönheit. Ohne Braunkohlestrom wäre das alles nicht möglich gewesen. Doch jetzt kommt man sich abgehängt vor.

Es gibt die Haltung, sich aufgrund erfahrener Enttäuschungen in Opposition zu allen und jedem zu sehen. Mehr oder weniger bewusst verletzend wird dann ausgeteilt gegen alle, die sich irgendwo „oben" befinden könnten: „Von denen kannst du eh nichts erwarten." – Doch wer sind „die"? Manch einer will bewusst „klein" bleiben und lieber Recht haben, als irgendwo eine Mitverantwortung zu übernehmen.

In solchen Orten kann es sehr undankbar sein, im Kirchenvorstand mitzuarbeiten, weil man dann für alles verantwortlich gemacht werden kann, was irgendwo schiefläuft. Oder es verhält sich so: Wer sich engagiert, etwas macht und in die Hand nimmt, läuft Gefahr, dass ihm oder ihr Geltungssucht unterstellt wird. Immer wieder geschieht also ein gegenseitiges Kleinhalten, das wir uns aber eigentlich gar nicht mehr leisten können. Ich habe daher großen Respekt vor jedem, der sich unter diesen Umständen engagiert.

Bedingt durch die Hygienemaßnahmen, die die Coronapandemie einforderte, mussten wir in den Kirchen auf Sicherheitsabstände achten. Dabei kam es wiederholt zu Konflikten zwischen unseren Empfangsteams und Leuten, die darauf beharrten, immer schon auf einem bestimmten Platz gesessen zu haben und jetzt nicht woanders sitzen konnten bzw. wollten. Wie viel Flexibilität können wir wirklich erwarten? Viele Blockaden sitzen im Inneren.

Müssen wir überall mit den gleichen Mitteln zurückschlagen? Wo ich verletzt bin, schlage ich zurück? Wenn es mir schlecht geht, soll es auch anderen schlecht gehen? Die Bergpredigt, die bereits die ganze österliche Dynamik atmet, zeigt uns Alternativen eines befreiten Lebens auf, das insbesondere von Verlustängsten befreit ist. Jesus stellt keine höheren Forderungen auf, sondern mit ihm ist ein neues Zeitalter angebrochen, das uns durchdringen will. Das Alte und das Neue ringen in uns miteinander, und manchmal ist das wirklich ein innerer Kampf.

Wie gestalten wir den Übergang zu echtem Selbstbewusstsein und dem damit verbundenen echten Gemeinschaftsbewusstsein? Auf dieser Ebene gibt es keine Interessenskonflikte mehr. Der christliche Weg zielt in diese Richtung. Der flämische Mystiker und Priester Jan Ruusbroec beschrieb im 14. Jahrhundert das Entwicklungsideal des befreiten Menschen, der durch die Gottesbeziehung ganz bei sich selbst und bei den anderen ist und diese Spannung fruchtbar lebt. Er nannte dies *de gemene mens*, den allgemeinen Menschen. In meiner Leuvener Studienzeit haben wir die Texte intensiv gelesen. Sie beschreiben eine Erfahrung, die wir heute intensivieren müssen, um in jeder Hinsicht weiterzukommen. Nur so wird uns die Abkehr von dem reduzierten Menschenbild des *homo oeconomicus* gelingen.

Geistliches Leben und insbesondere die Eucharistie wollen in diese Richtung formend wirken. Sie haben eine ökologische und eine gemeinschaftsaufbauende Dimension und dabei immer eine Perspektive auf die ganze Welt.

Umgang mit Grenzen

Zu den wichtigsten Diensten, die wir als Kirche ausüben, und wo wir uns wirklich als eine dienende Kirche erfahren, die durch ihren Dienst befreit wird, gehören die Sterbebegleitung, die Abschieds- und Trauerbegleitung und insbesondere das Beerdigen. Diesen Dienst möchte ich als leitender Pfarrer nicht wegdelegieren.

Für unsere Gemeindearbeit gilt der Grundsatz, dass Beerdigungen immer Priorität haben. Es mag merkwürdig klingen, aber: Ich beerdige gerne. Für mich gehört das zur Mitte meines Dienstes. Und ich mache die Erfahrung: Angesichts des Todes zählt nur das, was echt ist. Hier zeigt sich das Leben in seiner

Größe und seinem Elend. Bei den Trauergesprächen, für die ich die Leute in der Regel zu Hause aufsuche, versuche ich zuzuhören. Dabei erlebe ich mich als reich beschenkt, da ich am Leben der anderen teilnehmen darf. Zugleich fordert mich dieser Dienst heraus. Denn, wenn ich spätestens beim Gottesdienst auf unsere christliche Hoffnung zu sprechen komme, dann kann ich mich nicht hinter Floskeln verstecken. Jedes Mal aufs Neue berührt mich der Ernst einer Beerdigungssituation sehr.

Im Umfeld des Abschieds werden allerdings auch die Eigenarten unseres Zusammenlebens erfahrbar: Ein stilles Symptom innerer Unfreiheit hierzulande ist der Umgang mit dem Grab. Warum haben so viele Menschen Angst, ein ungepflegtes Grab zu hinterlassen und entscheiden sich aus diesem Grund für eine Urnennische in einem Kolumbarium oder ein sogenanntes pflegefreies Grab mit einer Steinplatte auf einer Rasenfläche, eine anonyme Beisetzung oder eine Aschenverstreuung? Bei allen Gründen, die es geben mag, sorgt mich doch die Tatsache, dass meist der Ordnungsgedanke ausschlaggebend ist. Welche Zwänge liegen da auf uns?

Friedhöfe erzählen vom Leben. Als Student habe ich mir Geld mit Friedhofsführungen verdient, z. B. auf dem Kölner Melaten. Die historischen Grabstätten, auch die allereinfachsten, haben eine Botschaft, die viele Menschen anrührt. Was wird man über die Menschen zu Beginn des dritten Jahrtausends erzählen, angesichts der leeren Friedhöfe? Vielleicht: Für sie waren Ordnung und Sauberkeit wichtig? – So weit sind wir von der Natur entfremdet.

Auch Bestattungen im Friedwald sind keine Naturbestattungen, weil sie immer den unnötig energieaufwändigen Umweg übers Krematorium mit seinem hohen CO_2-Ausstoß erfordern und letztlich die Ruhe im Wald stören. Der Friedwald symbolisiert so ungewollt eine Form der Aneignung der Natur durch den Menschen über den Tod hinaus und ist damit ein Symptom unserer Entfremdung von ihr.

Ein Symbol des Lebens ist für mich der klassische Friedhof mit der Vielfalt seiner Gräber und Grabarten, ein Stück echte Kulturlandschaft an der Schwelle zur Natur, die ihn zielsicher mit ihrem Wachstum durchdringt, wenn man sie nicht vor lauter Ordnungswahn kleinhält.

Die existenzielle Erfahrung von Grenze und Tod ist wesentlicher Teil der Glaubenserfahrung. Glaube bedeutet einen erwachsenen Umgang damit, zu dem eine Gottesbeziehung befähigt. Dazu gehört auch der Umgang mit Scheitern und eigener Schuld. Wir spüren das, und es fällt uns schwer, darüber zu reden. Es geht in unsere intimsten Bereiche.

Der Umgang mit sexualisierter Gewalt innerhalb der Kirche diskreditiert genau diese zentrale christliche Botschaft von Schuld und Vergebung, die mit ihrer befreienden Kraft für Jesus im Mittelpunkt stand. Auf erschreckend unreife Art und Weise weisen zu viele Bischöfe und andere Verantwortliche in Bistumsleitungen Schuld von sich und winden sich aus der Verantwortung. Man wartet ab, ob einem juristisch eine Verfehlung nachgewiesen werden kann.

Wie sollen wir angesichts solcher Vorbilder unsere Kommunionkinder noch auf die Erstbeichte vorbereiten? Hier wird unsere katechetische Arbeit „von oben" massiv behindert. Von einem gestandenen Bischof und Seelsorger darf man erwarten, dass er den Blick in die Abgründe aushält. Sind es nicht die menschlich und im Glauben Starken und Gefestigten, die in ein solches Amt bestellt werden sollten? *„Wenn einer seinem eigenen Haus nicht vorstehen kann, wie soll der für die Kirche Gottes sorgen?"* (1. Timotheus 3,5), fragt Paulus. Er meint damit auch das innere Haus.

Es gibt Reizworte, die offensichtlich so belastet sind, dass man sie nicht mehr ohne Weiteres gebrauchen kann, die aber von ihrem Ursprung her einen Sachverhalt beschreiben, der nach wie vor seine Gültigkeit besitzt. „Sünde" ist ein solches Wort. In der westlichen Tradition wurde es im katholischen wie im evangelischen Kontext zu einem mehr oder weniger objektiv vorwerfbaren Sachverhalt im Sinne einer moralischen Verfehlung. Hinzu kommt jene unselige Tradition, die diesen Tatbestand gar als eine Beleidigung Gottes auffasste. Wie klein man von Gott denken kann! Dies entfaltete eine regelrechte Angst vor dem göttlichen Richter. Die Frage nach der Rechtfertigung des Sünders und der Umgang damit wurde zum Anlass der Reformation. Als Leute aus dem Westen müssen wir uns aber klar machen: Die ostkirchliche Tradition versteht die Problematik der Rechtfertigungslehre und damit den Anlass der Reformation nicht! Die hier angestellten Überlegungen folgen daher der älteren und freieren Tradition, die in der Ostkirche bewahrt wurde.

Die christliche Erfahrung lässt sich so zusammenfassen: Der Mensch erfährt, dass er sich auf seinem Lebensweg immer wieder in Sackgassen verrennt, aus denen er selbst nicht herauskommt. In der Begegnung mit Gott erfährt er Neuaufbrüche. – Es geht also letztlich gar nicht darum, dass der Mensch etwas falsch gemacht, gegen ein Gebot verstoßen hat und deshalb ein schlechter Mensch ist.

Woher kommt das dann? Immer wieder hört man, das Christentum habe dem Menschen überhaupt erst ein Schuldgefühl und den permanenten Vorwurf der Sünde eingebracht. In der Tat wurde in der Vergangenheit in den Kirchen des Westens immer wieder mit dem schlechten Gewissen gearbeitet, ganze Bereiche des Lebens, insbesondere die Sexualität mit der Gefahr permanenter Sünde in Verbindung gebracht, und nicht wenige hatten den Eindruck, in der Kirche werde einem vor allem gesagt, wie schlecht man doch sei.

Wo das so war, haben wir es mit einer Verzerrung der ursprünglichen Botschaft zu tun, an deren Folgen wir immer noch leiden und mit der sich die christliche Verkündigung auf verheerende Weise selbst geschadet hat. – Die Bibel sieht das anders. Die hebräischen Begriffe des Alten Testaments verstehen unter Sünde eine Verfehlung des Ziels, eine Auflehnung gegen Gott, einen Bruch der Treue. Es sind Beziehungsbegriffe: Die Beziehung zu Gott, der Quelle des Lebens und der Liebe, wird gestört. Damit schadet der Mensch nicht nur anderen, sondern letztlich sich selbst. Er bleibt weit hinter seinen Möglichkeiten zurück. Sünde bedeutet in dieser Stoßrichtung Entfremdung. Der Mensch ist seiner selbst entfremdet. Weil sein innerstes Selbst in seiner Gottesbeziehung gründet, ist er deshalb immer auch Gott entfremdet.

Wenn sich Sünde in diesem Verständnis an einem Verstoß gegen göttliche Gebote zeigt, dann muss man im Hinterkopf haben, was „Gebot" und „Gesetz" biblisch meinen: Torah bedeutet wörtlich „Wegweisung". Die Gebote sind keine Punkte, an denen etwas abgehakt wird, sondern sie bezeichnen den Weg zur Verlebendigung und zum Aufblühen des Menschen, den Gott ihm eröffnen will. Wer sündigt, ist von diesem guten Weg abgekommen. Das deutsche Wort „Sünde" kennt diese Zusammenhänge ursprünglich wohl auch, wenn man davon ausgeht, dass „Sünde" die gleiche Wortwurzel hat wie „absondern" oder wie der „Sund" als trennendes Gewässer. Sünde ist dann nicht das Vergehen, sondern die Trennung von der göttlichen Lebensquelle, die eingetreten ist – eine gebrochene Beziehung.

Die Bibel spricht dann von der Umkehr als erstem Schritt der Heilung. Im Hebräischen bedeutet das entsprechende Wort *teschuwa* tatsächlich Umkehr im Sinne von Richtungsänderung. Im Neuen Testament ist von *metanoia* die Rede, was so viel wie „tiefer sehen lernen" und damit Änderung des Denkens bedeutet. Bei beidem geht es also nicht darum, dass ich schlecht bin, sondern dass ich mich entfernt habe von dem, was mir guttut. Jesu öffentliches Auftreten beginnt mit dem Ruf: *„Das Reich Gottes ist nahe. Kehrt um und glaubt an das Evangelium!"* (Markus 1,15). Es läuft also etwas in die verkehrte Richtung, aber Gottes heilende Nähe ist da und möchte mit mir in Kontakt kommen.

Vergebung bedeutet insofern: Diese gebrochene Beziehung kann geheilt und die Trennung überwunden werden. Damit wird deutlich, dass es nicht darum geht, eine Sache ungeschehen zu machen oder zu verharmlosen. Was geschehen ist, kann nie ungeschehen gemacht werden. Evolution und Geschichte lassen sich nicht zurückdrehen. Die Sache nüchtern anzusehen, aufzuarbeiten und eigene Schuld und Verantwortung zu erkennen, ist das eine. Die sich daraus ergebenden Konsequenzen zu tragen, das andere.

Damit das in Gang kommen kann, braucht es die Heilung der inneren Beziehungsdimension. Das ist die sogenannte Sündenvergebung. Hier muss eine Quelle, die verstopft ist, wieder freigelegt werden. Vergebung heißt, dass der Mensch mehr ist als seine Taten – dass sie nicht die einzige absolute Wirklichkeit seines Lebens sind, dass er nicht darauf festgenagelt bleibt, sondern die göttliche Liebesquelle in ihm wieder fließen kann. Das bedeutet Sündenvergebung durch Gott. Diese ersetzt keineswegs die Versöhnung mit dem anderen, umgekehrt reicht diese nicht aus, wenn ich mit meiner inneren Entfremdung allein bleibe.

Versöhnung mit Gott hat also in der Wurzel mit der Versöhnung mit mir selbst zu tun: Ich darf mich annehmen als die oder der, als den Gott mich annimmt – jenseits aller Idealvorstellungen, mit denen ich mir selbst oder andere Druck mache. Dazu gehört auch die ehrliche Trauer um das nicht gelebte Leben. Es braucht keine Ausreden für die eigenen Fehler. Sie betreffen ja zuallererst mich selbst. Gott möchte mir da helfen, dass ich weiterkomme. Ich verpasse sonst meine besten Seiten, und das wäre sehr schade.

Isaak von Ninive konnte deshalb im 7. Jahrhundert formulieren: „*Wer seine eigene Schwachheit kennt, ist größer als einer, der die Engel schaut.* "[30] Er liefert damit Gott die Basis, an ihm wirken zu können. Ein Sündenbewusstsein im Sinne des Bewusstseins der eigenen Lebens- und Gottesbedürftigkeit ist ein innerer Befreiungsschlag.

Die sakramentale Form der Vergebung, das Bußsakrament oder die Beichte, möchte diesen Zusammenhängen Ausdruck geben. Es geht um einen Zuspruch, so wie Jesus ihn selbst immer wieder gelebt hat. Wir berühren hier den Kern von Jesu Selbstverständnis: den Menschen die göttliche Quelle und ihre Wirkkraft zu erschließen.

Wenn die Trennung von Gott – als der Quelle des Lebens und der Liebe – den Menschen leblos macht und innerlich absterben lässt, dann ist auch der in der Bibel immer wieder aufscheinende Zusammenhang von Sünde und Tod einleuchtend. Beides hat dieselbe Stoßrichtung. Der Tod ist nicht die Strafe für die Sünde, sondern hat die gleiche Stoßrichtung. Beides lässt Leben sterben. Die Konsequenz ist die gleiche. Sünde ist folglich eine andere Form des Todes.

Wenn in der Auferstehung Jesu dieser Zusammenhang in seiner Endgültigkeit durchbrochen ist, dann ist klar, warum der Auferstandene als „Sieger über Sünde und Tod" bezeichnet wird und warum er am Ostermorgen seinen Jüngern neben dem österlichen Frieden als erstes die Sündenvergebung anvertraut. Seine Worte lauten: „*Friede sei mit euch – wie mich der Vater gesandt hat, so sende ich euch – empfangt den heiligen Geist – wem ihr die Sünden vergebt, dem sind sie vergeben*" (Johannes 20,21ff.).

Der Friedenswunsch ist ein Zuspruch, keine Aufgabe. Es tut gut, das wörtlich zu nehmen: Du darfst den inneren Frieden haben, lass ihn zu – und nicht: Du musst dich um Frieden bemühen. Wir bekommen damit aber Anteil an dem, was Jesu Sendung ist, was in ihm drängt, was Welt gestalten will. Diese göttliche Lebenskraft und Liebe nennen wir Heiliger Geist. Daraus erfolgt der Aufruf, Sünden zu vergeben.

Was im Sakrament daraus konkret wird, ist Sendung und Auftrag jedes Christen: die versöhnende österliche Kraft in sich für andere leben zu lassen – versöhnt mit sich und Gott, mit den Erwartungen an das Leben und so versöhnungsfähig für andere zu sein.

Nicht erst die Ereignisse in der Ukraine machen uns deutlich, dass dauerhafter Frieden eine Fähigkeit zum Frieden voraussetzt. Darauf zielt das Ostermysterium. Viele Christen haben dieses spirituelle Know-how nicht entwickelt. Der Moskauer Patriarch Kyrill I., der den Krieg Putins gegen die Ukraine als Heiligen Krieg rechtfertigt, ist ein besonders erschreckendes Beispiel aus unserer Zeit, aber wir spüren dieses Problem auch im täglichen Umgang miteinander.

Nach christlicher Überzeugung begibt Gott sich selbst in die Abgründe unserer Wirklichkeit, in alles, was uns von ihm trennt. Deswegen formuliert Paulus über Jesus: Gott *„hat den, der keine Sünde kannte, für uns zur Sünde gemacht, damit wir in ihm Gerechtigkeit Gottes würden"* (2.Korinther 5,21). Hier wird noch einmal deutlich, dass Sünde das von Gott Trennende bedeutet. „Ihn zur Sünde gemacht" meint, dass Gott durch Jesus genau in dieses Trennende hineinmöchte und keinerlei Berührungsängste kennt. „Gerechtigkeit Gottes werden" heißt, zu ihm aufgerichtet werden, also vor ihm aufrecht stehen können.

So darf ich ihn im Gebet in das, was ich als abgründig an mir erlebe oder erleide, einladen, auch und gerade in meine negativen Gefühle, Enttäuschungen und Aggressionen. Er macht sich weiter für uns verwundbar, um uns zu heilen, indem er dort bei uns ist. Nichts kann uns von der göttlichen Liebe trennen. Aber ich muss ihn in meine Mitte lassen. Dorthin gehören auch meine offenen Fragen Gott gegenüber, die Fragen nach dem Warum so vieler leidvoller Dinge, die ich nicht fassen und begreifen kann. Wer fragt, hält Kontakt, auch wenn eine Antwort nicht überzeugt. Als Jakob am Jabbok mit Gott rang, ließ er ihn wissen: *„Ich lasse dich nicht los, wenn du mich nicht segnest!"* (Genesis 32,27).

Es geht um eine Entscheidung zum Leben: Moses sagt dem Volk Israel vor dem Einzug ins Gelobte Land: *„Leben und Tod lege ich dir vor, Segen und Fluch. Wähle also das Leben, damit du lebst, du und deine Nachkommen. Liebe den Herrn, deinen Gott, hör auf seine Stimme und halte dich an ihm fest; denn er ist dein Leben"* (Deuteronomium 30,19f.). Vor dieser Entscheidung stehen wir selbst immer wieder: Leben und Tod gehen ineinander, und wir spüren die Wirkmächtigkeit des Todes in unserem Leben.

Eine Schwester des Todes ist die Verlustangst. Das Leben ist allein in Gott zu finden, und das wirkt zurück auf jegliche Lebendigkeit. An Gott mich festhalten heißt, mich in seine Bewegung zu bringen. Mein Leben kann ich nicht von ihm trennen. Alles, was wirklich aus mir selbst kommt, geschieht in seiner Gegenwart. Alle meine Entscheidungen dürfen getragen und damit erleichtert sein durch die Entscheidung für ihn.

Das Bußsakrament hat seinen Ort innerhalb dieser breit angelegten Bewegung der Versöhnung. Hinsichtlich des Sprachgebrauchs klingt Versöhnungssakrament schöner, doch ich möchte dem Wort „Buße" seine Berechtigung nicht nehmen. Es bedeutet Arbeit an sich selbst. Die braucht es, und die ist sehr mühsam. Allerdings hat die Art und Weise, wie das Bußsakrament bei uns praktiziert worden ist, viel zur Entfremdung davon beigetragen. Manche kamen sich im Beichtstuhl wie bei einem Verhör vor, teilweise bis in intime Bereiche. Angst und Skrupulosität wurden immer wieder geweckt: Ältere Männer beichten noch heute Selbstbefriedigung – mich erschüttert das immer wieder, wie sie da an einem sinnlosen Schuldgefühl leiden.

Auch wenn dies die jüngere Generation so nicht mehr erlebt hat, hat sich dieser Missbrauch des Versöhnungssakraments ins Unterbewusstsein eingegraben und wird weiter nachwirken. Nur die Weitergabe konkret positiver Erfahrungen und persönliches Vertrauen können hier einen Weg eröffnen. Das geschieht vor allem in Beichtgesprächen, bei denen der Umgang mit Schuld in einen größeren Lebenszusammenhang eingebettet ist.

Wir brauchen Vergebung nicht als das, als was sie oft rüberkommt – als Zugeständnis oder Großzügigkeit von jemandem, der selbst nie in eine derartige Situation geraten könnte. Vergebung ist in dem Sinne eine Notwendigkeit, weil sie auch die Opfer befreit: nicht in dem Sinne, dass irgendetwas weggewischt würde, sondern damit die Tat und der Täter ihre Macht über das Opfer verlieren.

Vergeben hat nichts mit Vergessen zu tun. Um einer echten Umkehr willen dürfen Verbrechen niemals dem Vergessen anheimfallen. Das christliche Verständnis von Schuld und Vergeben hat nichts mit einem moralischen Reinwaschen oder einem Persilschein zu tun.

Bei diesen Überlegungen stößt schnell auf, wie eklatant die Kirche hinter ihrer eigenen Botschaft zurückbleibt. Ihr Umgang mit der eigenen institutionellen Schuld ist verglichen damit geradezu primitiv. Man kann das spirituelle Geheimnis der Kirche nicht einfach von der Realität ihrer konkreten Gestalt trennen. Das ginge am Kern der christlichen Botschaft vorbei, der Verbindung des Göttlichen und des Menschlichen. Die Kirche braucht sich nicht als Idealgemeinschaft zu verkaufen. Sie kann mit sich selbst sehr nüchtern umgehen. Der Blick auf die eigene Schuldgeschichte ist auch hier heilsam.

Großartig waren die Bekenntnisse eigener historischer Schuld unter Johannes Paul II., aber sie verfehlen bislang ihre Nachhaltigkeit, weil die institutionellen Konsequenzen ausbleiben. Da wirkt vieles hartherzig, ja menschenverachtend. Glaubt die Kirche nicht viel zu wenig an die Lösegewalt, die ihr der Herr anvertraut hat? – Ich denke da vor allem an den Umgang mit zerbrochenen Ehen und der Wiederheirat. Wenn man dem Versöhnungsdienst selbst zu wenig zutraut, darf man sich nicht wundern, dass das Versöhnungssakrament in die Krise geraten ist. Trotzdem, das anvertraute Erbe ist zu kostbar, um es nicht neu zu heben und fruchtbar zu machen. Barmherzigkeit ist eine ernste Sache, weil sie noch vielmehr den prägen will, der sie ausübt, als den, der sie empfängt.

Ein ehrlicher Umgang mit Sünde und Schuld, eine gelebte Haltung der Vergebungsbereitschaft und der Vergebungsbedürftigkeit machen den Menschen freiheitsfähig. Auch Lebensentscheidungen sind aus diesem Geist heraus leichter zu treffen, weil es die Angst vor einem Scheitern an möglichen Fehlentscheidungen nimmt.

Unsere Gesellschaft braucht diese Freiheit: Es gibt so etwas wie einen Unschuldswahn, aus dem heraus man sich weigert, seine eigene Begrenztheit und Fehlerhaftigkeit als Teil seiner selbst anzunehmen. Für alles gibt es eine Ausrede und letztlich sind immer die anderen schuld. So wird verhindert, dass ein Mensch erwachsen wird und sich als handelnde Persönlichkeit erfährt. Zur Ablenkung wird der andere auf seine Fehler und Schwächen festgenagelt.

Auch in unseren Gemeinden gibt es die Unkultur der akribischen Fehlersuche. Einer muss doch schuld sein, wenn etwas schiefgelaufen ist. Selbst Verletzungen werden kultiviert und auch nach Jahren noch penibel aufgelistet und vorgehalten. Das Schuldkonto kann nur immer mehr belastet werden. Eine Lösung besteht dann lediglich im Abbruch der Beziehung. Der Schuldige muss abtreten.

Ich empfinde diese Beschreibung nicht als überzogen, sondern sehe hier ein Wurzelproblem unseres Zusammenlebens. Es ist der Rückfall in eine Schamkultur, der es um eine eigenartige Ehre und Erhabenheit des Eigenen geht, die aggressiv ins Spiel gebracht wird. Es wird bedingungsloser Respekt eingefordert. Die letzte Allroundwaffe, die man noch ziehen kann, ist dann beleidigt zu sein. Wir kennen dieses Verhalten auch im kirchlichen Kontext zur Genüge. So werden auch Konflikte von oben gelöst.

Der Blick über den westlichen Tellerrand – eine Hoffnung für alle Menschen

Kirche steht von ihrer Grundaufgabe her für die Überwindung von Grenzen. Damit stemmt sie sich in jeder Hinsicht gegen eine Bewegung der Abgrenzung, die sich auf verschiedensten Ebenen breitmacht.

Man erliegt einem fundamentalen Irrtum, wenn man das Christentum als die Religion Europas oder gar des Westens betrachtet, mit der dieser dann die übrige Welt kolonialisiert habe. Das Christentum hat seinen Ursprung im kulturellen Übergangsbereich des Nahen Ostens und dehnte sich von Anfang an sowohl nach Westen in das Römische Reich als auch in Richtung Mittlerer Osten bis in den hinduistischen und buddhistischen Kulturraum aus. An dieser Schnittstelle ist es bis heute präsent. Als orientalische Religion war es – dem Judentum gleich – von Anfang an in verschiedene Richtungen kulturell anschlussfähig. Als nicht ursprünglich europäisch und doch seit Jahrhunderten in Europa inkulturiert, kann es deshalb dem Westen eine breite interkulturelle Dialogbasis schaffen, die die westliche Kultur für andere Kulturen öffnet.

Ohne das Christentum würde der Westen sich von der übrigen Welt noch weiter wegentwickeln. Europa definiert sich durch offene und nicht festlegbare Grenzen. Je mehr man sich nach Osten begibt, umso deutlicher wird das. Dass die Ukraine ein Kernland europäischer Kultur ist, wird uns gerade bewusst. Im Kaukasus sind Armenien und Georgien christliche Länder, die sich als europäisch empfinden. Armenier leben seit Jahrhunderten auch im Iran und in Jerusalem. Wir könnten die Reise fortsetzen in die Türkei oder auf den Balkan und beobachten, dass eine Grenze nicht greifbar ist, sondern sich immer neue Begegnungsräume öffnen.[31]

Die katholische Kirche ist also von Anfang an in verschiedenen Kulturen zu Hause. Ich sehe hierin den eigentlichen Grund, warum es immer wieder Reibungen mit manchen Auffassungen der westlichen Kultur gibt. Es ist ja keinesfalls alles gut an unserer westlichen Lebensweise. Wir leben unseren Standard und unsere Mobilität auf Kosten eines Großteils der Menschheit und der Natur und sind in weiten Bereichen nur mit unserem Wohlergehen und unserer Bequemlichkeit beschäftigt.

Das Anliegen von Papst Franziskus, unseren Blick aus der kulturellen Selbstgerechtigkeit zu erheben und die ganze Welt in den Blick zu nehmen, wird – auch in der Kirche selbst – kaum ernst genommen. Hier stört eine unbequeme Kirche unseren Lifestyle.

In der globalen Welt gilt das Recht des Stärkeren. Nicht nur Putin zeigt uns das. Wir wollen unsere Lebensstandards sichern. Der globale Süden ist abgehängt. Was ist mit dem Recht der Schwächeren? Auch in diesem Kontext gilt es, Widersprüche und Ungleichzeitigkeiten auszuhalten. Die Bibel lässt sich keiner Kultur zuordnen, auch nicht der westlich-aufgeklärten. Sie bleibt diesbezüglich offen. Der biblische Realismus ist skeptisch gegenüber der Verheißung eines definierbaren Paradieses auf Erden, wo die Touristen unter sich bleiben.

Als katholische Kirche sind wir nicht nur international verbreitet, sondern auch faktisch die größte Migrantenorganisation im Lande. Auch in unseren ländlichen Gemeinden leben Menschen unterschiedlichster Herkunft. Als Kirche vor Ort repräsentieren wir nicht nur die Kultur der Mehrheitsgesellschaft. Unser Seelsorgeteam kommt von drei Kontinenten. Das ist eine menschliche und kulturelle Bereicherung.

Angesichts der Weltlage kann es nicht angehen, sich auf den kleinsten gemeinsamen Nennern zu arrangieren. Die große Perspektive, ja die Maximalvision darf nicht aufgegeben werden. Die Bibel malt dafür wunderbare Bilder, wie die Wallfahrt der Völker zum Berg Zion bei Jesaja (2,1–5). Für die Kirche bedeutet das, raus aus aller Enge bis an die eigene Schmerzgrenze mit der Botschaft vom Reich Gottes zu gehen – im Extremfall bis zur Selbsthingabe. Die Worte Jesu vom Salz der Erde sind so zu verstehen: Salz muss sich in alles hineingeben. Bleibt es für sich, ist es sinnlos. Die Kirche steht also im Dienst einer gemeinsame Menschheitsaufgabe, die Gott uns zutraut, dass wir sie anpacken.

Das geschieht längst in vielen konkreten Schritten. Mich bewegt es von Jahr zu Jahr sehr, wie Kinder und Jugendliche im Rahmen der Sternsingeraktion diese Zusammenhänge begreifen und mit welchem Engagement sie dabei sind. Hier wird das Wesen von Kirche erfahrbar. Dazu gehören unsere Hilfswerke wie Misereor, Adveniat, Renovabis oder Brot für die Welt. Sie verbinden konkrete Hilfe mit gegenseitigem Austausch. Geben und Empfangen geschieht in beide Richtungen. Die Kraft, aus der diese scheinbar so kleinen Schritte ihre Stoßkraft erhalten, nennt die christliche Überlieferung „Hoffnung": Einzelne Aktionen sind kein Tropfen auf den heißen Stein, sondern entfalten in der Kraft, mit der sie gesetzt sind, eine Eigendynamik.

An der französischen Maas, nahe der belgischen Grenze, steht in Charleville-Mézières die Stadtkirche „Notre-Dame d'Espérance": Unsere Liebe Frau von der Hoffnung – einer der schönsten Kirchennamen, die ich kenne. Seit der Konfrontation Frankreichs mit den habsburgischen Niederlanden im 16. Jahrhundert war diese Gegend immer wieder von Kriegen heimgesucht, bis in die Mitte des 20. Jahrhunderts. Über die schweren, vom trägen Fluss (Charles Péguy nennt sie „la meuse endormeuse" – die eingeschlafene Maas) umschlungenen Festungsanlagen ragt als unübersehbares Wegzeichen ein schlanker spätgotischer Kirchturm in den grauen Himmel – die Leichtigkeit der Hoffnung, die es wagt, sich über die Erdenschwere und die allgegenwärtige Erfahrung des Leids zu erheben.

Péguy hat in seinem Werk „Mysterium der Hoffnung" die Hoffnung mit einem kleinen Mädchen verglichen, das seinen großen, älteren Schwestern Glaube und Liebe auf der Wanderung des Lebens immer wieder vorausrennt – unbedarft und leicht. Mit der Hoffnung übersteigt der Mensch sich selbst und verankert sich im Unbekannten. Péguy bezeichnet sie als das „größte Wunder göttlicher Gnade", da sie sich als einzige über das Faktische zu erheben traut. Ohne sie könnten Glaube und Liebe nicht sein, da die Hoffnung über die Gegenwart hinaus das Werdende und Kommende zu sehen imstande ist, und das auf eine durchaus spielerische Weise. Entsprechend begreift Péguy die Verzweiflung als die größte aller Sünden, freilich nicht in einem moralischen Sinn, sondern als Absterben der tiefsten, eben göttlichen Regungen des Lebens.

Es gibt junge Paare, die sich sorgen, ob man in diese Welt noch Kinder setzen könne. Was für eine traurige Resignation steht hinter diesen Überlegungen. Gerade diese Paare sollten es wagen, weil sie empfindsame Menschen sind und damit etwas weiterzugeben haben! Hoffnung ist immer sensibel und berührt von der ernüchternden Wirklichkeit, wie sie sich darbietet.

Hoffnung hat nicht nur eine qualitative Dimension, indem sie den Mut zum ersten Schritt macht; hinsichtlich ihrer quantitativen Dimension hat sie ebenfalls eine die Grenzen aufbrechende Dynamik: Sie ist immer eine Hoffnung für alle, für die ganze Menschheit und alles Lebendige. Das Christentum, insbesondere wie es sich im Osten in seiner Reinform erhalten hat, hat eine Hoffnung für alle über die Wirklichkeiten des Todes hinaus, nicht bloß für eine Gruppe Erwählter oder die überzeugten Mitglieder der Kirche, denn alle Menschen bilden bereits in Jesus Christus einen einzigen Leib, und seine erlösende Kraft gilt allen. Die Perspektive ist universal, und dies gilt erst recht für das christliche Gebet.

Aus dieser Haltung heraus ist kein Angang vergeblich. Die Selbstblockade der Kirche im Kontext des Macht- und Missbrauchsskandals gefährdet Initiativen, die für die Menschheit überlebenswichtig sind. Braucht nicht gerade der für die Menschheit und den Weltfrieden so wichtige interreligiöse Dialog mit unseren muslimischen Geschwistern eine kräftige Stimme der christlichen Kirche? Das kann säkular nicht geleistet werden, weil die meisten Muslime Glaubende als Dialogpartner suchen. Die gemeinsame Basis ist viel größer, als wir meinen.

Vieles, was als Unterschiede wahrgenommen wird, ist kultureller Natur. Die Gebetszeiten kennt das Christentum genauso; die Gebetshaltungen stammen aus der syrischen Kirche; das Ausziehen der Schuhe in der Moschee wird auch in koptischen Kirchen praktiziert; das Ramadan-Fasten ist das ursprüngliche Fasten der orientalischen Kirchen. Muslimen ist die Jungfrauenschaft Mariens heilig. Nicht nur der historische Jesus wurde aus ihrer Sicht so geboren, sondern auch weiterhin will diese Geburt Jesu im Menschen stattfinden, wie der große persische Mystiker Rumi klarstellt,[32] in dessen Tradition sich viele nicht nur türkische Muslime bis heute sehen. Wir sprechen von der breiten Bewegung des mystischen Islam, des Sufismus, der eine viel größere Breitenwirkung entfaltet als der Salafismus, welcher nur ein verzerrter „Discount-Islam" aus Saudi-Arabien ist.

Zu den eigentlichen Unterschieden zwischen Islam und Christentum vorzudringen, ist gar nicht so leicht, wenn wir uns auf die Ebene echter religiöser Erfahrung begeben. Der Knackpunkt ist die Art und Weise, wie von Jesus gesprochen wird: Auch der Islam betrachtet ihn als Träger des Geistes Gottes, relativiert aber seine Exklusivität als Wort Gottes, stellt ihn auf eine Stufe neben den Koran und versucht außerdem, jede Relativierung einer Menschlichkeit Jesu zu unterbinden.[33]

Ich empfinde spirituellen Austausch mit Muslimen als sehr bereichernd. Da wächst etwas. Gerade in den Ländern, in denen Christen wie Muslime unter den islamistischen Fanatikern gelitten haben, gibt es große Hoffnungszeichen: Im Irak beten Bischöfe und muslimische Geistliche gemeinsam; der Papstbesuch 2020 brachte davon viel ans Licht. In Syrien gibt es mit dem syrisch-katholischen Kloster Mar Musa einen Ort der Hoffnung, ein kleines Taizé, an dem sich christliche und muslimische junge Leute zu Gebet und Austausch treffen. Paolo Dall'Oglio, der italienische Jesuit, der diesen Ort wiedergegründet hat, wurde 2013 vom IS entführt. Seitdem haben wir keine Spur mehr von ihm, aber seine Saat geht auf! Der Blick auf die Erfahrungen der orientalischen Kirchen im Nahen Osten eröffnet spannende Perspektiven. Wir müssen uns klarmachen, dass wir hier mit dem authentischen Christentum in seiner ursprünglichen Form in Kontakt kommen, während manches unserer römisch-katholischen und evangelischen Ausprägungen auf spätere Inkulturationen zurückgeht. Das gilt auch für die Verquickung von Kirche und weltlicher Macht.

Im Blick auf Europa wird gerne von der historisch gewachsenen Macht der Kirche gesprochen, von Zwangsmissionierung, Religionskriegen und Herrschaft über die Seelen. Um historisch zu differenzieren, müssen wir uns wiederum klar machen, dass es nicht „die" Kirche war, die in Europa die Herrschaft an sich gerissen hat, sondern dass es vor allem die herrschenden Gruppen der jeweiligen Gesellschaften waren, die sich der Kirche bedient haben, indem sie die leitenden Positionen nahezu ausnahmslos mit ihren Leuten besetzten. Aber sie haben beansprucht, im Namen der Kirche zu sprechen.

Allerdings war dieses Miteinander mit seinen vielfältigen Wechselwirkungen von Glaubensüberzeugung und Politik keineswegs nur negativ. Im Gegenteil, es hat vielfältige kulturelle Kräfte freigesetzt, verbunden mit einem starken Willen zur Gestaltung. Mittelalterliche deutsche Könige wie Heinrich III. haben sich ausdrücklich mit dem leidenden und dienenden Christus identifiziert. Der Domberg in Meißen mit seinem Neben- und Ineinander von Albrechtsburg und Dom ist eines der eindrucksvollsten architektonischen Zeugnisse dieser spannungsgeladenen Symbiose.

Erhebt man den Blick über die immer schon offenen Ränder Europas hinaus, stellt man fest, dass die Kirche in weiten Gebieten niemals politische Macht besessen hat und es deshalb Teilkirchen gibt, die völlig frei von dieser negativen Erfahrung sind. Dies gilt besonders für die altorientalischen Kirchen der ost- und westsyrischen Tradition, die Kopten und auch die Armenier. Die Katholische Kirche des Ostens, die ihr Zentrum im heutigen Irak und der Osttürkei hatte, entfaltete eine Missionstätigkeit bis nach China, ohne sich weltlicher Machtmittel zu bedienen. Zeitweise war diese Kirche größer als die Kirchen des Westens. Ihr Erbe lebt bis heute in der Assyrischen Kirche und – zahlenmäßig am größten – in der Chaldäisch-katholischen Kirche, die in Gemeinschaft mit Rom steht. Ihr Oberhaupt, Patriarch Kardinal Louis Raphael I. Sako, betont immer wieder diese Tradition des Respekts und der Freiheit. Nicht von ungefähr ist die Chaldäische Kirche heute federführend im Dialog mit dem Islam.

Wüstenerfahrungen

Ein nicht zu unterschätzender Faktor, der es den orientalischen Kirchen ermöglicht hat, die authentischen Erfahrungen der Urkirche lebendig zu halten, ist ihr Leben in biblischer Landschaft – am Rande der Wüsten. Die Wüsten als Landschaft der Trockenheit sind *die* biblische Symbollandschaft. Dieser auf den ersten Blick so lebensfeindliche Ort ist der Ort der Gottesbegegnung. Israel fand sich als Gottesvolk auf der vierzigjährigen Wüstenwanderung nicht im Kulturland. Im Gegenteil, das Leben im Kulturland brachte immer wieder die Gefahr mit, dass die Gotteserfahrungen aus der Wüste in Vergessenheit gerieten. Viele Propheten und auch Jesus selbst machten in der Wüste ihre prägenden Erfahrungen.

In den Kirchenkrisen des 3. und 4. Jahrhunderts zogen Menschen scharenweise in die Wüsten, um als Mönche oder Nonnen die Lebensweise Jesu lebendig zu halten. Die Wüstenklöster im Orient sind bis heute Oasen authentischer christlicher Erfahrung. Ihnen verdankt das orientalische Christentum seinen Fortbestand. Natürlich können wir nicht alle Wüstenmönche werden, aber wir können innere Lebensbilder daraus machen, die uns auf unserem Weg inspirieren und motivieren. Bei mir zu Hause hängt beispielsweise ein Bild des Katharinenklosters auf dem Sinai, wo der brennende Dornbusch steht. Auf der Suche nach dem Dornbusch wage ich mich immer wieder wie Moses vor in die Wüste: Unsere jetzige Situation als eine Wüstenwanderung zu begreifen und anzunehmen, öffnet Perspektiven in einer scheinbaren Perspektivlosigkeit. Wie einst Israel führt Gott die Kirche heute in diese Erfahrung: *„Ich werde sie in die Wüste gehen lassen und ihr zu Herzen reden"* (Hosea 2,16b).

Die Götter des Kulturlandes werden uns immer wieder enttäuschen müssen, der Gott der Wüste hingegen nicht. Wir haben uns in der Kirche Kulturlandgötzen geschaffen, also trügerischen Luxus, den wir in unserer Verblendung als notwendig und unabdingbar zu einem Selbstzweck stilisiert haben. Wir sind auch geistlich satt und fett geworden. Der Kult, den wir um den Klerus veranstalten, gehört hierhin, ebenso der Kult um den Gehorsam und der religiös verbrämte Machtmissbrauch, der so viele gebrochene Menschen hinterlassen hat. Viele davon sind mir in den Jahren meiner Tätigkeit als Priester in der Seelsorge begegnet.

Der Blick aus der Perspektive der Wüstenklöster auf unsere Kirche im europäischen Kulturland lässt die befreiende Frage zu, ob wir es hierzulande wirklich mit einem Wegbruch des Christlichen zu tun haben, oder ob wir hier überhaupt umfassend in der Tiefe christianisiert waren? Wie waren sonst all die religiösen Kriege und die Gewalt möglich? Kann „Christianisierung" überhaupt ein Zustand sein, der einmal erreicht ist, oder ist es nicht von seinem Wesen her ein steter Neuaufbruch, immer wieder von vorne zu beginnen, in den Aufbruch hinein, zu dem Gott ruft?

Im Zuge der Säkularisierung geht also nicht die christliche Substanz an sich verloren, sondern viele ihrer veräußerlichten Formen, die erstarrt waren und sich längst von der Ursprungserfahrung getrennt hatten.

Dass es allerdings hierzulande zu einem stetigen Sterben der kontemplativen Klöster kommt und das in der öffentlichen Wahrnehmung kaum eine Rolle spielt, ist für mich viel beunruhigender als alle anderen Symptome der Kirchenkrise. Kontemplative Klöster und Einsiedeleien sind Gottes-Oasen in der Wüste des Kulturlandes. Sie erschließen das verborgene Grundwasser, „von dem alle trinken, ob sie es wissen oder nicht".[34] Eine Kirche ohne solche Klöster wäre keine Kirche Jesu mehr, weil ihr die Lebensweise Jesu fehlte. Wir müssen uns fragen, wie wir diesen für das Christentum überlebenswichtigen Erfahrungsschatz weitergeben können.

Max Weber beschrieb seinerzeit die Errungenschaften der Reformation als fortschrittsfördernd für die Menschheit. In der Tat waren reformierte Gegenden in der industriellen Revolution anderen weit voraus, und im Rheinland lässt sich in Stolberg, Aachen, Neuwied, in der Nordeifel und im Bergischen Land Ähnliches beobachten – aber das ist Schnee von gestern. Der Fortschritt kommt heute aus den Klöstern der Wüste: Wegweisend für die Zukunft der Menschheit ist eine aus der klösterlichen Spiritualität und Askese entwickelte Ethik des Verzichts. Es geht hier nicht einfach um Verbote, die allerdings unvermeidlich sein werden, wenn wir weitermachen wie bisher. Maja Göpel bemerkt zu Recht:

„Die Frage lautet also nicht, ob Anreize, Verbote oder Verteue-
rungen sein dürfen oder nicht. Sie lautet, welche von ihnen
in der neuen Realität nicht mehr funktionieren, falsch gesetzt
sind, uns dabei im Weg stehen, das notwendige Ziel einer nach-
haltigen Lebensweise zu erreichen. "[35]

Da wir unseren bisherigen Lebensstandard nicht halten werden können, wenn wir die Klimakrise und die damit verbundene Frage globaler Gerechtigkeit ernsthaft angehen wollen,
müssen wir diese innere Freiheit lernen, die den Verzicht als
einen Gewinn und nicht als eine Reduzierung von Lebensqualität erfährt. Natürlich ist das auch schmerzhaft …

Ich möchte ermutigen, sich da selbst Ziele zu setzen. Eine
quantitative Begrenzung steigert langfristig die Qualität der
Lebensfreude! Es geht nicht um moralischen Druck, sondern die Erfahrung einer Befreiung. Verzicht macht langfristig
glücklich, weil Glück und Lebensqualität nicht mit materiel-
ler Wohlstandsvermehrung zu tun haben.[36] Diese Einsicht beginnt sich bei immer mehr jungen Leuten durchzusetzen. Das
ist eine äußerst positive Entwicklung.

Auch für die Kirche ist eine Ethik des Verzichts heilsam:
Dass es in der römisch-katholischen Kirche so flächendeckend
zu einer Praxis der Vertuschung kommen konnte, hat mit geistlicher Überheblichkeit im Blick auf das eigene Amt zu tun. Ein
Verzicht auf Autorität, Machtausübung, Sanktionsmöglichkei-
ten, Ansprüche, Privilegien, geistliche Gewalt, Erwartungshaltungen und amtsbezogene persönliche Eitelkeiten weckt die
Kräfte des Evangeliums. Im Gegensatz zum östlichen Mönchtum scheuen wir im Westen den geistlichen Kampf, der in die
eigenen Abgründe schaut und den eigenen Verlustängsten die
Stirn bietet. Eine Kirche, die verzichtet, zeigt einen neuen Lebensstil, den wir in allen Krisen unserer Zeit brauchen.

6. Die Wurzel der Probleme

Kirche kommt nicht zur Sache

Dem Ruf nach Reformen wurde von weiten Teilen der Kirchenleitungen immer wieder mit dem Vorwurf begegnet, es gebe hierzulande zu wenig Glaube. Aus dem Glaubensmangel kämen die kritischen Forderungen und sie seien deshalb unberechtigt. Hier täte eine Klärung not, was mit „zu wenig Glaube" gemeint ist. Geht es um zu wenig Glaubenswissen? Hat Jesus eine komplizierte Botschaft verkündet, die man erst einmal lernen muss? Nein – diese Botschaft ist einfach. Sie muss nicht gelernt werden, sondern ist für jeden erfahrbar.

Wir müssen uns klarmachen, dass es Katechismen, also die Möglichkeit, den Glauben umfassend zu lernen, erst seit der Reformationszeit gibt. Das Lernen des Glaubens ist ein abendländisches Phänomen. Von katholischer Seite wurden zudem angstbesetzte Systeme etabliert, die Rechtgläubigkeit zu überwachen – ein völliger Irrsinn. Die Reduktion des Glaubens auf Macht und Doktrin hat die Dimension der religiösen Erfahrung verkümmern lassen.

Die Krise der Glaubensweitergabe im Westen hat hier eine ihrer Ursachen. Wasser will fließen und nicht in Eimern betrachtet werden. Nur so entfaltet es seine organische Kraft. Ein Gläubiger der Ostkirche würde jemandem, der seinen Glauben kennenlernen möchte, keinen Katechismus in die Hand drücken, sondern ihn zum Gottesdienst oder ins Kloster einladen. Dass es uns hierzulande so wenig gelingt, die eigentlich positiven Grundüberzeugungen des Christentums gesellschaftlich und im kirchlichen Gemeindeleben rüberzubringen, liegt meines Erachtens darin, dass uns zum fehlenden Selbstbewusstsein als Kirche vor Ort auch ein existenzielles Gespür für unsere christlichen Grunderfahrungen verschüttgegangen ist. Die genannten Verkürzungen durch die kirchliche Praxis haben das befördert. Verschüttetes ist aber nicht weg, sondern kann freigelegt werden.

Das Selbstbewusstsein als Christin oder Christ, vor Ort die Kirche zu sein, bedeutet sich dessen bewusstwerden, was in einem selbst geschieht: Du bist Ort des Gottesgeschehens. Eine nachhaltige Erneuerung von Kirche und Christsein in der europäischen Kultur braucht diese Einsicht als inneren Wendepunkt.

Die Angst um die Bewahrung des richtigen christlichen Glaubens hat im europäischen Christentum immer wieder zu Banalisierungen des Gottesgedankens geführt: Gott wurde auf allzu Menschliches reduziert, so als wenn er an uns Erwartungen stellen würde und enttäuscht wäre, wenn wir dem nicht entsprechen. Man klagt, dass Gott zu wenig Zeit und Raum geschenkt werde. Kann ihn das wirklich treffen? Ist es nicht absurd, ihm solche Empfindungen zu unterstellen? – Derartige Banalisierungen Gottes haben viele Menschen von einem solchen Gott entfremdet. Ich werde immer noch gebeten, um gutes Wetter bei Schützen- und Pfarrfesten zu beten. Ist das in Zeiten der Klimakrise ernsthaft noch Gottes Zuständigkeitsbereich? Wer da mitspielt, macht Religion lächerlich.

Ist Gott nicht vielmehr der, der uns neue Qualitäten von Zeit und Raum eröffnet? Es geht nicht um Raum für Gott, sondern Gott bietet an, als Lebens- und Freiraum erfahren zu werden. Es geht auch nicht um Zeit für Gott, sondern Gott ist das Angebot, unserer Lebenszeit, die uns zwischen den Händen wie Sand zu verrinnen scheint, eine andere Qualität zu geben. Gott ist Raum und Zeit eines befreiten Lebens. Die wichtigsten Kämpfe des Glaubens finden also in unserem Inneren statt. Das können wir von der Kirche der Frühzeit und insbesondere dem Mönchtum lernen. Wir lenken uns davon ab, wenn wir innerkirchliche Auseinandersetzungen und Begriffsdiskussionen überbewerten.

Wir sollten uns nicht in begrifflichen Abgrenzungen verlieren, die in der deutschen Sprache gründen: Manche Menschen sagen, dass sie nicht an einen persönlichen Gott glauben, sondern an Energien. Dem wird entgegnet, dass das nichts mehr mit dem christlichen Gottesbild zu tun habe. Die Ostkirche spricht aber ganz deutlich von den göttlichen Energien, durch die Gott, der unserem Begreifen an sich entzogen ist, erfahrbar wird. Das griechische Wort *Energeia* bedeutet wörtlich „im Wirken". Man darf also das Gespräch mit anders glaubenden Menschen nicht vorschnell aufgeben, indem man sich an Begriffen festbeißt, sondern wird in der christlichen Tradition immer eine Brücke finden.

Der ukrainisch-katholische Metropolit Andrej Scheptyzkyi von Lemberg (Lviv, Ukraine), der sehr um die Gleichberechtigung der östlichen Theologie in der katholischen Kirche gekämpft hat, erklärt:

„Durch den Glauben sieht die Seele das Licht vor sich, das Gott ist, denn Gott ist Licht. Aber sie sieht zugleich, dass dieses Licht unerreichbar ist, denn Gott lebt in einem unerreichbaren Licht; doch obwohl es unerreichbar ist, offenbart es sich selbst der Seele, es enthüllt sich vor der Seele, Gott offenbart sich selbst, und er offenbart sich selbst als Liebe, denn Gott ist Liebe." [37]

Wenn in Umfragen immer mehr Menschen erklären, sie würden an keinen „persönlichen Gott" glauben, dann wäre zu klären, was sie damit aussagen möchten. „Persönlich" heißt hier oft körperlich, irgendwo örtlich festzumachen, eben „der da oben". Das Wort „Gott" degeneriert zu einer leeren Floskel, wenn es wie ein ganz gewöhnliches Gegenstandswort gebraucht wird. Das jemand behauptet, ihm oder ihr sage der Begriff „Gott" nichts, ist eigentlich eine positive Voraussetzung, über Gott ins Gespräch zu kommen.

Möglicherweise müssen wir ganz neue Begriffe oder Worte ins Spiel bringen, die nicht abgedroschen sind und einen neuen Zugang eröffnen oder zumindest Neugier wecken. Die Katholische Kirche des Ostens, die das Christentum im 7./8. Jahrhundert bis nach China inkulturierte, hatte da keine Vorbehalte. Im chinesischen Xi'an errichtete man 781 die sogenannte Nestorianische Stele, eine drei Meter hohe Steintafel, die auf Chinesisch und Aramäisch die Grundzüge des Christentums erklärt: Statt vom Christentum ist von der „Religion des Lichts" die Rede, statt von Sündern von „Menschen, die nicht mehr nach Hause finden". So kam man mit der konfuzianistischen und der buddhistischen Religiosität ins Gespräch.

Die Frage, über die wir heute bei uns ins Gespräch kommen müssen, ist, wo religiöse Erfahrung überhaupt ansetzt. Ist sie wirklich getrennt von den übrigen Erfahrungsbereichen? Ich bin der Überzeugung, dass die Übergänge fließend sind und dass man nicht grundsätzlich von gläubigen oder ungläubigen Menschen sprechen kann.

Viele tun sich mit dem Gedanken an Gott schwer, weil sie sich nicht vorstellen können, dass es etwas oder gar jemanden gibt, der unsere erfahrbare und begreifbare Wirklichkeit übersteigt. So etwas sei nicht mehr erklärbar oder beweisbar. In der Tat, das ist so. Wir nennen solch ein Übersteigen unserer erfahrbaren Wirklichkeit „Transzendenz".

Transzendenzerfahrungen machen wir im Grunde alltäglich: Jeder andere Mensch, mit dem ich zu tun habe, ist für mich transzendent, weil er die Möglichkeiten meiner Wahrnehmung und meines Erklärens, meiner Analyse und meines Verstehens übersteigt. Mit ihm fängt eine ganz andere Wirklichkeit an, die ich nicht mehr einholen und in meine Wirklichkeit abschließend integrieren kann. Der andere erwartet von mir Anerkennung und Annahme; er fordert mich heraus.

Das, was hierbei geschieht, ist nicht mehr nur Erkenntnis, sondern Begegnung. Das bringt etwas zu unseren Kategorien Raum und Zeit hinzu, auch wenn es innerhalb dieser geschieht. Die Dimension der Begegnung oder Beziehung ist also eine Dimension der Transzendenz, die für uns gegeben ist, wenn wir sie zulassen. Ich kann natürlich dahinter zurückbleiben und alles immer nur auf mich selbst beziehen. Die Frage ist, ob ich dem anderen seine Eigenständigkeit lassen kann und bereit bin, sie oder ihn als Frage und Ansprache an mich selbst zuzulassen, so wie ich das umgekehrt für den anderen auch bin. Der andere ist kein Gegenstand. Ich stehe also nicht auf neutralem, objektivem Grund und erschließe mir die Welt, sondern werde angesprochen. Als kleine Kinder haben wir so durch unsere Eltern ins Leben gefunden.

Von dieser alltäglichen Erfahrung von Beziehung als etwas, das meine Wahrnehmung übersteigt, ist die Frage nicht mehr abwegig, ob ich alle Phänomene der Wirklichkeit als etwas annehmen kann, was mich anspricht und herausfordert. Das ist eine religiöse Grundhaltung, wenn meine Umwelt nicht mehr nur meine Umgebung ist, die mir auf irgendeine Weise zur Verfügung steht, sondern wenn von allem eine Beziehungsanfrage und Herausforderung an mich ausgeht. Dann liegt die Frage nicht fern, ob nicht hinter der Wirklichkeit insgesamt eine Beziehung steht, die mir angeboten wird. Glaubende und Suchende nennen dies Gott. An der Grenze ist Offenheit gefragt – in jeder Hinsicht.

Die Frage nach der Begegnung mit dem anderen lässt sich nicht trennen von der Frage nach dem Respekt vor dem anderen und seiner Unverfügbarkeit. Der litauisch-französische Philosoph Emanuel Levinas hat uns diese Zusammenhänge von ihren jüdischen Grundlagen im Alten Testament her eindringlich erschlossen. Positiv kann ich diesen Anspruch wenden in die Frage, ob der andere mir als Geschenk begegnet. Ich mache mir die Wirklichkeit nicht selber, sondern empfange sie. Begegnung ist ein stetes Empfangen. Dies gilt dann nicht nur für den anderen, sondern auch für mich selbst: Ich empfange mich selbst neu in der Begegnung. Ich erfahre mich als mir geschenkt und darf dieses Geschenk annehmen. Selbstverständlich bin ich nie gefragt worden, ob ich dieses Geschenk haben will. Ich finde mich und meine Mitwelt darin vor. Die ökologische Relevanz dieser Haltung in Bezug auf den Umgang mit unserer Mitwelt versteht sich von selbst.

Dreh- und Angelpunkt bleibt die Frage, ob ich mich auf eine persönliche Beziehung zu einem umfassenden Geheimnis der Wirklichkeit einlassen kann, ja ob ich diese Dimension der Geheimnishaftigkeit und Unverfügbarkeit als eine entscheidende existenzielle Dimension meiner Wirklichkeit zulassen möchte: Christ wird man nicht, indem man sich theoretisch mit dem Christentum befasst, sondern indem man anfängt, sich im allerweitesten Sinne auf eine Beziehung zum Geheimnis einzulassen.

Diese Haltung nennen wir Gebet, Betrachtung, Anbetung, Kontemplation oder Meditation. Das Gebet kommt vor dem Glauben. Auch wer von sich sagt, dass sie oder er nicht glaube, kann anfangen zu beten. Das gilt ganz besonders für diejenigen, die gerne glauben würden, denen es aber schwerfällt. Die Frage kommt zuerst, dann die Antwort. Das erste Gebet kann ein Ruf ins Schweigen Gottes hinein sein. Es kann auch ein Schritt vor die Tür des eigenen Lebenshauses sein. Draußen ist es vielleicht dunkel. Aber möglicherweise ist da jemand, der auf mich wartet oder dort schon nach mir ruft. Das Schweigen ist Gottes lauteste Botschaft: ein Ruf gegen die vielen konkret formulierten und doch unverständlichen Sätze, die überall auf mich eindringen, mit denen wir uns totreden und eigentlich nur wenig zu sagen haben. Hingegen können Menschen, die sich lieben, gut beieinander schweigen.

„Gott zulassen", das Geheimnis wagen, das erscheint mir die entscheidende Frage zu sein. Es gibt genug Argumente gegen ihn. Es ist müßig, sie sich einzeln vorzunehmen und sie zu entkräften versuchen. Man kann Gott schlichtweg nicht beweisen, so wenig, wie man beweisen kann, dass man selbst liebenswürdig ist oder warum es sinnvoll sein könnte, einen ganz bestimmten Menschen ganz besonders zu lieben. Beides wäre absurd.

Die Frage bleibt, warum wir im Gespräch über „das", was wir Gott nennen, weitgehend auf der Ebene der Theorie bleiben, anstatt über Erfahrungen ins Gespräch zu kommen. Wie können wir ein Forum dafür schaffen? Ich habe den Eindruck, dass Gemeinden und viele, die sich dort engagieren, sich mit diesen Themen schwertun. Wo jedoch einmal eine offene Atmosphäre entsteht, spüren Menschen, dass wir uns in den Fragen sehr nahekommen.

Geistliche Quellen zu erschließen und die damit verbundene Arbeit am inneren Menschen sind unsere Hauptaufgabe. Im Alltag muss ich als Pfarrer oft darum kämpfen, mich dieser Aufgabe stellen zu können. Ich werde jedoch immer noch zugemüllt mit der Lösung von Konflikten, Organisationsfragen, Repräsentation und anderen Erwartungshaltungen. Können wir uns diese Nebenbeschäftigungen angesichts des Ernstes der Krise noch leisten? Zugemüllt ist unser inneres Haus, weil uns die äußeren Dinge und die daraus erwachsenden Emotionen beherrschen.

Unser Kerngeschäft: Spirituelle Erfahrung

„Luft, die alles füllet, drin wir immer schweben, aller Dinge Grund und Leben."

Gerhard Tersteegen (1697–1769)

Jesus Christus steht im Christentum nicht als moralisches Vorbild, als Gründergestalt oder historischer Held, sondern als Inbegriff des geglückten Menschseins aus seiner Beziehung zu Gott heraus. Die Überlieferung nennt das „Gottessohnschaft". Christentum bedeutet, an dieser Erfahrung teilzunehmen und damit selbst in dieses Verhältnis als Tochter oder Sohn zu Gott zu gelangen. Paulus spricht vom unergründliche Reichtum Christi (Epheser 3,8), den wir uns erschließen. Jesus brachte es knapp auf den Punkt: *„Bleibt in meiner Liebe"* (Johannes 15,9). Er spricht in diesem Zusammenhang von Freundschaft, vom echten Anteilnehmen aneinander.

Geprägt von der Mystik Meister Eckharts, Taulers und Seuses entstand daraus im 14. Jahrhundert am Rhein die Bewegung der Gottesfreunde – was für ein wunderschönes Synonym für Kirche! Teresa von Avila spricht im Spanien des 16. Jahrhundert vom Gebet als Verweilen bei einem Freund.

Nun geistert in unseren abendländischen Köpfen seit fast dreihundert Jahren die Angst, und die erlebe ich auch in unseren Gemeinden, dass es nicht gut sei, so viel zu beten, sondern ein Christ müsse sich an seinem Handeln messen lassen. Was zählt, sei das Engagement. Man beschreibt einen Gegensatz zwischen aktiv und kontemplativ. Und es herrscht eine Angst, dass eine Konzentration auf das Gebet und das geistliche Leben den Mitmenschen zu wenig in den Blick nehmen könnte.

Natürlich kann religiöses Leben zu einer Selbstbespiegelung oder zu einer Flucht aus der Wirklichkeit werden. Was ich hier unter Gebet und Kontemplation verstehe, hat damit nichts zu tun, sondern erschließt die Kraftquelle, aus der wir überhaupt erst handeln können. Druck schafft kein Engagement – und mit schlechtem Gewissen und den Lamentos, es werde zu wenig getan, werden manche Sitzungen unserer gemeindlichen Gremien auf die Dauer unerträglich.

Gebet bedeutet, das Kommen Gottes zuzulassen und ihm in uns nachzuspüren, um sich dann davon ergreifen zu lassen. Es beginnt da, wo ich einen Gedanken an Gott zulasse. Die Erfahrung der Ostkirche spricht ganz simpel vom Gott-Gedenken.[38] Das drängt dann weiter: Ich kann mich nur durch den anderen und mit ihm verwirklichen. Menschliche und göttliche Liebe sprechen die gleiche Sprache. So wird im Hohen Lied des Alten Testaments die Beziehung von Mensch und Gott mit der leidenschaftlich erotischen Liebe einer jungen Frau und eines jungen Mannes beschrieben. Das Judentum hat dem Christentum eine bleibende erotische Komponente mitgegeben, die allem Ordnungswillen gegenüber subversiv ist. Kein Wunder, dass diese großartige orientalische Dichtung seit der Aufklärung in Vergessenheit geriet. Die Leidenschaft ging verloren. Wenn man noch von Sexualität sprach, dann nur noch von Sexualmoral.

Über lange Zeit hat Spiritualität in ihrer tieferen Dimension im kirchlichen Leben bei uns eine untergeordnete Rolle gespielt, weil man davon ausging, dass sie irgendwie da sein würde. Das galt als selbstverständlich. Es hat sich jedoch vieles stillschweigend verabschiedet, bis dahin, dass Menschen, die eine geistliche Erfahrung suchen, diese nicht mehr bei uns suchen. Das erschreckt mich am meisten. Dabei ist Spiritualität unser zentrales Kerngeschäft. Wir entdecken unsere Schätze nur mühsam wieder … Doch aus scheinbar Totem kann vieles neu wachsen. In unserer Landschaft am Niederrhein beispielsweise schlagen die Stämme der umgefallenen Weiden an den Wasserläufen immer wieder neu aus. Denn da steckt „verschüttet" Leben drin.

Eine Grundunsicherheit gehört immer zur geistlichen Verlebendigung und damit zu jedem Gebet. Paulus gibt zu: *„Wir wissen nicht, um was wir in rechter Weise beten sollen"* (Römer 8,26). Dabei gibt es kein falsches Gebet. Es fängt da an, wo ich mich mit dem, was mir durch den Kopf geht, in Gottes Gegenwart bringe. Da dürfen die Gedanken ruhig arbeiten. Dem Gebet ist keine menschliche Regung fremd. Alles darf hinein: Bitte, Dank, Lob, aber auch Fragen, Frust, Trauer, Wut und Enttäuschung – auch in Bezug auf Gott! Insbesondere die negativen Gefühle gehören ins Gebet, weil ich sie so Gottes heilender Nähe aussetzen kann. Die vielen, gleichzeitigen, unterschiedlichen und sicher auch widersprüchlichen Gebete sind in ihrer Tiefe ein einziges Gebet.

Die biblische Gebetssammlung der Psalmen zeigt uns da, wie sie dem allen Raum gibt. Und das Beten der Psalmen kann helfen, meine eigenen Empfindungen und Gefühle freizulegen und sie Gott hinzuhalten. Die Psalmen sind vertraut mit der Krise des Menschen.

Auch wird deutlich, dass die Haltungen des Gebets immer eine Rückwirkung auf den Menschen haben. Indem wir uns im Gebet vor Gott bringen, geben wir ihm die Möglichkeit, uns zu formen. So bringt Gebet tatsächlich Gott unmittelbar zum Handeln, aber eben auf seine Weise.

Viele Erfahrungen des Gebets kann man psychologisch deuten. Es ist ja schließlich etwas, das sich innerhalb unserer menschlichen Konstitution abspielt. Die Grenze liegt dort, wo die Ahnung einer Beziehung beginnt. Das ist reflektierend nicht mehr einholbar. Das Gegenüber in mir ist ganz anders und jenseits meiner selbst.

Es ist unsere Aufgabe als Kirche, die ganze Welt ins Gebet mitzunehmen, sie auf Gott hin zu öffnen. Gebet entschärft Konflikte und weckt Lösungspotenzial. Deshalb tut das gemeinschaftliche Gebet gut, nicht als Bestätigung des eigenen Weges – wobei das auch legitim ist –, sondern als Aufbau echter Gemeinschaft.

Man fahre nur einmal nach Taizé im Burgund und erlebe dort, wie Tausende junger Menschen dreimal am Tag 45 Minuten zusammen beten. Deshalb gelingen das Miteinander und die Organisation in diesem riesigen Camp. Man könnte einwenden, das sei halt der Effekt einer Massenveranstaltung. Das wirke bei jungen Leuten immer. Ja, aber bei anderen Massenveranstaltungen ist der Effekt schnell vorbei. In Taizé zieht es aber mit in den Alltag und führt in das Herz der Persönlichkeit. Zum Gebet in der Gemeinschaft gehört dort immer auch das Schweigen in Gemeinschaft. Gerade am Abend sieht man viele in der Kirche im persönlichen Gebet, der Betrachtung oder einfach still sich aussetzend. Die Liturgie in Taizé ist keine Vorführung, sondern alle sind aktiv beteiligt durch den Gesang und das innere Geschehen. Aus den Erfahrungen von Taizé können wir viel für unser Gemeindeleben lernen.

Warum wirkt Gott denn nun nicht einfach so, ohne Gebet? „Gott könnte ohne unser Gebet auskommen. Es ist ein Geheimnis, dass er so großen Wert darauf legt,"[39] sagt Frère Roger von Taizé. Es ist sein Weg, zu uns zu finden und uns abzuholen. Gebet setzt dafür keinen Glauben voraus. Es kann auch mit der tastenden Frage ins Ungewisse beginnen: „Bist du da?" Es reicht, den Ansatz einer Sehnsucht wahrzunehmen. Die Sehnsucht nach Gott ist schon Gebet, so Frère Roger.

Gebet kann da beginnen, wo ich spüre, dass ich mit mir nicht eins bin, dass etwas fehlt, dass ich mich gar verloren habe: *„Ich bin umhergeirrt wie ein verlorenes Schaf. Suche deinen Knecht!"* (Psalm 119,176). Mit dem Gebet stelle ich mich in die Suche Gottes nach mir. Es öffnet sich etwas, damit er ankommen kann: Schon wenn wir einfach zur Ruhe kommen, ist das eine Wirkung des Gebets, denn innerer Friede ist eine wirkliche Erfahrung des Geistes Gottes. Gebet können wir daher im weitesten Sinne verstehen als sich Gott auszusetzen, ohne zu wissen, wohin das führt. Es ist der Einstieg in die Suchbewegung.

Charles de Foucauld, der nach langer Gottsuche lange Jahre in der Sahara als Eremit unter den Tuareg lebte, bekennt: „Mein Gott, niemals verlässt du jene, die dich suchen." Das Gebet, das uns zur Ruhe kommen lässt, führt uns dann immer mehr in seine dichteste Intensität, in die Einkehr und die Stille. Das, was wir gemeinhin Meditation nennen, ist nichts anderes als Gebet. Die Tatsache, dass viele bei uns ihre Meditationserfahrungen im Kontext anderer, meist indischer oder fernöstlicher Religiosität suchen, zeigt, dass wir im westlichen Christentum unsere eigenen geistlichen Quellen viel zu wenig freigelegt haben. Dabei berühren indisch-fernöstliche und christliche Meditation die gleiche Quelle und laufen in ihren Erfahrungen vielfach parallel, wie es unter anderem der indische Jesuit Sebastian Painadath überzeugend erschlossen hat.[40] Das Gleiche gilt für die mystische Dimension des Islam, den Sufismus. Inneres Gebet und Meditation gehören in die Mitte unseres Gemeindealltags. Sie sind keine Randgebiete. Wir werden dem mehr Raum schenken müssen, wenn wir nicht weiter spirituell austrocknen wollen.

Im östlichen Christentum ist man da näher dran. Hier gibt es die Praxis des Jesusgebetes, bei dem die Worte „Herr Jesus Christus erbarme dich meiner" in dieser oder einer ähnlichen Formulierung – oder einfach der Name „Jesus Christus" – permanent wiederholt, ja im Laufe langjähriger Übung mit dem Rhythmus des Atmens verbunden werden. Die Erfahrung zeigt, dass dann etwas geschieht: Wie mir ein geliebter Mensch in seinem Namen nahe bleibt, ich ihn manchmal sehnsuchtsvoll ausspreche, umso mehr ist der auferstandene Jesus Christus gegenwärtig, wo wir uns ihm zuwenden und seinen Namen anrufen. „Erbarmen" meint dabei nicht das Zugeständnis eines Herrn an seine Untergebenen, sondern dass er von ihm berührt ist und sich für ihn öffnet.

Das Jesusgebet verändert den Menschen. Es gehört zu den elementarsten christlichen Grunderfahrungen, in denen das Christentum zu sich selbst gefunden hat und seine Ursprungserfahrung lebendig hält – die gleiche Intensität der Begegnung mit Jesus, wie sie seine Jünger hatten. Es macht innerlich hell, gelassen und heiter und empfänglich für das, was der Auferstandene heute konkret schenken will: seinen österlichen Frieden. Es gehört zu den Früchten des kontemplativen Gebetsweges, dass die vielen inneren Stimmen, die in uns sprechen und die Gedanken, die aufkommen, zur Ruhe kommen; es geht nicht darum, sie zu unterdrücken, sondern sie ziehen zu lassen.

Das Jesusgebet ist reales Beziehungsgeschehen. Es ist keine Reflexion, sondern schenkt die tatsächliche Erfahrung der Gegenwart des Herrn. Ich kann das allerdings nicht herbeizwingen, sondern es bleibt Geschenk. So zeigt sich, dass Gebet in der Wurzel nicht menschliche Aktivität, sondern das Zulassen der göttlichen Aktivität in uns bedeutet. Gebet ist Gotteserfahrung und letztlich mit Gott identisch, sagt der heilige Gregor vom Sinai. Was es braucht, ist den Willen, sich auf diesen Weg einzulassen, ohne inneren Druck oder Verbissenheit. Es geht darum, etwas freizulegen, was uns geschenkt wird. Neugier und Hinhören reichen als Voraussetzung. Der Weg zu Gott führt in die Mitte unseres Selbst. Selbsterkenntnis und Gotteserkenntnis hängen wesentlich zusammen, ja sie sind in der Wurzel identisch. In der Beziehung zu Gott erfahren wir erst unsere wirkliche Identität.

Ich möchte jedem Mut machen, sich auf den Weg des kontemplativen Gebetes zu begeben. Das eröffnet neue Dimensionen.

Der Alltag gibt Möglichkeiten, wenn man es denn möchte. Es bedarf sicherlich Zeiten der Ruhe, um es einzuüben. Es gibt Kurse, in denen man es unter Anleitung beginnen kann. Unter der Bezeichnung „Ruhegebet" ist in den letzten Jahren da viel erschlossen worden. Es braucht aber nicht in jedem Fall das zitierte Wort aus dem ostkirchlichen Kontext. Zum Einstieg kann ich auch einen anderen biblischen Vers wählen oder vielleicht einfach die Worte „In Dir – in mir". Der Kreativität sind keine Grenzen gesetzt.[41]

Gebet ist also nicht nur Beziehung zwischen Gott und Mensch, sondern Gotteserfahrung. Wir treten damit in das Geheimnis Jesus ein. Er selbst hat viel gebetet. Liest man die Evangelien am Stück, so wird deutlich, dass er selbst die Stille und Abgeschiedenheit immer wieder gesucht hat. Das war für ihn genauso wichtig wie seine Zuwendung zu anderen Menschen. Jesus war durchaus ein Mönch. Im Gebet wurde Jesu intime Beziehung zu Gott für andere sichtbar. Deshalb wird davon so oft berichtet. Jesus hat sich von dieser Beziehung her verstanden und sie als Kern seines Wesens erkannt. Gebet und Gottessohnschaft gehören von ihrem Wesen her zusammen.

Christsein bedeutet, in der Erfahrung Jesu zu leben. Wenn es uns schwerfällt zu beten oder wir unkonzentriert sind, was eher der Normalfall ist, dürfen wir darauf vertrauen, dass wir längst in diesen Dialog Jesu mit dem Vater, letztlich den innergöttlichen Dialog, hineingenommen sind. Wir sind in dieser Beziehung verortet. Jesus hat uns versprochen, bei uns zu sein und nimmt uns mit in die Dynamik der göttlichen Liebe, wenn wir uns eingestehen, wie sehr wir das brauchen.

Das Gebet ist die erste Aufgabe der Kirche, vor allem sozialen Engagement, weil sie das Gebet braucht. Sie ist kein

Superverein, der irgendetwas Großartiges aus sich selbst vermag. Aber – und hier liegt der entscheidende Punkt – aus dem Gebet, wenn es echt ist, wächst das Engagement, denn beides ist Zuwendung. Es geht um die eine Dynamik der göttlichen Liebe, die uns ergreifen und so zueinander führen möchte. Gebet ist nicht eine Einflussnahme auf Gott, sondern wirkt in die umgekehrte Richtung. Es lässt Gott von innen her an uns wirken. Wir müssen uns über diese Richtung seines Wirkens immer wieder klar werden, um nicht in vordergründige Enttäuschungen über einen scheinbar wirkungslosen oder abwesenden Gott zu verfallen. Manche der Fragen, die im Rahmen der sogenannten Theodizee an Gott gestellt werden – *Gott, warum lässt du das zu?* –, sind in Wirklichkeit Fragen, die dem Menschen zu stellen sind: Der Mensch verweigert sich dem Wirken Gottes, weil er seine Innenseite vernachlässigt.

Umgekehrt hat das innere Gebet ganz konkrete Auswirkungen auf den Menschen: Es schafft eine tief empfundene Solidarität und Nähe zu Menschen und Geschöpfen weltweit, relativiert Distanzen, baut Ängste ab, weckt Tatkraft und Selbstbewusstsein und strahlt spürbar positive Energie in die Umgebung aus. So handelt Gott konkret verändernd. Positiv zu sein ist Rebellion.

Die zentrale Erfahrung des christlichen Gebetes fand ihren reichen künstlerischen Ausdruck in den zahllosen Darstellungen Mariens mit dem Jesuskind. Es geht dabei nie um Maria für sich, sondern sie ist die Darstellung des erlösten und befreiten Menschen, der sich für Gott öffnet, von ihm erfüllt wird und ihn so in die Welt trägt. Maria ist damit das Urbild jeder Christin und jedes Christen. Die expressive natürliche Schönheit so vieler Mariendarstellungen strahlt aus dem inneren Menschen und führt dem Betrachtenden das vor Augen, wozu er geboren ist. Das Magnificat (Lukas 1,46–55), das Maria aus dieser Erfahrung heraus formuliert hat, ist die gesunde Infragestellung aller äußerlich gängigen Maßstäbe. Maria personifiziert die Rebellion der Hoffnung und Achtsamkeit, die alle Menschen und die gesamte Natur mit einbeziehen will.

Was wollen wir weitergeben?

Die Kirchenkrise ist eine Krise der Glaubensweitergabe. Die Fokussierung von Kirche auf Kirchenleitung ließ den Eindruck entstehen, es könnte ein Expertentum im Glauben geben und dieser sei ein komplexes Gebäude, das man sich mühsam erschließen müsse. Das Problem der Glaubensweitergabe ist also durchaus hausgemacht. In der Begegnung mit gläubigen Muslimen beeindruckt mich immer wieder die Einfachheit und Unmittelbarkeit, mit der sie über ihren Glauben sprechen können. Wir Christen können davon viel lernen. Wir machen es uns unnötig schwer.

Glaubensvermittlung und Glaubensvertiefung orientieren sich in unserer Katechese, gerade auch in der Firmvorbereitung, häufig an Struktur und Inhalt des *Credo*, des im vierten Jahrhundert formulierten christlichen Glaubensbekenntnisses. Im Hinblick auf eine häufig beklagte Erfolglosigkeit – was auch immer das bedeutet – wird schnell auf eine Verweigerungshaltung seitens der Jugendlichen verwiesen oder die viele Ablenkung, die es gibt. Dabei liegt es doch auf der Hand, einem Glauben gegenüber skeptisch zu sein, der einem wie ein fertig gepacktes Paket oder ein Kursus präsentiert wird. Wir erwarten von den Firmanden dann eine sogenannte erwachsene Entscheidung für diesen Glauben, mit dem wir selbst im hohen Alter noch gar nicht fertig sind.

Offensichtlich kam die missionarisch recht erfolgreiche Urkirche bei der Glaubensweitergabe noch ohne das Credo aus. Die klassischen Glaubensbekenntnisse und ihre Inhalte waren auch gar nicht zur Vermittlung des Glaubens gedacht: Sie sind aus den Auseinandersetzungen um bestimmte Fragen entstanden, die zu ihrer Zeit anstanden, und sie formulieren den Konsens, der mühsam errungen wurde. Aber das, was christlicher Glaube ist, lässt sich daraus nicht ableiten. Ich glaube an Gott – was heißt das denn?

In der Theologiegeschichte des Westens gibt es die klassische Unterscheidung von *fides quae* und *fides qua* – also Glaubensinhalt und Glaubensakt. Der christliche Osten kennt diese Unterscheidung zwischen Theologie und Spiritualität nicht und auch wir können sie uns nicht mehr leisten, da der Glaubensinhalt nicht vom Glaubensakt getrennt werden kann: Es ist einfach nicht mehr klar, was es überhaupt bedeutet, zu glauben.

Abraham Heschel, jüdischer Religionsphilosoph und Rabbiner, beschreibt den entscheidenden Unterschied zwischen der theoretischen und der eigentlichen religiösen Gottesfrage: Die erste Frage sei eine Frage über Gott. „Die zweite ist eine Frage, die von Gott selber kommt. Die erste Frage befasst sich mit der Lösung des Problems, ob es einen Gott gibt und wenn es ihn gibt, was sein Wesen sei. Bei der zweiten Frage geht es um unsere persönliche Antwort auf die Frage, die uns durch Tatsachen und Ereignisse der Welt und durch unsere eigene Erfahrung gestellt wird."[42]

Diese Frage braucht ihre konkreten Orte, und hier berühren wir meiner Einschätzung nach eines der entscheidenden Probleme in der Glaubensvermittlung: Uns sind solche Orte abhandengekommen. Inzwischen sind nicht nur hierzulande ganze Generationen aufgewachsen, die noch nie einen Toten gesehen, geschweige denn berührt haben. Ich halte diese Erfahrung für die menschliche Reife genauso wichtig wie die Begegnung mit einem Neugeborenen. Der Mensch muss sehen, woher er kommt und wohin er geht. Letzteres wird geradezu verweigert, beispielsweise wenn Enkeln nahegelegt wird, sie sollten die verstorbene Großmutter doch besser so in Erinnerung behalten, wie sie zu Lebzeiten war.

Gott sein Dank bricht hier manches auf: Die Erfahrung zeigt, dass Kinder mit dem Tod viel besser umgehen können, als man meint, wenn man denn das Gespräch mit ihnen über ihre Erfahrungen sucht. Das kann eine spannende Ausgangssituation für ein vertiefendes Weiterfragen werden.

In meiner Kaplansgemeinde in Brühl hatten wir im Rahmen der offenen Ganztagsgrundschule ein Angebot „Alter, Krankheit, Tod" entwickelt, wo wir Kinder kreativ an diese Themen heranführten – vom Besuch beim Bestatter bis zum Entwurf des eigenen Grabsteins. Die Eltern berichteten in diesem Rahmen von spannenden Gesprächen zu Hause.

Ein Glaubensweg ist immer die Begegnung mit dem Fremden und Unbekannten: *„Mitten unter euch steht er, den ihr nicht kennt"* (Johannes 1,26). Diesen Satz Johannes des Täufers sollten wir nicht als Vorwurf an die Kleingläubigen hören, sondern als eine Einladung, sich auf einen lebenslangen Weg der Entdeckung zu begeben. In einer gesunden Begegnung bleibt immer etwas offen. Dass hierbei unterstellt wird, dass Gott auch dem Glaubenden letztlich fremd bleibt, mag ernüchternd klingen. Es ist dies aber eine Fremdheit, die mit der vergleichbar ist, die ich mir selbst in gewissen Momenten gegenüber empfinde, gerade dann, wenn ich spüre, dass ich mein Inneres nicht im Griff haben kann, sondern dort etwas berühre, was meiner Verfügbarkeit entzogen ist. Wenn wir in der Tradition des Augustinus sagen, Gott sei uns näher als wir uns selbst sind, dann ist er uns auch nicht fremder als wir uns selbst sind – aber genau mit dieser Fremdheit muss ich rechnen. Gott steht dem

Glaubenden nicht zur Verfügung. Leider ist die Sprache unserer Verkündigung allzu sehr von einer Selbstverständlichkeit Gottes bestimmt, die dem Glaubensleben nicht gerecht wird. Kirche tut oft so, als stünde ihr Gott zur Verfügung.

Die einzige Bitte um Belehrung, die die Jünger an Jesus richten, ist diese: *„Herr, lehre uns beten"* (Lukas 11,1). Alles andere schien ihnen klar zu sein. Sie haben den Eindruck, dass sie hier das Geheimnis seiner Persönlichkeit berühren: seine lebendige Beziehung zu Gott. In der Folge fasst Jesus seine Gebetserfahrung, die ganz in der jüdischen Tradition wurzelt, im Vaterunser zusammen.

Die erste Bitte, die um die Heiligung des Namens, ist eigentlich der Ausdruck einer grundlegenden Bereitschaft des Vertrauens: Der dem Mose am Dornbusch offenbarte geheimnisvolle Gottesname lässt sich am ehesten mit „Ich werde der sein, der ich sein werde" wiedergeben. Damit sagt Gott: „Wer ich für dich bin, kannst du jetzt noch nicht begreifen; aber wenn du dich auf mich einlässt, wirst du es erfahren." Ganz frei lässt sich dies dann übersetzen in: „Vertraue mir!" Die Heiligung dieses Namens besagt somit, das Vertrauen in dieses unfassbare Geheimnis zu wagen. In diesem Sinne kann man die anderen Bitten des Vaterunsers durchgehen und wird weitere Haltungen des Glaubens erkennen, die für die christliche Erfahrung grundlegend sind.

Verfolgen wir die Bitten und die Stoßrichtung dieses Gebetes weiter. Es sind allesamt Bitten um Gottes Handeln an uns und die Kraft zur Antwort:

„Dein Reich komme" – zielt auf die Bereitschaft zu einem inneren Aufbruch ab, in etwas hinein, was nicht unseren Erwartungen entspricht, mit denen wir uns oft überfordern, weil die Realität anders ist. Hier geht es um einen geweiteten Realitätssinn, eine neue Sensibilität, die uns in der Nähe Gottes möglich wird. Von Gott her ist eine Lebendigkeit im Anbruch, die alle Grenzen überwinden will.

Jesus prägte dafür den Begriff „Reich Gottes" und setzte seine ganze Existenz auf diese Wirklichkeit. Diese will weiter zum Durchbruch kommen. Unsere eigenen Schritte der Liebe, die uns manchmal klein und wirkungslos vorkommen, sind darin geborgen.

„Dein Wille geschehe" – damit ist nicht gemeint, dass Gott einen konkreten Willen haben könnte für alles Mögliche, was passiert. Das meiste überlässt er wohl unserer Entscheidung. Gottes Wille setzt nach biblischer Erfahrung auf einer grundlegenderen Ebene an: Gott will sich dir schenken; er will dir Halt geben und dein innerer Friede sein. Sein Grundwille ist also, dass du ins Leben kommst, dass sich deine Liebe entfaltet. Wenn ich diesen positiven Grundwillen für mich und die anderen Menschen annehme, brauche ich hinsichtlich konkreter Entscheidungen, die vor mir liegen, keine Angst zu haben, dass ich mich grundsätzlich falsch entscheiden könnte. Das tragende Fundament kann ich nicht verlieren. So ist Gottes Wille hinsichtlich der konkreten Entscheidungen ein Weg in die Freiheit. Es geht dabei nicht um ein Bauchgefühl, sondern um eine innere Grundausrichtung meines Lebens, auf die ich mich einhören kann. Wenn ich damit verbunden bin, kann ich konkrete Alternativen angstfrei abwägen und dem trauen, was mich in einer inneren Ruhe und einem inneren Frieden hält, mich zugleich aber auch liebesfähiger und -mutiger macht.

Ignatius von Loyola nennt dies in seinem Exerzitienbuch die Unterscheidung der Geister. Hier wird Gebet zur konkreten Lebenshilfe, und die Entscheidung, die ich treffe, ist dann auch wirklich *meine* Entscheidung, getragen im Willen Gottes. Das macht erwachsen im Sinne von selbstverantwortlich, lässt aber auch keine Ausreden zu.

„Wie im Himmel so auf Erden" – verortet das eigene begrenzte Urteilen und Handeln in die göttliche Weite und Freiheit und steht für die Überwindung der so oft schmerzhaft gefühlten Distanz.

„*Unser tägliches Brot gib uns heute*" – drückt die alltägliche Bedürftigkeit des Menschen aus, der sich als Beschenkter weiß und alles Wesentliche Gott verdankt, auch die immer neue Möglichkeit, selbst zu handeln in der erfahrbaren Not der Menschen. Der Blick geht auf das Konkrete, den vor mir liegenden Tag, ganz einfach und bescheiden. Das Unmittelbare und Einfache steht vor allen großen Perspektiven. Schau zunächst auf das, was heute geschieht. Unzufriedenheit hat den Blick dafür verloren. Der christliche Weg ist die Befreiung zum einfachen Leben.

„*Und vergib uns unsere Schuld, wie auch wir vergeben unseren Schuldigern*" – weiß um die ständige Gefahr menschlichen Scheiterns, die Trennung von der Quelle des Lebens und genauso von dem steten Angebot, sich in Gott die Versöhnung schenken zu lassen, die dahin drängt, selbst versöhnend zu wirken.

„*Und führe uns nicht in Versuchung, sondern erlöse uns von dem Bösen*" – bittet um Gottes Wegbegleitung, dass er weiter schauen möge als wir in dem großen Weltdrama, dass wir uns in diesem Blick bergen können angesichts des Gefühls, vor der vordergründigen Übermacht des Bösen klein und hilflos zu sein.

Wieder wird deutlich: Gebet setzt nicht erst dann ein, wenn der Glaube als solcher geklärt ist. Es ist vielmehr der Weg in den Glauben hinein, auf den sich auch der begeben muss, der sich selbst als nicht gläubig, sondern als suchend bezeichnen würde, aber in den Glauben hineingelangen möchte.

In diesem Sinne könnte sich eine Firmvorbereitung und auch schon eine Erstkommunionvorbereitung viel stärker als eine Schule des Gebets im allerweitesten Sinne des Wortes, der Meditation und Betrachtung verstehen, gleichsam wie ein

Partnerschaftsseminar, in dem es um die alltäglichen Dimensionen dieser Beziehung und einen Austausch von Erfahrung geht.

Nicht umsonst steht das Vaterunser im Ablauf der Eucharistiefeier vor der Kommunion. Es ist selbst der erste Schritt in die Kommunion, die Gemeinschaft mit Jesus Christus. Indem wir Jesu Worte beten, begeben wir uns in eine Erfahrungsgemeinschaft mit ihm. Metropolit Scheptyzkyi schreibt:

> *„Bei jedem Wort des Vater Unsers haben wir geistlich Kommunion mit Christus (...) Wir essen seine Absichten, seine Wünsche, sein Herz, Sein Beten (...) Wir werden Er selbst. Wir verbinden unseren schwachen Verstand mit seiner Weisheit.“* [43]

Im Vaterunser verwirklichen wir also was es heißt, Töchter und Söhne Gottes zu sein. Wir finden zu unserer Identität. Beim Beten des Vaterunsers öffnen wir uns dem göttlichen Geschehen, der intimen Beziehung von Vater und Sohn, in der alle Paradoxien unseres Menschseins ihren Raum finden. Deshalb lade ich die Gemeinde immer ein, zum Vaterunser die Hände zu öffnen! Im Orient ist das normal.

Spirituelle Erfahrung, wie sie im Vaterunser entfaltet wird, ist kein Selbstzweck. Sie will positiv auf alle Lebensbereiche einwirken. Man gewinnt weniger konkretes Wissen, sondern Lebensweisheit. Jesus selbst ist diese göttliche Weisheit, die uns begegnen und ausfüllen möchte. Wenn wir Gott um etwas bitten, dann um diese Weisheit: *„Fehlt es aber einem von euch an Weisheit, dann soll er sie von Gott erbitten; Gott wird sie ihm geben, denn er gibt allen gern und macht niemandem einen Vorwurf“* (Jakobus 1,5). Viele Enttäuschungen, die Menschen auf ihrem Glaubensweg erlebt haben und die in der Kirchenkrise mitschwingen, liegen an unseren immer noch heidnischen Erwartungen an Gott, dass er uns etwas Konkretes geben müsse, wenn wir darum bitten.

Gott gibt aber nichts, sondern nur sich selbst. „Heidnisch" bedeutet, Gott und Spiritualität zu gebrauchen, um die Lücken im eigenen Leben zu füllen. Das bringt zwangsläufig Enttäuschungen mit sich, so berechtigt unsere Anliegen sind. Gott sucht aber eine Beziehung mit uns und möchte sich selbst dort hineingeben. Unsere Erwartungen sind zu gering – er will sie toppen. Man denke an die 600 Liter Wein auf der Hochzeit zu Kana, die keiner wegtrinken konnte. Gott selbst ist diese Lebendigkeit, die mit Jesus konkret wird und die wir als Heiligen Geist bezeichnen. Diese umfassende Gabe in Person will zur Lebenshaltung werden – eben deshalb wird sie als Weisheit bezeichnet. Die Hagia Sophia (Heilige Weisheit) in Konstantinopel/Istanbul, einst die Hauptkirche des christlichen Ostens, ist diesem Mysterium gewidmet, ebenso die Sophienkathedrale in Kiew.

Spielt Auferstehung keine Rolle?

Wir dringen mit unseren Überlegungen immer mehr zu dem vor, was die Grunderfahrung von Kirche ist, wozu wir Herausgerufene sind und von welchem Punkt aus eine Erneuerung möglich ist, die mit Missständen nachhaltig aufräumen kann. Die Gabe der göttlichen Lebendigkeit, der Heilige Geist, das neue Leben, … – wie auch immer man es umschreibt. Es geht um das, was Menschen nach dem Tode Jesu als etwas erfahren haben, das ihr Leben und insbesondere ihre Lebensqualität von Grund auf positiv verändert hat. Wir nennen es die Begegnung mit dem Auferstandenen.

Auferstehung bedeutet keine Wiederbelebung eines Toten, sondern den Durchbruch des göttlichen Lebens. Es ist der

Durchbruch des Eigentlichen durch alles Schemenhafte, des Lebendigen durch alles Leblose. Eine Erfahrung davon ist uns bereits in Momenten der Verklärung möglich, wenn alles im Blick der Liebe erscheint. Es sind dies die Momente, „um derentwillen wir leben".[44]

Bei Jesus Christus wurde das zuerst konkret erfahrbar. Alles, was Jesu Lebensweg war, und alles, was Menschen vorher und nachher mit Gott erlebt haben, läuft darauf hinaus: *„Das Leben wurde offenbart"* (1. Johannes 1,2). Wenn wir im Christentum zur Sache kommen, gibt es keine Unterscheidung mehr zwischen einer Diesseits- und einer Jenseitsorientierung, sondern nur eine Weitung der einen Wirklichkeit. Alle anderen Weltsichten erscheinen dann verkürzt. Es handelt sich um eine erfahrbare Weitung aus Enge und Angst, eine gesteigerte Lebendigkeit, die Lebensmut und Freiheit weckt.

Da die kirchliche Wirklichkeit so anders aussieht und wir gerade auf der Leitungsebene so viel Angst und Starre erleben, müssen wir uns fragen, ob wir als Kirche wirklich aus unserer Urerfahrung leben – nicht einer Lehre, sondern einer Begegnung mit dem Auferstandenen? Diese Frage hat sich angesichts der kirchlichen Wirklichkeit schon in den 1960er-Jahren Patriarch Athenagoras von Konstantinopel gestellt:

„Wie lässt sich all das mit der Auferstehung vereinbaren? Aber das liegt ja klar auf der Hand – die sogenannten Christen leben nicht die Auferstehung; sie sind keine Auferstandenen. Sie haben aus der Kirche eine Maschine gemacht, aus der Theologie eine Pseudowissenschaft, aus dem Christentum eine verschwommene Moral. (…) Wenn jene, die an die Auferstehung glauben, eine solche Lebenskraft in sich tragen, dann wird man Lösungen für die Probleme finden, von denen die Menschen heute bedroht werden.

Zunächst geht es darum, den inneren Menschen zu formen, ihn zu schöpferischer Anbetung fähig zu machen. Wir brauchen Menschen, die im Heiligen Geist die Auferstehung Christi als Erleuchtung des Kosmos und als Sinn der Geschichte erfahren. Von dieser inneren Kraft wird eine Begeisterung ausgehen, die den humanistischen Werten und den großen sozialen Ideen ihren eigentlichen Sinn verleiht.

Das Christentum ist das Leben in Christus. Christus bleibt niemals bei Verneinung und Ablehnung stehen. Wir selber haben dem Menschen so viele Lasten aufgebürdet! Jesus sagt nie: Du sollst nicht, man darf nicht. Das Christentum besteht nicht aus Verboten. Es ist Leben, Feuer, Schöpfung, Erleuchtung. Im Vertrauen wird das Herz verwandelt. Dann strömt allmählich das Leben des Auferstandenen in uns ein. "[45]

Diese Worte sind für mich programmatisch, sowohl für die örtliche Seelsorge als auch eine Erneuerung der kirchlichen Leitungsstrukturen. Vor Ort sollten wir uns auf eine sogenannte mystagogische Seelsorge ausrichten, die in die praktische Erfahrung der Geheimnisse einführt und Menschen auf diese Weise stark macht. Tod und Auferstehung gehören nicht an den Rand des Lebens oder in ein Jenseits, sondern sind Wirklichkeiten, die unsere christliche Existenz schon jetzt und hier bestimmen.

Christsein heißt nicht, aus eigener Kraft ein guter Mensch sein zu müssen. Das hat dazu geführt, dass es in der Kirche mehr heiligen Schein als Sein gibt. Gute Menschen gibt es auch anderswo – Gott sei Dank mehr, als wir meinen. Christsein ist eine Befreiung zum Gutsein, die uns aus der Lebendigkeit Jesu geschenkt wird, der nichts, was ihn ausmacht, für sich behält: „Mein Leben lebt das Leben Christi," sagt der rumänische Priester und Theologe Dumitru Staniloae.[46] Durch diese Einbettung erkennen wir für alles eine eigene Nachhaltigkeit: „Die kleinste Geste unsererseits versetzt die Welt in Schwingung und verändert ihren Zustand."[47]

Weil uns dieses Ostern so fremd geworden ist, haben wir auch in der Kirche Angst vor dem Tod bekommen, Angst, dass theologisch Zweitrangiges wegbricht, Angst um uns selbst. Weil die Mitte verloren ging, kam es zu einer Art theologischem Messietum, das Nebensachen als zentrale Glaubenswahrheiten verkauft: Ein kompliziertes Kirchenrecht, immer ausführlichere Lehrschreiben, neue Verordnungen – wer kann sich damit noch befassen? Ist Kirche etwas Statisches, das einmal seine feste Form gefunden hat? Oder ist Gott ein Gott der Geschichte, der uns immer wieder um Aufbruch über uns selbst und unsere Ängste hinaus herausfordert? Glaube fürchtet keinen Tod, auch nicht das Absterben manch äußerer Formen. Das Mysterium von Tod und Auferstehung betrifft auch den konkreten Weg der Kirche durch die Geschichte. Wir spüren im Moment die Kräfte des Todes, denen man in der Kirchenleitung freie Bahn gelassen hat. Eine Auferstehung ist nie die Wiederherstellung des Lebens vor dem Tod.

Es mag die Befürchtung aufkommen, dass eine christliche Fokussierung auf die Auferstehung die Wirklichkeit von Leid und Tod und die Erfahrung der Opfer überspringe. Darum geht es nicht. Die Wirklichkeit des Leids wird immer eine offene Frage bleiben, die wir Gott stellen und aushalten müssen. An der Decke der Lütticher Jakobskirche mit ihren überreichen gotischen Gewölben – die Formenvielfalt ist kaum noch zu überbieten – befindet sich inmitten der Schönheit oben über dem Altar eine Skulptur des Auferstandenen – Jesus als Schmerzensmann, leidend, mit deutlich sichtbaren Wunden und Dornenkrone. Er wird dort „Christ glorieux" genannt – verherrlichter Christus. Ist das Schönfärbung? Nein, vielmehr wird deutlich, dass der Auferstandene der ist, der weiter mit den Opfern sinnloser Gewalt leidet. Es geht um das Gegenteil von Verdrängung und Verharmlosung, wohl aber um Erlösung – eine Liebe, die alles in sich bergen will. Die spätmittelalterliche Kunst konnte diese Lebensspannung aushalten.

Auf eine ganz andere Weise wird diese Spannung in der Kunst des aramäischen Christentums gewahrt: Hier kennt man weder eine Darstellung des leidenden noch des auferstandenen Christus. Stattdessen wird das reine Kreuz ornamental ausgestaltet, wobei der Fantasie keine Grenzen gesetzt sind. Das Symbol des Leidens ist zugleich der Lebensbaum und vergegenwärtigt das gesamte Ostermysterium. Aramäische Christen, die aufgrund ihrer leidvollen Erfahrungen wissen, wovon sie reden, erkennen darin ein Zeichen spürbarer Nähe Gottes, das Kraft und Hoffnung schenkt.

Wozu Kinder taufen?

Hierzulande stellen sich viele Eltern die Frage, welchen Sinn es noch hat, Kinder in einer angesichts ihrer Krise so vom Tod gezeichneten Kirche taufen zu lassen? Da durch Corona einige Taufen aufgeschoben wurden, dauert für manche Paare die Zeit des Ringens an. An dieser Stelle dürfen wir aber klarstellen: Bei der Taufe steht etwas viel Umfassenderes im Mittelpunkt als die Mitgliedschaft in einer konkreten Kirche. Letzteres ist lediglich ein Nebeneffekt. Man wird nicht in eine bestimmte Kirche getauft, und es gibt keine katholische, evangelische, orthodoxe oder sonst eine konfessionelle Taufe, sondern nur die eine christliche. Die Kirche hat die Aufgabe, die Taufe weiterzugeben, aber sie verfügt nicht über sie. Sie verdankt sich selbst der Taufe. Aus diesem Grunde kann eine Nottaufe auch durch einen Nichtchristen gespendet werden. Die Taufe ist ein persönliches Geschehen zwischen Gott und dem Täufling. Das, was Jesu Weg mit Gott war, soll der ganz persönliche Weg jedes Getauften werden.

Wir werden in das hineingenommen, was Jesus ausmacht: *„Aus seiner Fülle haben wir alle empfangen"* (Johannes 1,16). Jesu Geheimnis ist sein Anteilgeben an dem, was er selbst ist. Wie Jesus bei seiner Taufe erfährt man in deinem Herzen die Stimme Gottes: „Du bist meine geliebte Tochter, du bist mein geliebter Sohn!" Und noch mehr: *„Wir wurden mit Jesus begraben durch die Taufe auf den Tod; und wie Christus durch die Herrlichkeit des Vaters von den Toten auferweckt wurde, so sollen auch wir als neue Menschen leben"* (Römer 6,4). Paulus meint damit: Wenn du getauft bist, kann dein Leben nicht mehr scheitern. Dann bist du durch das Schlimmste wider allen äußeren Anschein schon durch. Das ist doch eine zutiefst entspannende Botschaft, bei all der Sorge, die Eltern haben, ob sie alles richtig machen, und die ihnen ja durchweg vorgemacht wird.

In der Gegend um Köln und Koblenz gibt es viele Taufbrunnen aus der Zeit der Romanik, deren Becken eine Sechseckform hat und von sechs Säulen getragen wird. Dies entspricht dem damaligen Aufbau auf der Kapelle des Heiligen Grabes in der Jerusalemer Grabeskirche. Das Taufbecken stellt also das Grab Jesu dar, den Ort der Auferstehung. Sie ist seit der Taufe in uns angelegt. Die sechs Säulen schließen, wie viele Säulen und Pfeiler im Kirchenbau dieser Zeit, mit knospenförmigen Kapitellen ab: Die Knospe ist dabei, sich voll zu entfalten und hat bereits alle dazu notwendigen Elemente entwickelt, aber sie befindet sich noch im Zustand des Aufgehens. Es ist das Blatt im Frühling, voll Kraft, Spannung und Frische.

Die durch das Knospenkapitell geprägten Bauten der Spätromanik strahlen genau dies aus: Sie sind voller erwartender

Spannung, im Zustand der konzentrierten Kraft, die auf Entfaltung drängt. Dies ist die Existenzweise des Reiches Gottes. Im Blick auf den Menschen sagt das: Du befindest dich zeitlebens im Zustand der Knospe, in dir ist etwas angelegt, was sich in der Begegnung mit dem göttlichen Geheimnis entfalten will.

Entgegen ihrer Dynamik wurde die Taufe wie so vieles in der Kirche in erstarrte Rahmen gezwängt: Wer darf getauft werden? Wie steht es um den Glauben der Eltern? Standesamtlich verheiratete Erwachsene, die getauft werden wollen, aber nicht sofort auch kirchlich heiraten möchten, bekommen keine Tauferlaubnis. Paten dürfen offiziell nur Paten genannt werden, wenn sie römisch-katholisch und gefirmt sind – sonst sollen sie Taufzeugen heißen. Wem kann man das erklären?

Immer wieder wird eingeworfen, ob es denn nicht angemessener und am Anfang der Kirche üblich gewesen sei, nur Leute zu taufen, die sich bewusst für ihren Glauben und vielleicht auch für eine bestimmte Gemeinde entschieden haben? Die Taufe setze doch den Glauben voraus.

Fakt ist, dass seit der Zeit der Apostel bereits Kinder getauft wurden. Petrus hat es bei der Taufe der Familie des Hauptmanns Cornelius vorgemacht (Apostelgeschichte 10). Es geht nicht um eine Vorleistung des Menschen, für die er etwas bekommt, sondern Gott selbst ist durch Jesu Weg in Vorleistung getreten. Taufe ist auch nicht die Aufnahme in eine konkrete christliche Gemeinde.

In der Bonner Gemeinde, in der ich lange tätig war, hatten wir sehr viele Taufen, aber aufgrund der räumlichen Situation zogen viele junge Familien sehr schnell in andere Stadtteile, wo es größere Wohnungen gab. Da wird einem schnell bewusst, dass man die Kinder in etwas Größeres hinein tauft. Was das bedeutet, holen wir unser Leben lang ein. Ich muss es nicht bewusst mitbekommen, denn das Eigentliche setzt in der Tiefe des Herzens an.

Die Frage, ob man Kinder taufen soll, verbindet sich mit der Frage, ob es überhaupt richtig ist, Kinder in einer bestimmten Religion zu erziehen, oder ob man ihnen nicht die Möglichkeit offenhalten sollte, sich später einmal selbst für einen bestimmten Glauben zu entscheiden.

Freiheit setzt nicht beim Nullpunkt an. Ich bin kein neutrales Objekt, das sich seine Welt aufbauen kann, sondern befinde mich von Anfang an in Beziehungen. Ich kann irgendwann feststellen, dass diese Beziehungen für mich nicht gut sind, sie dann verändern oder gar kappen. Religiosität ist ein menschlicher Grundvollzug wie Essen und Trinken. Das muss ich einem Kind mitgeben. Es kann sich später entscheiden, anderes zu essen und zu trinken als seine Eltern.

Man nimmt den Kindern etwas, wenn man ihnen die religiöse Dimension des Lebens nicht erschließt. Glaube ist keine Theorie und kein System, das ich mir dann einmal aus dem Nichts aneignen kann. Beziehung muss erlebt werden. So riskant es ist, wenn Kinder ohne echte menschliche Beziehung aufwachsen, so riskant ist es, wenn ihnen die spirituelle Beziehungsstruktur der Wirklichkeit nicht erschlossen wird. Religiöse Erziehung muss nicht an erster Stelle Glaubenswissen vermitteln, sondern versuchen, in den Kindern die Gottesliebe zu wecken: Dass sie von Gott geliebt sind, dass er Sehnsucht nach ihnen hat und dass sie selbst diese Liebe eingehen können. Deshalb ist es dabei am wichtigsten, mit seinen Kindern zu beten. Übergriffig ist es also überhaupt nicht, wenn Eltern ihre Kinder bewusst in einem Glauben erziehen. Es macht vielmehr lebenstauglich. Die konkrete Kirche kann dafür nur einen Rahmen liefern.

Das Buch vom Erwachsenwerden

Um die christliche und jüdische Grunderfahrung wachzuhalten und jedem eine unmittelbare Aneignung und damit ein Erwachsenwerden im Glauben zu ermöglichen, kam es in der frühen Kirche – und zuvor schon im Judentum – zu einem Phänomen, über das wir nicht genug staunen können und das wir allzu schnell als einfach gegeben hinnehmen: Innerhalb der lebendigen Gemeinschaft der Kirche entsteht die Bibel, die sogenannte Heilige Schrift.

Die Bibel geht der Kirche also nicht voraus, wie eine Sammlung verbindlicher Vorgaben, die dann so wie sie dort stehen für immer normativ wären. Zuerst gab es die Kirche als Erfahrungsgemeinschaft. „My church wrote your bible" liest man beispielsweise auf einer orthodoxen Webseite in den USA als Hinweis an evangelikale Kreise: Die Bibel ist nicht vom Himmel gefallen. Man darf die Reformatoren nicht missverstehen, als ginge die Bibel allem, was in der Kirche sein darf, als Gebrauchsanweisung voraus.

Das für mich immer wieder Verblüffende an der Entstehung der Bibel ist, dass Mitte des 2. Jahrhunderts in allen christlichen Gemeinden im Römischen Reich und darüber hinaus, in der gesamten damaligen christlichen Welt, mit einem Mal klar ist, welche Bücher und Briefe dazugehören und welche nicht. Wir wissen nichts von einer Synode und einem Konzil, und auch der römische Bischof hatte noch keine Möglichkeit, irgendetwas für alle zu bestimmen. Es handelt sich um einen Konsens, der aus einem lebendigen Austausch der Kirchen und einem vorhandenen Gespür für das erwachsen ist, was authentisch christlich ist und was nicht.

Für mich ist das ein faszinierendes Hoffnungszeichen, was in der Gesamtkirche möglich ist, ohne dass es von oben vorgegeben werden muss. Hier hat auf jeden Fall Gottes Geist ge-

wirkt. Allein schon deshalb ist die Bibel eine Heilige Schrift.
Sind solche Prozesse heute nicht mehr möglich?

Die Bibel nimmt nicht in Anspruch, dass sie in ihrem
Wortlaut unmittelbar von Gott diktiert worden wäre. Sie ist
über einen Zeitraum von nahezu tausend Jahren entstanden –
an verschiedenen Orten und unter ganz verschiedenartigen
Umständen. Das ist ein spannendes Abenteuer. Das wäre so,
als wenn wir heute ein Buch fertigstellten, dessen älteste Teile
aus dem 11. oder 12. Jahrhundert stammten. Da hätte sich
seitdem doch viel in den Auffassungen verändert. So wurden
tatsächlich Bücher aufgrund veränderter Erfahrungen weiter-
geschrieben, was manche Akzente verschoben hat, aber die
Grunderfahrung blieb der Schlüssel.[48]

Was alle Entstehungsschichten der Bibel gemeinsam haben,
ist, dass es Menschen gab, die eine konkrete Glaubenserfahrung
geteilt haben. Die Bibel setzt also die Gemeinschaft der Glaubenden voraus, das heißt das Volk Israel und die Kirche. Die
lebendige Gemeinschaft ist die Voraussetzung dafür, dass innerhalb ihrer das Wort Gottes schriftliche Gestalt finden kann, weil
es immer ein Wort im Dialog ist. Und zu einem Dialog gehören
zwei. Also spielen der konkrete Hintergrund und das Aufnahme-
vermögen des menschlichen Partners immer eine Rolle. Die Bibel kann nicht zeitlos sein, weil der Mensch das nicht sein kann.

Die Erfahrungen, die sie beschreibt, sind alle echt und damit
wahr. Offensichtliche Widersprüche gehören dazu, denn keine
Gotteserfahrung könnte für sich in Anspruch nehmen, dass sie
Gott an sich und abschließend, so wie er ist, begriffen habe.
Mit einer vereinfachten Aussagenlogik – eine Sache ist entwe-
der nur wahr oder nur falsch – kommen wir bei Gott nicht
weiter. Das würde ihn zu einem Objekt, einem beschreibbaren
Gegenstand degradieren. Beziehung ist nie allumfassend ob-
jektivierbar. Es ist völliger Unsinn, die Bibel wie einen Stein-

bruch zu gebrauchen und sich Zitate zur Untermauerung der eigenen Auffassungen gegenseitig um die Ohren zu schlagen (sogenannte Steinbruchexegese).

Es ist auch nicht ausschlaggebend, was Jesus exakt über sich selbst gesagt hat. Er hat sich nicht hingestellt und seinen Jüngern detailliert erklärt, wie es sich nun mit ihm verhält und wie nicht. Er wollte sie mitnehmen auf seinem Gottesweg und sie ermutigen, selbst auf diesem Weg zu gehen: *„Allen aber, die ihn aufnahmen, gab er Macht, Kinder Gottes zu werden"* (Johannes 1,12). Aus diesem Anspruch heraus dürfen wir uns den biblischen Texten nähern: Sie wollen in uns etwas auslösen. Sie wollen uns ihre Erfahrungen weitergeben und uns klarmachen, dass wir heute an dem Geschehen genauso nah dran sind wie die Zeitgenossen damals.

Die Frage, warum denn die biblische Überlieferung mit der Zeit der Apostel endet, erübrigt sich also: Die biblische Geschichte schreibt sich mit dem eigenen Leben fort. Die Bibel schreibt nicht an erster Stelle über Geschichte, sondern von einer Gegenwart, die sich in Geschichte ausdrückt und die ergreifen will. Es ist letztlich nicht der historische Jesus, der uns interessiert, sondern der Jesus, der heute unter uns lebendig ist und mit dem wir uns genauso in Zeitgenossenschaft befinden wie Menschen vor zweitausend Jahren im Heiligen Land.

Mich beispielsweise faszinieren dahingehend die Gemälde und Skulpturen aus der Zeit der Spätgotik und Renaissance, die wie selbstverständlich das biblische Geschehen in einheimischen Landschaften und Städten zeigen und die handelnden Personen in zeitgenössischer Kleidung.

Eins sollte jeder wissen: Man muss kein Theologe sein, um die Bibel lesen zu können – so wichtig die Bibelwissenschaft auch ist.

Die Kompetenz zum Bibellesen haben wir alle. Trauen wir uns, freie und erwachsene Menschen zu werden? Christliches Selbstbewusstsein und ein erwachsener Glaube sind ohne einen persönlichen Umgang mit der Bibel nicht zu haben. Wir müssen deshalb die Beschäftigung mit der Bibel in unseren Gemeinden fördern. Für mich war die Entdeckung der Bibel als Jugendlicher eine wesentliche Voraussetzung für meinen späteren Lebensweg. Sie wurde mein Lebensbuch.

Heilige Schrift wird die Bibel dadurch, dass sie uns in einen Dialog mit Gott bringt. Sie ist weniger Sachbuch, schon gar nicht ein Roman, sondern eher ein Drehbuch oder Libretto, für ein Drama, bei dem man selbst mitspielt, aber nur in der eigenen Rolle. Sie ist ein Buch, das nicht abgeschlossen ist, sondern sich im eigenen Leben fortschreibt, als persönliche Liebesgeschichte mit Gott, mit all ihrer Dramaturgie. Und wir selbst dürfen uns als handelnde Personen der Bibel entdecken, indem wir uns in den biblischen Gestalten widerspiegeln und aus ihnen heraus tiefer verstehen lernen. Jesus selbst ist so mit der Bibel umgegangen: Er hat seinen eigenen Weg anhand der Botschaft des Jesaja verstanden und dargelegt, zum Beispiel in der Synagoge von Nazareth: *„Heute hat sich das Schriftwort, das ihr eben gehört habt, erfüllt"* (Lukas 4,21). Wir leben nicht in nachbiblischen Zeiten. Heiliges Land als biblischer Handlungsort ist in Grevenbroich und anderswo.

Die Bibel entwirft weder ein geschlossenes System noch bringt sie ihre Geschichte zum Abschluss. Sie geht davon aus, dass das, wovon sie berichtet, in eine offene Richtung weitergeht. Gott steht für dieses Offene der Geschichte. Es handelt sich dabei also um keine finstere Ungewissheit, sondern eine Offenheit, die Mut macht, weiterzugehen.

Der Löwener Theologe Lieven Boeve beschreibt das Charakteristikum der biblischen Verkündigung und insbesondere der Botschaft Jesu als eine „offene Geschichte" (*open verhaal*), was das Gegenteil einer Ideologie bedeutet.[49] Konkret wird das an Jesu Rede vom „Reich Gottes" oder „Himmelreich". Dies meint keinen Alternativstaat, kein Kirchensystem, sondern die Verflechtung des Wirkens Gottes mit der menschlichen Geschichte, um ihr eine Dynamik über die normative Kraft des Faktischen hinaus zu geben. Jedem Menschen steht es offen, diese Botschaft als an sich persönlich gerichtet zu begreifen und das eigene Leben in diese Bewegung zu bringen. Die eigene Lebensgeschichte ist dann mehr als nur ablaufende Lebenszeit oder Schicksal innerhalb eines anonymen Weltgeschehens. Christen brauchen sich nicht in ein System einzuordnen, sondern dürfen sich als Handelnde in der Heilsgeschichte neu kennenlernen. Das schafft Handlungsfreiheit.

Die Bibel ist eine „heilige Unordnung". Offensichtlich hat es Gott gefallen, sich auf diese Weise zu offenbaren. Er wird dafür seine Gründe haben. Leben lässt sich nicht in Ordnung bringen. Jeder hierzulande weiß, dass man mit dem Aufräumen zu Hause an kein Ende kommt. Die Tendenz zum Chaos gehört zur Grundstruktur der Wirklichkeit. Die Bibel folgert daraus intuitiv: Gott begegnet im Chaos des Lebens. Wichtig ist, dass man ihm einen Ansatzpunkt gibt bzw. die Ansatzpunkte entdeckt, die er selbst schon gesetzt hat. In diesem Sinne ist die Bibel Wort Gottes ins Heute.

Nun gibt es in der Bibel zahlreiche Passagen, in denen von Aggression und Gewalt die Rede ist und die die heutigen Menschen eher abstoßen. Immer wieder ist von Kämpfen und Feinden und gar deren Vernichtung die Rede. Auch das Neue Testament kennt solche Passagen, nicht nur in der Apokalypse am Schluss. Wozu beten und lesen wir das immer noch? Sind wir nicht darüber hinweg, durch den Stand unserer Zivilisation und Humanität? Bleiben wir ehrlich: Zum einen ist es wichtig und heilsam, Gewaltgefühle und Aggression, die in uns oft ganz subtil wohnen, in Worte zu fassen und vor Gott auszusprechen. Gefühle darf man nicht unterdrücken. Zumindest vor Gott darf ich versuchen, so zu sein wie ich bin.

Zum anderen sind diese Kämpfe und Feindschaften Realität: Sie ereignen sich in uns selbst. Es ist der Kampf zwischen dem äußeren und dem inneren Menschen, zwischen Oberfläche und Tiefe, zwischen dem Unheilen und dem Heilen, das Ringen mit den eigenen Gefühlen und Verletzungen, all den Dingen, die mich erobern und beherrschen wollen. Es ist ein Freiheitskampf in uns, bei dem Gott auf der Seite unseres eigentlichen Ichs kämpft. Es ist Selbstüberwindung, um sich selbst zu finden.

Wenn wir diese inneren Kämpfe wahrnehmen, dann können wir uns den äußeren Kämpfen, die tatsächlich anstehen, anders widmen: mit mehr Gelassenheit, Differenzierung, Konstruktivität, Mut und Entschiedenheit, ohne Gegner dämonisieren zu müssen. Dann führen wir die Kämpfe, die heute wirklich anstehen.

In vielen Köpfen geistert noch der Gedanke, dass es einen gravierenden Unterschied zwischen dem Alten und dem Neuen Testament gäbe. Das wird vor allem am Gottesbild festgemacht. Der Gott des Alten Testaments sei ein Gott der Rache, der Gewalt, des Zornes und des Gesetzes: ein strenger, unberechenbarer Wüstengott. Jesus hingegen habe dieses Bild revidiert und den Gott der Liebe und Barmherzigkeit gebracht. Davon sei das Neue Testament bestimmt. – Doch das ist falsch. Zwischen dem Alten und dem Neuen Testament gibt es keinen Bruch. Alle Schriften des Neuen Testaments setzen die des Alten voraus und entwickeln sich aus ihnen. Jesus war als Jude in der Welt des Alten Testaments beheimatet. Schon im

Alten Testament erfährt man immer mehr, dass die Liebe die Eigenschaft ist, mit der sich das Wesen Gottes am intensivsten beschreiben lässt. Das Gebot *„Liebe deinen Nächsten wie dich selbst"* beispielsweise stammt nicht von Jesus, sondern aus der Zeit des Mose (Levitikus 19,18). Es ist Teil der Gebote, die das Volk Israel auf seiner Wüstenwanderung empfängt. Jesus besteht darauf, ganz im Sinne des jüdischen Gesetzes, der alttestamentarischen *Torah*, wörtlich der „Wegweisung", zu handeln.

Das Judentum ist nicht primitivere Vorstufe des Christentums, sondern das Christentum ist eine Einladung an alle Menschen, an der jüdischen Gotteserfahrung teilzuhaben. Die Juden sind unsere älteren Geschwister. Selbstverständlich gibt es im Zuge der biblischen Geschichte Entwicklungen und sich vertiefende Erfahrungen, weil sie auch eine menschliche Entwicklungsgeschichte widerspiegelt. Jedoch vollzieht sich diese Entwicklung bzw. Klärung nicht in erster Linie über die Jahrhunderte hin, sondern im Laufe einzelner menschlicher Biografien. Elias musste lernen. Jeremia musste lernen. Die Apostel mussten lernen. Und heute müssen wir als Kirche hierzulande wieder lernen, was unsere Sendung und Aufgabe ist.

Die Sprache der Bibel ist nicht die eines Sachbuches und bietet keine Definitionen. Sie hat eine engagierte Sprache aus der unmittelbaren Betroffenheit ihrer Schreiber. Deshalb kennt sie auch Leidenschaft, Wut und Aggression – genau das, was wir angesichts der jetzigen Situation unserer Kirche spüren. Gott selbst zeigt sich aus biblischer Perspektive voll leidenschaftlicher Liebe für den Menschen, die angesichts der Zustände auch als Zorn zum Ausdruck kommen kann. Er ist nicht harmlos für „seine Leute".

Wenn die biblische Zeit keine Idealzeit darstellt und ihre Geschichte sich bis in unsere Zeit weiter entfaltet, dann wird allein schon daran deutlich, dass das Christentum nicht pessimistisch in die Zukunft schaut und nicht *per se* kritisch einem technologischen oder sozialen Fortschritt gegenübersteht. Das, was man landläufig konservativ nennt, ist nicht notwendig die Einstellung der Kirche. Kirche schaut nicht zurück auf eine bessere Vergangenheit, die es zu restaurieren gilt. Wenn Gott selbst dynamisch ist, dann ist die Dynamik der Welt etwas Gutes. Die Frage ist aber, wie diese Dynamik gestaltet werden kann. Da erweisen wir uns als zu kurzsichtig, wenn wir nur an unsere Generation denken. Es ist Anliegen des Christentums, die Entwicklung des Menschen im Geist der göttlichen Liebe progressiv zu gestalten.

Gerade durch die zahlreichen Kampfschilderungen eröffnet die Bibel einen Zugang zu unserer Situation: Wir sehen, dass es Dinge gibt, um die wir jetzt kämpfen wollen: Eine Zukunft für unsere Kinder auf diesem Planeten, nachhaltigen Frieden nicht nur in Europa, eine Kirche, die der Sache Gottes und der des Menschen dient, ein Überwinden der immer stärker werdenden Polarisierungen – das alles ist kein Spaziergang, sondern Kampf, der Überwindung kostet. Eine Sprache, die von Kampf und Ringen spricht, ist in diesem Falle keine Gewaltverherrlichung, sondern hilft, das, was wir fühlen und was in uns vorgeht, in Worte zu fassen und zu reflektieren.

Als das Christentum im 6. Jahrhundert im Kölner Umland inkulturiert wurde, waren es diese Bilder des Kampfes, die das Christentum für die fränkische Stammes- und Kriegerkultur öffneten. Dabei standen die Soldatenheiligen am Rhein im Mittelpunkt. Wir haben in Köln große Sammlungen von Heiligen: Gereon mit den 365 Soldatenmärtyrern aus Theben in Ägypten und Gregor mit nochmals ca. 350 maurischen Legionären aus Nordafrika. Die Überlieferung der Thebäischen Legion ist auch in Xanten und Bonn mit den Heiligen Viktor bzw. Cassius und Florentius verwurzelt und lässt sich über Trier, Solothurn, das Wallis bis nach Bergamo und Turin verfolgen, entlang der römischen Heerstraßen. Auch Felix und Regula in Zürich und die heilige Verena gehören in diese Gruppe. Die koptische Kirche in Ägypten verehrt alle diese Heiligen voll Stolz bis heute und weiß, dass das rheinische Christentum ägyptische Wurzeln hat.

Als weibliches Pendant entwickelte sich in Köln die Verehrung der heiligen Ursula und ihrer Gefährtinnen, die mit anderen Mitteln kämpften und es auf erstaunliche 11000 Märtyrerinnen brachten. Es waren die Frauen der fränkischen Führungsschicht, die ihren waffentragenden Männern über die christlichen Kämpfer nahebrachten, dass es sich lohnt, für etwas anderes zu kämpfen als persönliche Ehre und Besitz. Das älteste Grab, das unter dem Kölner Dom gefunden wurde, stammt keineswegs von einem Bischof, sondern von einer solchen das Christentum inkulturierenden jungen fränkischen Fürstin. Auch bei uns hier in Rommerskirchen wurde in der Mitte der alten Kirche das Grab einer Tochter eines fränkischen Sippenführers gefunden, die wohl ihren Vater von der Annahme des Christentums und des guten geistlichen Kampfes überzeugte. Die Verehrung der römischen Kaiserin Helena als Kirchengründerin in Bonn, Xanten und anderswo geht wohl in Wirklichkeit auf die mutigen Frauen der fränkischen Oberschicht zurück. So entstand Kirche.

Wir stehen heute wieder vor ähnlichen Herausforderungen, was die Inkulturation, die Flexibilität sowie den Mut zum geistigen Kämpfen und Ringen angeht. Mit uns ereignet sich heute biblische Geschichte. Ein uraltes Buch eröffnet uns Handlungsperspektiven in dieser konkreten Krise.

7. Katholisch bleiben

Köln oder Aachen?

Wenn uns klar ist, was unsere innerste Motivation als Christinnen und Christen ist, wird uns auch deutlich, welche Gestalt unsere Kirche gewinnen muss, um sich selbst treu zu bleiben. Kirchengebäude können etwas davon ausdrücken. Der Kölner Dom ist das Symbol unserer Gemeinschaft als Kirche von Köln. Er ist eine der am reinsten in ihrer Form vollendeten gotischen Kathedralen und entstammt von den Chorkapellen bis zu den Turmspitzen dem genialen Plan eines einzigen Baumeisters, der von 1248 bis zur Vollendung 1880 beibehalten wurde. Wenn man das architektonische Prinzip eines einzelnen Pfeilers und eines anliegenden Fensters begriffen hat, kann man daraus den ganzen übrigen Bau ableiten. Alles wächst aus einer einzigen Grundform, indem sich diese ständig wiederholt und entfaltet. Es gibt im Innenraum kein Bauteil, das ein anderes dominiert. Der lange Mittelgang läuft auf einen Bogen und ein Fenster zu, wie sie sich an allen anderen Stellen auch befinden. Jedes Element an jeder Stelle ist gleichwertig. Ich sehe darin eine tiefe architektonische Symbolik für das, was das Wesen der Kirche ausmacht.

Allerdings gibt es 80 Kilometer westlich eine Kirche, die dies aus meiner Sicht noch eindrucksvoller entfaltet und von einem ganz anderen Wesen als der Kölner Dom ist – der Aachener Dom. Dieser ist auf den ersten Blick ein Konglomerat von zwei Kirchen und mehreren Kapellen. Jede Stilepoche vom 8. bis zum 20. Jahrhundert hat an ihm weitergebaut. Das Ganze ist von einer großartigen Harmonie, Würde und Integrationskraft. Kein Element ordnet sich dem anderen unter, sondern tritt in einen Dialog, der das eigene und das andere umso mehr zur Sprache kommen lässt. Der karolingische

Grundbau aus der Zeit vor 800 wird im 14. Jahrhundert um eine gotische Chorhalle verdoppelt, die seine Formen und Dimensionen völlig frei in den Stil ihrer Zeit übersetzt. Die liturgische Mitte befindet sich dort, wo sie schon zur Zeit Karls des Großen war, aus der Mitte des Zentralbaus gerückt, relativ niedrig unterhalb der Emporen und bildet so den Angelpunkt der beiden Haupträume. Sie nimmt sich zurück und entfaltet dadurch ihre Kraft, um den Zusammenhalt zu gewährleisten. Anders als in Köln lässt sich das Raumkonglomerat von keiner einzigen Stelle aus in seinem Gesamt überblicken, sondern will durchwandert werden, wobei sich immer wieder neue Räume und Verbindungswege öffnen. Da der Dom in die umgebende Bebauung eingebettet ist und nicht freisteht, gelangt man unvermittelt aus dem Kirchenraum in profane Räume, und zu den umliegenden alten Bürgerhäusern besteht Tuchfühlung.

Wer den Aachener Dom von seinem Wesenscharakter her begreift und ein paar Kölner Einsichten hinzunimmt, versteht, was katholische Kirche ist und sein kann. Das möchte ich im Folgenden weiter konkretisieren.

Einheit um jeden Preis

Die katholische Kirche hat eine eindeutige Mitte. Dafür steht der Altar und was an ihm geschieht. Ihre Ränder jedoch sind nicht definierbar. Sie hat eine Sendung für alle. Kirchenmauern sind aufgelöste Mauern – wie bei einem gotischen Kirchenbau. Kirche kennt von ihrem Wesen her keine klare Abgrenzung und keine Konkurrenz. Wir sind nicht eine Interessengruppe unter anderen, die irgendwelche Rechte oder Ansprüche verteidigen müsste. Wo dem Menschen gedient wird, wird der Sache Gottes gedient. Gott wirkt in und jenseits der sichtbaren Kirche. Ist nicht der Aufbruch hin zur Bewahrung des Planeten, wie es bei Fridays for Future greifbar wird, ein Wirken des Geistes? Wir spüren die Dynamik, in welche Richtung es für alle geht. Hier ließe sich so viel aufzählen, was es an außerkirchlichem Engagement gibt und womit sich Kirche voll und ganz identifizieren könnte. Wir haben keinen Konkurrenzdruck.

Auf Dörfern spielt das Vereinswesen eine große Rolle. Mir ist wichtig klarzumachen, dass die Pfarrgemeinde vor Ort kein Verein unter anderen im Sinne alternativer Möglichkeiten des Engagements ist. Wir sind nicht „die von der Kirche". Mir geht es nicht darum, möglichst viele zu animieren, sich um des Engagements willen in der Gemeinde zu engagieren. Manchmal wird dies von Firmanden erwartet, was ich als grenzwertig empfinde. Wer als Christin oder Christ in anderen Gruppen für andere aktiv ist, ist auch dort Christin oder Christ und wirkt das, was Kirche von ihrem Wesen her ist. Es muss nicht überall „katholisch" draufstehen. Auch Jesus verbrachte die allermeiste Zeit seines Lebens – und damit seines Wirkens – verborgen in der Stadt Nazareth, wie es Charles de Foucauld neu entdeckt hat.

Wer ist überhaupt „die Gemeinde"? Christliches Leben findet nicht in einer festen Gruppe statt, in der sich alle kennen, sondern besteht aus Gemeinschaften unterschiedlichster Form, die auf Tuchfühlung mit ihrer Umgebung sind und auf diese Weise ihre Gegend mit erhellen. Gebet und Gastfreundschaft – das reicht als Grundvollzüge. Das ist eigentlich seit dem 5. Jahrhundert klar, als es unter Rückgriff auf Paulus von den Juravätern in der heutigen Franche-Comté in einer der ersten Mönchs- und Gemeinderegeln des Abendlandes kurz und knapp formuliert wurde. Um den Menschen zu retten, hat Gott durch Jesus heilenden Kontakt gesucht – mehr nicht. Dass dabei dann auch ein Gefühl menschlicher Nähe und Beheimatung entstehen kann und soll, versteht sich von selbst. Es ist die schlichte Dynamik der Eucharistie, die uns das vielfältige Wesen einer Gemeinde veranschaulicht: So wie sich Jesus bleibend in die Welt hineingibt, dürfen wir uns dort hineingeben, wo wir leben. Eucharistie ist Bewegung, die uns ergreifen will, und Sendung.

Es gibt allerdings Verhältnisse, die der Kirche wesensfremd sind. Spaltung gehört dazu. Trotzdem ist dies seit Jahrhunderten Realität und wird weiter forciert. Folgender Dialog hat sich bei einer bischöflichen Visitation in einer Gemeinde zugetragen: Der Bischof fragt eine Frau, die sich für die Anliegen von *Maria 2.0* – zum Beispiel die Priesterweihe von Frauen – einsetzt, warum sie nicht evangelisch werde. Die Frau antwortet, dass ihr die Eucharistie sehr viel bedeutet und sie dies in der evangelischen Kirche vermissen würde. Der Bischof erwidert, dann könne sie doch altkatholisch werden. – Was passiert hier? Ein Hirte versucht ein Schaf loszuwerden. So weit sind wir. Hat dieser Bischof seine Berufung begriffen?

Wenn das griechische Wort für Kirche *ekklesia* Ruf und Sammlung bedeutet, ist Spaltung etwas, was dem Wesen der Kirche zuinnerst widerspricht. Faktisch leben wir seit Jahrhunderten Kirche im Selbstwiderspruch und in Selbstentfremdung. Der Ruf ergeht von Gott selbst, und ich kann mir nicht vorstellen, dass Gott in mehrere Versammlungen ruft. Es gibt nur die eine Sammlungsbewegung, die ein reales Symbol für eine gesammelte und geeinte Menschheit sein will. Es gibt keine alternativen Kirchen. Kirche im Plural ist ein Selbstwiderspruch.

Auch ich wurde schon gefragt, ob ich nicht lieber evangelisch werden wolle. In Zeiten, in denen Ökumene eine Überlebensfrage wird, kann es keine Lösung mehr sein, dass man sich eine passendere Kirche aussucht. Es ist nicht mehr die Zeit für Konversionen. Die Situation unserer Welt und der Ernst der Lage, in der sich die Menschheit befindet, vertragen keine weitere Spaltungen.

Für mich wäre eine Spaltung der katholischen Kirche angesichts des Dissens um aktuelle Reformfragen eine persönliche Katastrophe. Es darf das um keinen Preis geben, weil Einheit ein Wert an sich ist und für das persönlichste Grundanliegen Jesu steht, wie er es nach dem Abendmahl im hohenpriesterlichen Gebet kurz vor seiner Verhaftung mit bewegenden Worten äußert (Johannes 17). An anderer Stelle formuliert er klar: *„Wer nicht mit mir sammelt, der zerstreut"* (Lukas 11,23b).

Wir können eine Kirchengeschichte der Spaltungen nicht einfach als eine historische Gegebenheit zur Kenntnis nehmen. Sie muss uns beschämen und beunruhigen. Die Unfähigkeit der Kirche der ersten Jahrhunderte, ihre Einheit zu wahren, hat das Aufkommen des Islam befruchtet und ihn zu einem notwendigen heilsgeschichtlichen Gegenüber der Christen gemacht. Mohammed legte den Finger in die Wunde der Christenheit.

Den Skandal der Trennung als einen solchen zunächst einmal bescheiden wahrzunehmen und zu akzeptieren, dass wir uns damit in einer Sackgasse befinden, führt uns an den Ausgangspunkt, von dem aus ein Weg zu echter Einheit gangbar wird. Wichtig ist, dass wir mit innerer Unruhe unterwegs bleiben. Der emotionalen Versuchung zu Abgrenzung und Spaltung standzuhalten, eröffnet weitreichende Perspektiven.

Ignatius von Loyola spricht von dem „Mehr" (lateinisch *magis*), zu dem Gott herausfordern will. Es gibt mehr Möglichkeiten, die in einem stecken als einem vor Augen liegen. Es gibt immer ein Mehr an Leben und Liebe, im Vertrauen darauf, dass Gott immer größer ist als menschliche Enge.

Deus semper maior – Gott ist immer größer, ist die Überzeugung des Ignatius. Die Perspektive, die sich damit zu weiten beginnt, ist immer die größte Hoffnung für alle. Es braucht also den Willen zur Einheit. Können wir uns darauf verständigen, dass wir alle in ein und dieselbe Richtung wirken und dass es um die Lebenskraft Gottes und seine Kreativität geht? Stattdessen werden Gegensätze künstlich aufgebauscht und die auseinanderstrebenden Fliehkräfte befeuert. Das gilt nicht nur konfessionell, sondern auch interreligiös. Was für ein Luxusproblem angesichts der Weltlage!

Ich erlebe die Zerrissenheit auch im Hinblick auf konkrete Fragen vor Ort: Immer wieder diese Konflikte, die befeuert und hochgekocht werden, bis einer droht, die Brocken hinzuwerfen. Um Verbindendes muss gerungen werden, manchmal auch mit Humor.

Nach dem vatikanischen Verbot, homosexuelle Paare zu segnen, haben einige unserer Gemeinden hier und einige Messdienergruppen an den Kirchen eine Regenbogenfahne aufgehängt. Andere regten sich darüber auf, weigerten sich, dort die Messe zu besuchen. Es gab auch Priester, die dort nicht mehr zelebrieren wollten, solange die Fahne hängt. Über die Symbolik der Fahne gab es keinen Konsens. Ich habe darauf hingewiesen, dass die Regenbogenfahne auf einen katholischen Priester zurückgeht, Thomas Müntzer, der sie im Bauernkrieg entwarf und mit den Aufschriften versah: *„Verbum domini manaet in aeternum* – das Wort Gottes bleibe in Ewigkeit" und „Dies ist die Fahne des ewigen Bundes Gottes". Nachdem mancherorts diese Aufschrift auf den Fahnen ergänzt wurde, glätteten sich die Wogen und die Fahnen blieben hängen.

Ineinsfall der Gegensätze – Wie Reformen möglich werden

„Katholisch" ist im allgemeinen Sprachgebrauch zu einem Konfessionsbegriff verkommen, was im Hinblick auf die Aussageabsicht dieses Begriffs ein Selbstwiderspruch ist. Offensichtlich fühlen sich viele Verantwortungsträger damit wohl – und auch manche Katholiken. Sie sprechen vom Gesundschrumpfen der Kirche, das nun anstehe. Ist ein derartiger Prozess aus der Biologie bekannt? Soll unsere Kirche zu einer Sekte verkommen, indem sie sich auf die vermeintlich Reinen und Heiligen beschränkt? Das wäre ein Selbstverlust. Im Sinne der für die frühe Kirche wegweisenden Zweinaturenlehre des Konzils von Chalcedon (451), das die menschliche und die göttliche Seite Jesu als untrennbar und unvermischt beschrieb, kann der Kirche nichts Menschliches fremd sein und kann sie nichts davon abspalten.

Wir wollen hier vor Ort katholisch bleiben – das heißt „für alle". Wir sind eine Weltkirche, die in verschiedenen Kulturen zu Hause ist. Wir müssen und wollen als katholische Kirche einen kulturellen Spagat aushalten, weil wir für die Menschheit ein Zeichen der Einheit in aller zerreißenden Gegensätzlichkeit sein möchten. Selbstverständlich heißt das auch, mit Menschen zusammen Kirche sein zu können, die unsere westlich-liberale Weltsicht nicht in allem teilen können. In unseren multikulturellen Gemeinden – auch hier auf dem Lande – tun wir das doch längst. Weltkirche ist eine Lebenswirklichkeit vor Ort und besteht aus vielen Verflechtungen rund um den Globus, aus Solidaritätsnetzwerken und Hilfswerken oder auch aus persönlichen Kontakten, die mancher seit der Studienzeit hat. Ich möchte das nicht tauschen gegen eine Kirche, die nur in unserer westlichen Kultur beheimatet ist und ihr Leben ausschließlich dementsprechend gestalten kann. Nationale Kirchen sind ein Anachronismus angesichts der Globalisierung.

Wie gehen wir damit um, dass es für viele bei uns drängenden Reformfragen noch keinen weltkirchlichen Konsens gibt, sondern tiefe kulturelle Unterschiede bestehen? Ich denke an die Priesterweihe von Frauen und den Umgang mit gleichgeschlechtlichen Paaren. Beides sind keine theologischen Fragen. Zu solchen wurden sie nachträglich stilisiert. Der Dissens basiert wesentlich auf kulturellen Unterschieden zwischen Teilkirchen verschiedener Weltregionen. So hat die belgische Bischofskonferenz das Verbot der Segnung gleichgeschlechtlicher Paare durch Rom geschlossen abgelehnt, während eine solche Segnung in anderen Weltgegenden völlig undenkbar wäre.

Laufen wir nicht Gefahr, unser uns von Gott zugemutetes Katholisch-Sein zu verlieren, wenn wir diese Spannungen nicht mehr aushalten wollen? Katholisch heißt auch, an Gräben und Grenzen auszuharren und nicht aufzugeben, Brücken zu bauen. Kirche muss immer auch ein Stück weltfremd sein, denn in der Welt, so zerrissen wie sie jetzt ist, kann man sich nicht ganz zu Hause fühlen. Ich möchte weiter selbstbewusst „katholisch" sein, denn eine weltweit geeinte Kirche ist ein absolut notwendiges Signal für die Menschheit. Auch wenn ich keine Kirche will, in der nur Maßstäbe westlicher Kultur gelten, möchte ich nicht, dass Errungenschaften der Humanität in unseren westlichen Gesellschaften und die daraus wachsenden Reformanliegen wegrelativiert werden.

Es steht nicht eine deutsche Kirche gegen eine Weltkirche, sondern diese Weltkirche ist in sich völlig inhomogen. Nur wer vereinfacht, glaubt, dass Rom die Weltkirche repräsentiert. Wir müssen lernen, Gegensätze und Spannungen auszuhalten, anstatt sie um jeden Preis aufzulösen oder durch Ausgrenzung aufzuheben. Könnte das nicht bedeuten, dass es in der einen Kirche in verschiedenen Ländern oder Weltgegenden verschiedene Praktiken im Hinblick auf Reformthemen geben kann?

Unser Landsmann Nikolaus Cusanus prägte im 15. Jahrhundert den Gedanken, dass nur in Gott die Gegensätze in eins fallen. Er nannte dies die *coincidentia oppositorum*. In Koblenz und Münstermaifeld suche ich gerne die Orte auf, an denen er diese Einsichten zu einem philosophischen und theologischen Grundlagenwerk zusammengestellt hat. Hierin steckt ein gewaltiges Potenzial. Cusanus ging es dabei nicht um Beliebigkeit, sondern um etwas wirklich Tragendes, das unsere vordergründige Rationalität übersteigt: Das, was uns gegensätzlich oder unvereinbar erscheint, ist im Mysterium Gottes eins, während es sich hier in unterschiedlicher Ausfaltung zeigt.

Das hat auch eine zeitliche Dimension: Vieles wird sich nach christlicher Hoffnung erst am Ende der Zeiten klären. Bis dahin müssen wir innerhalb der Kirche mit verschiedenen Wegen leben lernen. Können wir zulassen, dass Einheit nicht Einheitlichkeit bedeuten muss? Wir kennen im Christentum die sogenannte eschatologische Perspektive: Im Lauf der menschlichen Geschichte wird immer etwas offen und ungeklärt bleiben, weil an einem wie auch immer gearteten Ende der Zeit Jesus Christus wiederkommen und das Ganze zum Ziel führen wird. Aus dieser Spannung lebte das frühe Christentum. Für uns heißt das: Wir leben hier mit allem, was wir tun, in einem permanenten Provisorium. Erst der wiederkommende Christus wird die Gegensätze zusammenführen, die wir solange aushalten müssen.

So halte ich es für denkbar, dass wir angesichts der Frage nach der Priesterweihe von Frauen in der einen Kirche zu unterschiedlichen Praktiken kommen. Es gibt bei uns Frauen, die eine Berufung zum priesterlichen Dienst spüren. Die habe ich vor 30 Jahren auch gespürt und man hätte mir nicht plausibel machen können, dass dies ein Irrtum aufgrund meines Geschlechts sein müsse. Ich kann das auch heute keiner jungen Frau erklären. Es gibt theologische Argumentationen dagegen, die in sich schlüssig sind, aber man kann genauso schlüssig andersherum argumentieren. Es geht um die Frage, ob Christus durch eine Frau repräsentiert werden kann. Begegnet er uns heute nicht gerade in den leidenden Frauen in der Ukraine und anderswo? Die Argumente sind ausgetauscht. Nun braucht es eine praktische Lösung. Müssen wir uns daran festbeißen, es zu einer der zentralen Fragen der Rechtgläubigkeit machen und in Kauf nehmen, dass wir hierzulande die ganze jüngere Generation für die Kirche verlieren? Wenn diese Frage für viele junge Menschen von Bedeutung ist, ist das so und man kann das nicht wegrelativieren. Eine Frau als Priesterin ist in manchen Weltgegenden vielleicht nicht denkbar, aber warum kann es hier keine regionalen oder gemeindlichen Unterschiede geben? Das auszuhalten, muss ich doch von jedem aufrechten Katholiken und erst recht von um die Einheit besorgten Bischöfen erwarten können. Was sind dreißig oder vierzig Jahre ausgehaltene Spannung gegen den wunderbaren Ineinsfall der Gegensätze in Gottes Ewigkeit?

Wir müssen uns klar machen, dass wir auf anderen zentralen Gebieten unserer kirchlichen Praxis längst nach dem Koinzidenzprinzip des Cusanus verfahren. Für Christen der westlichen Tradition sind bei der Eucharistie die sogenannten Einsetzungsworte Jesu „Nehmet und esset alle davon, das ist mein Leib…" die entscheidenden Worte, und die ganze Spiritualität und sehr viel Theologie baut sich darauf auf.

In der Tradition der ostsyrischen Kirche gibt es eine überlieferte Weise, die Eucharistie zu feiern, in der diese Worte überhaupt nicht vorkommen: die Liturgie von Addai und Mari. Das, was im Abendland als Wichtigstes erlebt wird, fehlt. Es wird im Hochgebet lediglich erinnert, dass Jesus das Mahl gefeiert hat, aber die Einsetzungsworte fehlen. Rom hat anerkannt, dass dies eine authentische christliche Liturgie ist.[50]

Hier bestehen also zwei völlig unterschiedliche Praktiken und theologische Schwerpunktsetzungen nebeneinander, die man nicht in eins auflösen kann. Ließe sich das Beispiel nicht konsequenterweise auf weitere Bereiche anwenden, wo uns im Moment ein Dissens unauflösbar erscheint?

Eine Einheit der Kirche erfahren wir faktisch nicht zuerst in Lehre und Disziplin. Da machen wir uns seit Jahrhunderten etwas vor. Einheit erfahren wir im Gebet, besonders in der schweigenden Betrachtung. Kirchliche Einheit kann man nicht fordern, aber man kann sie konkret erfahren. Das gilt sowohl für die innerkirchlichen Konflikte als auch über die Grenzen der Konfessionen hinweg. So hat die Gemeinschaft von Taizé seit Jahrzehnten vielen Menschen diese Erfahrung ermöglicht und vieles erreicht. Dieser Weg scheint mir alternativlos auch hier vor Ort. Glauben wir an diese Kraft des Geistes und dass sie sich einend auswirken wird trotz allem Dissens?

Wiederbelebung

Pilgernd unterwegs: flexibel und optimistisch

Eine besonders intensive Erfahrung dieser positiven Gemeinschaft, die Kirche sein kann, mache ich Jahr für Jahr im Herbst, wenn wir mit einer Gruppe von etwa sechzig Leuten von Hürth bei Köln aufbrechen und für sechs Tage zu Fuß auf dem Weg durch die Eifel nach Trier zum Grab des Apostels Matthias wandern. Die Gruppe ist bunt zusammengewürfelt, sowohl hinsichtlich ihres Alters und der Berufe, aber auch hinsichtlich ihrer kirchlichen Verbundenheit oder Nichtverbundenheit das Jahr über. Durch das gemeinsame Unterwegssein wächst eine Weggefährtenschaft über alle Unterschiede hinweg. Wir erfahren geteiltes Leben und sind zurückgeworfen auf das Einfachste, indem wir gemeinsam in Turnhallen oder Pfarrsälen auf dem Boden schlafen und häufig nur kaltes Wasser zur Verfügung haben. Und der dabei in Gottesdiensten, Meditationen und Glaubensgesprächen geteilte Glaube ist durch die gemeinsame Erfahrung getragen und geöffnet.

Auf der Wallfahrt nach Trier geschieht für uns katholische Kirche in Reinform. Kirche ist von ihrem Wesen her ein pilgerndes Gottesvolk. Sie kann als solches nie zu einer vollkommenen Ordnung finden oder eine allen Ansprüchen genügende Idealkirche sein. Auf einer Wallfahrt muss jeder versuchen, den anderen mitzunehmen und das Wesentliche zu teilen.

Wir bleiben unterwegs und erreichen unser Ziel erst am Ende des Lebens. – Um diesen Gedanken als etwas Befreiendes einzuüben und so die von Israel während der Wüstenwanderung gemachten Grunderfahrungen lebendig zu halten, hat sich im Christentum schon früh das Pilgern herausgebildet, und es erfreut sich hierzulande wachsender Beliebtheit. Das empfinde ich als ein sehr ermutigendes Zeichen. Die echte

Erfahrung von Kirche wird gesucht. Dabei sind die konkreten Ziele zwar wichtig, aber das Eigentliche geschieht beim Unterwegssein: Man ist zurückgeworfen auf sich selbst, seine Möglichkeiten und seine elementarsten Bedürfnisse. In der Natur, den Unbilden des Wetters ausgesetzt, freut man sich auf jede Mahlzeit und noch mehr über jedes aufmunternde Wort unterwegs. Man erfährt, wie wenig man wirklich braucht. Die biblische Kulturkritik bewahrheitet sich.

Ist man in Gemeinschaft unterwegs, entsteht etwas Verbindendes, das man im Alltag nicht für möglich halten würde. Das ist an sich schon ein geistliches Ereignis. In der Zeit des Pilgerns erfahren wir unsere wirkliche Identität vor Gott. Das Leben ist Pilgerschaft. Auch die Kirche ist nur provisorisch. Das Wort Gottes ist dann stets ein Ruf zum Aufbruch – in unser Innerstes und genauso nach außen zum anderen Menschen, wo wir es wagen, über uns hinauszugehen in das Unbekannte hinein, im Vertrauen oder vielleicht nur der vagen Hoffnung, dass Gott uns entgegenkommt und darin unser Lebensziel bereits anwesend ist.

Ich spende allen, die mit nach Trier gehen, beim Aufbruch einen persönlichen Pilgersegen. Ein Pilgerbruder bat mich kurz vor seinem Tod, ihm diesen Segen für seinen letzten Aufbruch zu spenden. Selten habe ich so intensiv gespürt, was christliche Weggefährtenschaft auf unser gemeinsames Ziel hin bedeuten kann.

Das mittelalterliche Pilgerwesen war kirchenbildend. Schauen wir nur auf das, was sich entlang der Jakobswege an christlicher Kultur herausgebildet hat. Heute dürfen wir versuchen, aus den Trümmern einer angstzerstörten Kirche als Pilgernde auf den Straßen des Lebens Herbergen zu bauen und Wege auszukundschaften.

Zwei Grundhaltungen, die Pilgernde brauchen, sind Flexibilität und Optimismus. Wandernd geben sie einander Anteil an ihrem Leben und spüren eine Sendung für die anderen. Sendung heißt auf Lateinisch: Mission. In diesem Sinne ist eine Kirche missionarisch für die anderen.

Wo ist bei uns heute der Optimismus eines Apostels Paulus, der staunen konnte, wie Gottes Geist unerwartet am Werk ist? Wir wären hier und heute nicht Christen, wenn die frühe Kirche nicht die Heidenmission gewagt und bis dahin Überliefertes für zweitrangig erklärt hätte.

Wir befinden uns hier und heute genauso in einer missionarischen Situation, in der es keine feste und alles regelnde Struktur geben kann. Denken wir an die große Flexibilität der iroschottischen und angelsächsischen Mission bei uns in ihrer Kooperation mit der fränkischen Kirche im 7. und 8. Jahrhundert. In Grevenbroich-Neuenhausen hat der heilige Willibrord dabei bleibende Spuren hinterlassen, indem er ein heidnisches Quellheiligtum zu einer christlichen Quelle umdeutete.

Wir sind Missionsland geworden. Für viele hat diese Feststellung etwas Ernüchterndes oder gar Beunruhigendes, so als hätte sich unbemerkt ein Negativzustand eingestellt, nachdem doch in der Vergangenheit anscheinend alles gut gewesen sein muss. Oberflächlich verstanden suggeriert der Begriff „Neuevangelisierung", dass es einen Zustand des Evangelisiert-Seins gegeben habe, der im Laufe der jüngeren Vergangenheit weggebrochen sei. Angesichts der Geschichte Europas wissen wir, dass dies nicht nachhaltig gewesen sein kann, sonst hätte es nicht so viele Kriege gegeben. Können wir hier überhaupt von einem Zustand sprechen, oder ist das Evangelium nicht von seinem Wesen her etwas, das immer wieder neu vernommen werden muss? Es geht mir nicht darum, eine Situation schönzureden. Ich spüre die Trauer über das, was an Leben in unseren Gemeinden verloren gegangen ist. Aber Tod und Auferstehung sind die bleibende Grunddynamik des christlichen Weges. Deshalb darf ich ein Sterben akzeptieren.

Wir befinden uns in einer extremen missionarischen Situation, die von uns alle mögliche Flexibilität abverlangt und keine starren Strukturen mehr erträgt. Warum wird weiter Wesentliches unserer Botschaft durch Randthemen verstellt, an denen sich aus verschiedenen Richtungen festgebissen wird? Verträgt sich der Versuch, das Volk Gottes zu disziplinieren, mit einer missionarischen Haltung? Weite Bereiche des Kirchenrechts lassen sich auf das Leben nicht anwenden. Das Judentum hingegen hat eine Flexibilität und Kreativität im Hinblick auf die Auslegung der Gesetze der Torah entwickelt, von der wir als Christen viel lernen können.

Während in der Kirchenleitung, ob in Rom, in den Bistümern, vieles erstarrt ist, erwartet man von uns als Seelsorgerinnen und Seelsorgern an der Basis eine nie gekannte, fast übermenschliche Flexibilität. Vor fünf Jahren wurde ich mit einem Schlag zum Pfarrer für 21 selbstständige Pfarreien ernannt, in denen es vorher vier leitende Pfarrer und vor gar nicht allzu langer Zeit in jeder noch einen eigenen Pfarrer gab. Ich habe so viele Vorgänger, dass ich ihr Wirken und ihre Lebensleistung kaum würdigen kann. Das ist sehr schade. Oftmals bin ich Nachlassverwalter angesammelter Enttäuschungen.

Was können Gemeinden und Seelsorger angesichts überzogener Erwartungshaltungen mancher Außenstehender noch leisten? – Immer wieder gerate ich in innergemeindliche Konflikte, deren Hintergründe ich nicht kenne, deren Lösung aber von mir erwartet wird. Wenn ich die Konflikte wahrnehme, sind sie oft schon eskaliert. Und man wundert sich, dass der Pastor nicht mehr allwissend ist.

Zugleich gilt: Als Seelsorgeteam sind wir immerhin 19 Personen aus unterschiedlichen Berufsgruppen. Wir machen die Erfahrung, dass Seelsorge im Team statt Pfarrerzentrierung zum persönlichen Glauben befreien kann. Geschlossene Gemeinden können aufbrechen. Geselligkeit ist nicht mehr das, was Menschen bei uns suchen. Eine Gemeinde mit einem Pfarrer für sich bedeutete auch eine gewisse Enge. Wer heute mit einem Prediger nicht zurechtkommt, profitiert vom Wechsel der Zelebranten. Dass manches nicht mehr geht, ist nicht nur problematisch, sondern kann auch eine Befreiung sein. Als Pfarrer habe ich vier hauptamtliche Verwaltungsleiter zur Seite. Ich bin nicht mehr der Chef, der den Laden im Griff hat, der überall eingreifen kann und nach dessen Vorstellungen alles läuft. Delegieren heißt Vertrauen – auch in 21 Kirchenvorstände und ebenso viele Ortsausschüsse. Allerdings wird durch immer neue Verwaltungsvorgaben – gerade auch von staatlicher Seite – die Arbeit für die wenigen Haupt- und die vielen Ehrenamtler immer schwieriger. Wofür Kommunen Ämter haben, das erledigen bei uns Engagierte in ihrer Freizeit!

Man wird bescheiden in diesen großen Räumen und lernt zu sehen, wie sich die Dimension des Glaubens auch mit den kleinen Dingen des Alltags verbindet. So gelingt es uns auch unter diesen schwierigen pastoralen Strukturen einigermaßen, bei den Menschen zu sein, auch wenn wir dafür oft viele Kilometer unterwegs sind. Ich habe jedenfalls nicht das Gefühl, dass ich von den Leuten distanziert bin.

Dennoch, was uns unsere Bistumsleitung als Seelsorger vor Ort und als Gemeinden mit dieser Großstruktur zumutet, ist mehr als grenzwertig. Wenn sich dieses Modell durchsetzt, wird es nicht nur bei den Pfarrern zu noch mehr Resignation führen. Schon allein gelingende Kommunikation ist in diesem großen Rahmen für viele eine Überforderung. Ohne irgendwelche Vorbereitungen wird aus einem kleinen Familienbetrieb ein Großunternehmen geformt.

Wir brauchen aber weiterhin Seelsorge, die unmittelbar vor Ort wirkt. Es gibt keinen Grund, dieses über Jahrhunderte bewährte Modell fahrlässig aufzugeben. In einer Welt, die immer anonymer wird, suchen Menschen umso mehr die kurzen Wege menschlicher Nähe. Längst zeichnen sich da auch bewusst gesetzte Trendwenden ab. Man bevorzugt regional produzierte Lebensmittel. „Heimat" ist längst wieder ein positiv besetzter Begriff. Da dürfen wir als Kirche nicht abermals hinterherhinken.

Und vergessen wir nicht: Der einzige Grund, warum es zu diesen großen Gebilden kommt, ist die Zahl der Priester, sprich das Festhalten an der Zölibatspflicht um jeden Preis. Das blockiert die dem Evangelium eigene Flexibilität und verbreitet eine pessimistische Grundstimmung. Soll diese Entwicklung endlos weitergehen? Haben wir irgendwann nur noch eine Pfarrei pro Bistum?

Mit Herz und Verstand – Unterscheidung der Geister

„Doch wie harrst du aus o Leben, nicht lebend wo du lebst?"
Johannes vom Kreuz, Geistlicher Gesang 8

Durch die Jahrhunderte hindurch hat Kirche sich immer wieder selbst daran gehindert, ihr volles Potenzial zu entfalten. Diese Tragik begleitet ihre ganze Geschichte. Es gab und gibt Vereinseitigungen in der Verkündigung. Trat Moral allzu lange vor Spiritualität? Es war illusorisch, einen moralischen Idealzustand als den Normalfall zu fordern. Die Wirklichkeit des Reiches Gottes ist immer prozesshaft, also im Werden. Sakramente wie die Eucharistie sind keine Belohnung, sondern wollen Prozess der Vergöttlichung voranbringen, indem sie dem Leben in seiner Alltäglichkeit den Glanz göttlicher Schönheit verleihen. Eine Ehe ist kein Idealzustand, der im Moment der Hochzeit erreicht wird. Ein Priester ringt auch nach seiner Weihe. Manchem verdrängten Frust über das nicht gelebte eigene Leben entspringt ein tödliches Gift. Leben ist immer Leben mit Widersprüchen und wird es bleiben. In einer destruktiven Situation müssen wir uns stärker als je zuvor fragen, was der aufbauende Teil unserer frohen Botschaft ist, von dem Paulus spricht: *„Mit Nahrung und mit Freude erfüllte Gott euer Herz.“* (Apostelgeschichte 14,17).

So war auch die Definition einer sogenannten Sonntagspflicht langfristig für die christliche Spiritualität gefährdend. Gottesdienst als Pflichtübung ist absurd und hat vielen die Freude daran verdorben. Freilich stellt sich die Frage, wie ich auf Durststrecken dabeibleiben kann, ohne vorschnell aufzugeben, was auf dem Glaubensweg heute schnell der Fall ist. Aber eine Beziehung kann ich nicht allein aus Pflicht leben. Sie bliebe lieblos und tot. Mit der Betonung von Pflichten erreichen wir nichts mehr.

Warum wird Kirche fast nur noch mit ihrer Vergangenheit und Geschichte identifiziert? Selbst viele Gemeindemitglieder tun dies, indem sie gerne von besseren Zeiten erzählen. Das Geheimnis Jesu Christi ist jedoch so reich, dass keine äußere Form der Kirche es fassen kann. Es geht nicht darum, eine einmal gefundene Form zu bewahren, weil Christus nicht in der Vergangenheit ruht. Der Weg des Christentums ist kein Blick zurück in eine vermeintlich ideale urchristliche Zeit, sondern der Auferstandene geht uns voraus in eine Zukunft, die er uns und der ganzen Welt erschließen will. Die Frage ist, wohin er uns in der heutigen Situation drängt.

Tradition bedeutet also auch ein Empfangen aus der Zukunft, in die der Herr uns lockt. Er geht uns voraus. Insofern fallen in der Kirche eine konservative und eine progressive Haltung in eins. Christus ist unser Zeitgenosse, aber er ist schon weiter als wir.

Jesus Christus kommt uns aus der Zukunft entgegen und ist keine Person der Vergangenheit. Deshalb brauchen wir uns nicht die Frage stellen: „Was würde Jesus heute tun? Wie würde er in dieser Situation handeln?" Statt des Konjunktivs können wir ruhig den Indikativ verwenden: Was sagt er uns heute? Wo ist er anwesend und am Werk? Durch Gebet und Betrachtung ist es möglich, sich in eine Gleichzeitigkeit mit Jesus zu begeben und sich ihm in der Gegenwart anzunähern. Hierbei geht es nicht um eine Beanspruchung Jesus, als ob ich genau definieren könnte, was er heute sagt, sondern darum, sich von ihm herausfordern zu lassen.

Wenn wir die Menschwerdung des göttlichen Wortes in einer historischen Person ernst nehmen, konnte Jesus in seinen historisch überlieferten Worten kaum konkrete Antworten auf heutige Fragen geben. Darum geht es auch nicht. Es gilt, seine göttliche Lebendigkeit zu begreifen, die in den Worten geborgen ist, sich ihr auszusetzen und so zu erfahren, wie sich ein konkreter Weg öffnet.

Man kann historische Aussagen Jesu nicht in Anspruch nehmen, um beispielsweise homosexuelle Paare zu segnen oder dies zu verweigern. Das Gleiche gilt für die Priesterweihe von Frauen. Zu beiden Themen hat Jesus explizit nichts gesagt, und manche theologische Argumentation gegen sie wurde nachträglich konstruiert und findet keine Verbindung zur bleibenden christlichen Ursprungserfahrung. Gott hat uns Herz und Verstand gegeben, in seinem Geist zu entscheiden, indem wir prüfen, aus welchem Geist etwas kommt und zu was wir heute gerufen sind. Unsere Angst ist es, die uns hemmt.

Das von Ignatius von Loyola herausgearbeitete Instrument der Unterscheidung der Geister lässt sich auch auf den kirchlich vielgescholtenen Zeitgeist beziehen: Geht es bei den Reformthemen nur um Zugeständnisse an einen vorübergehenden Zeitgeist? Ist es nur „Zeitgeist", dass Frauen gleichberechtigt sind? Sollte sich das wieder ändern dürfen? Hier geht es um Anliegen, die die menschliche Entwicklung betreffen. Mit christlicher Intelligenz können wir unterscheiden. Zeitgeist ist nicht per se relativ, sondern eine positive Herausforderung. Christen ist zugetraut, dass sie ein Segen sind für andere. Was bedeutet das? Segen heißt, in der Schöpfungsdynamik zu stehen, die von Gott ausgeht. Kriterium hierfür ist, ob etwas Leben und Liebe weckt und lebendig macht. Nur das macht dauerhaft Sinn und gelingt.

Bescheiden statt gnadenlos

Wir werden als Kirche zu Recht mit unseren eigenen moralischen Maßstäben gemessen. In einem Gremium unseres Bistums sprach letztes Jahr jemand davon, dass jetzt eine gnadenlose Gesellschaft auf der Kirche herumhacke. Geschieht das nicht deshalb, weil wir selbst als gnadenlos wahrgenommen werden, etwa im Umgang mit wiederverheirateten Geschiedenen? Was ist das für ein unwürdiger Eiertanz um den Kommunionempfang? Die Kommunion, die aus der Sehnsucht Gottes entstand, an unserem Leben teilzunehmen, wird herabgewürdigt zu etwas, dessen man würdig oder unwürdig sei.

Wider besseres Wissen wird eine theologische Lösung vermieden, obwohl die Ostkirche sie in altchristlicher Tradition kennt: das sogenannte Prinzip der *Oikonomia*. Darin steckt unser Wort Ökonomie: Es geht um das gute Wirtschaften Gottes mit seinen unterschiedlichen Mitteln zum Wohle des Menschen. Aus diesem Grund kann Gott sich über seine eigenen Gesetze zum Heil des Menschen hinwegsetzen: Die Ostkirche glaubt an die Unauflöslichkeit der Ehe und erlaubt zugleich unter Betrachtung des Einzelfalls eine zweimalige Wiederheirat. Auch hier gilt das, was Cusanus als Ineinsfall der Gegensätze in Gott beschrieben hat. Verantwortliche in der römisch-katholischen Kirche ignorieren dieses altkirchliche Prinzip mit beeindruckender Konsequenz.

Ähnlich unbarmherzig war bislang das Arbeitsrecht der katholischen Kirche in Deutschland. Wer geschieden und wiederverheiratet oder offen in einer queeren Beziehung lebt, lief Gefahr, seinen Job zu verlieren. Wir haben uns hier vor Ort schon länger geweigert, dieses Arbeitsrecht bei unseren Mitarbeitenden anzuwenden. Unser Nachbar, der Erzbischof von Luxemburg, erklärte kürzlich, dass in seiner Kirche ein solches Arbeitsrecht undenkbar sei. Keinem wird dort deshalb gekündigt. Immerhin kommt jetzt im Rahmen des Synodalen Weges bei den deutschen Bischöfen etwas in Bewegung.

Als ich während jener Sitzung auf die Bemerkung über eine der Kirche gegenüber gnadenlosen Gesellschaft mit dem Verweis auf den gnadenlosen Umgang der Kirche mit wiederverheirateten Geschiedenen konterte, wurde mir mit einer ausführlichen theologischen Belehrung geantwortet: Ein Missbrauchstäter, der gebeichtet hat, befinde sich nicht mehr im Zustand der Sünde, ein wiederverheiratetes Paar hingegen permanent. Wer will das noch nachvollziehen?

Viele Katholiken hatten das Gefühl, durch Forderungen vor allem im Bereich der Sexualmoral kleingehalten zu werden. Dass es diese Fokussierung auf die Sexualmoral in der kirchlichen Verkündigung immer wieder gab, lässt sich nicht von der Hand weisen. Das Fatale daran ist, dass das Christentum zu einer Normierung des Lebens degradiert wurde, zu einer Theorie, und nur noch eingeschränkt als lebendige Erfahrung weitergegeben werden konnte. Haben wir Ideale aufgebaut, an denen wir zerbrechen werden, weil wir sie als Normen missverstanden haben?

Hinzu kommt, dass manche moralischen Forderungen gerade von denen nicht erfüllt werden, die sie nach außen hochhalten. Insbesondere die Homophobie wird von Klerikern befeuert, die intern ihre homosexuellen Neigungen ausleben, das aber nach außen verteufeln und viele Kollegen in Gewissensnöte und Angst vor Denunziation stürzen. Man schaue sich nur manchen klerikalen Karneval mit spitzenüberladenen Alben und überhöhten Mitren an, der als Liturgie verkauft wird.[51]

Müssen wir jetzt nicht mit einer weitaus größeren Demut und Bescheidenheit auftreten, die es nicht mehr wagt, Menschen moralische Vorschriften zu machen, die auch in Kirchenleitung und Klerus nicht eingehalten werden können? Haben wir durch unser Verhalten die gesamte Sexualmoral selbst ad absurdum geführt und positive Autorität verspielt? Ist da ein System konstruiert worden, innerhalb dessen kaum jemand je leben konnte und leben kann? Manche Tugend war und ist heiliger Schein. Das Christentum ist kein System aus Vorschriften und Regeln, sondern will eine Kraftquelle erschließen, aus der heraus der Mensch verantwortlich und innerlich frei handeln kann. Dann kann er aufblühen.

Immer wieder stoßen wir auf das gleiche Problem, dass ein Ziel für einen Weg gehalten wird. Damit läuft es Gefahr, unerreichbar zu werden. In diesem Licht wurde auch die Bergpredigt zu einer Überforderung statt zu einer Befreiung. Eine Lösung kann nur darin bestehen, dass wir unsere moralische Anspruchshaltung überwinden und konsequent aus dem Geist der Zuwendung leben. Das bedeutet nicht, dass es keinen Anspruch mehr auf Wahrheit geben kann. Wahrheit hat aber nicht nur eine theoretische Dimension („so ist es richtig und so nicht"), sondern auch eine praktische: Die praktische Dimension ist die Liebe. Sie kann man nicht erzwingen, aber wecken. Am intensivsten gelingt das im betrachtenden Gebet. Darin spürt man, was verbindet, und in dieser Gegenwart prägt uns die göttliche Wahrheit jenseits allen Diskurses. Wollen wir da hinein investieren?

Kaum etwas erlebe ich vor Ort als so blockierend wie das Image, eine reiche Kirche zu sein, die um jeden Preis darauf bedacht sei, ihren Besitzstand zu wahren und in diesen weiter zu investieren. Ich habe mich mit diesen Dingen nie genauer beschäftigt, aber allein schon diese permanente Mutmaßung erlebe ich als immens lähmend und blockierend. Der Verdacht des Reichtums weckt eine Anspruchshaltung: Kirche müsse doch mit Geld nur so um sich werfen. Jemand aus unseren Gemeinden nimmt es so wahr:

> *„Mittlerweile überschatten so viele Meinungen den guten Einsatz vieler Aktiven. Das ist so schade! Keiner spricht davon, dass man Menschen in schwierigen Lebenssituationen hilft. Wenn der oder die Einzelne aber den Willen nicht durchsetzen kann, wird gleich über die Kirche geschimpft. Die Kirche wird oft als Dienstleister gesehen. Ich zahle Kirchensteuer und dafür erwarte ich etwas."*

Sicher wäre vieles nicht mehr machbar, wenn wir finanziell schwächer aufgestellt wären. Trotzdem habe ich keine Angst vor einer solchen Entwicklung. Das würde uns befreien. Eine ärmere Kirche muss keine armselige Kirche sein. Die Luxemburger Kirche hat die Trennung von Kirche und Staat, die von 2015–2018 durchgeführt wurde, ganz gut überstanden.

Oft erlebe ich vor Ort Diskussionen um Budgets. Wem steht wie viel zu. Es ist absehbar, dass sich dies in Zeiten knapperer Kassen zu einem hohen Konfliktpotenzial entwickeln wird. Wir könnten schon jetzt lernen, auf finanzielle Mittel in der Seelsorge und im Gemeindeleben freiwillig zu verzichten, um so unser Improvisationstalent zu schulen, aus wenig viel zu machen.

Bescheidenheit öffnet in jeder Hinsicht für die unerwarteten Möglichkeiten Gottes. Pedro Arrupe, Generaloberer der Jesuiten von 1965–83, erkannte mit prophetischem Weitblick hinsichtlich aller wegbrechenden materiellen wie immateriellen Absicherungsstrategien der Kirche: „Der Herr war uns noch nie so nahe, weil wir noch nie so ungesichert waren."[52]

Diese Bescheidenheit steht auch geistlich an und ist von der materiellen Seite nicht zu trennen: Nicht wir als Kirche sind es, die Gott zu den Menschen bringen, sondern er ruft uns heraus und will gefunden werden. Die Engel am Ostermorgen im leeren Grab sagen uns, dass uns der Auferstandene vorausgeht nach Galiläa (Markus 16,7). Galiläa bedeutet: der Alltag, die Straßen und Orte des Lebens, die unbeachteten Ränder, das was uns fremd ist. Das wird zum Heiligen Boden der Gottesbegegnung, wo wir nur staunend und voll Ehrfurcht die Schuhe unserer Vorurteile und Vorverurteilungen ausziehen können.[53]

Die Kirche hatte nie ein Monopol auf Gott und Jesus Christus. Der Kontakt der Kirche zu Gott ist durch den Missbrauchsskandal, Ängste und klerikales Gehabe verloren gegangen. Nur durch die Großzügigkeit eines wachen und spürenden Herzens entdeckt man Gott wieder. Ein für allemal vorbei sind die Zeiten, in denen Kirche in anmaßender Arroganz anderen das Christsein absprechen konnte, weil sie es anders lebten als wir. Die Armut vor Gott ist die Wurzel der Freiheit von jeder Entfremdung.[54]

Eine Kirche, nach der wir uns sehnen

Kirche geht anders. Sie hat alles Potenzial dazu. Der rumänisch-orthodoxe Mönch und Literaturwissenschaftler Nicolae Steinhardt fasst das Wesen des Christentums mit zwei Begriffen zusammen: Liebe und Freiheit. Ohne sie kann es keinen Glauben geben.[55] Mit wie viel überflüssigem Ballast ist dieser einfache Kern verstellt?

„Wo die Güte und die Liebe wohnt, dort nur wohnt der Herr" – Wie sehr geht dieser Gesang am Gründonnerstag unter die Haut! Dem ist nichts hinzuzufügen. Es geht um eine Haltung, die wir lernen können. Noch mehr gilt es, sie zu verinnerlichen. Jede Form kirchlicher Leitung muss sich daran messen.

Doch: Bischöfe haben in dieser Zeit der Skandale ihre generelle Vorbildfunktion verloren. Wir müssen von der Überhöhung des Bischofsamtes und den daraus resultierenden selbstgemachten Überforderungen wegkommen. Denn kann es sein, dass das Bischofsamt in den letzten drei Jahrhunderten – und auch noch durch das zweite Vatikanische Konzil – mit Kompetenzen und Erwartungen überladen wurde, die in dieser Komplexität von keinem Menschen mehr ausgefüllt werden können? Dazu kommt die permanente mediale Präsenz.

Ein moralisch notwendiger Rücktritt von Bischöfen, wie er im Zusammenhang mit dem Missbrauchsskandal immer wieder gefordert wird, wäre noch keine Lösung des eigentlichen Problems, weil das Amt in seiner jetzigen Form eine irreale menschliche Überforderung darstellt, an der man hinsichtlich der Erwartungen aus verschiedenen Richtungen nur scheitern kann. Das gilt es seitens der Amtsträger einzugestehen. Die Geschichte zeigt, dass Lasten geteilt werden können! Das muss ich auch als Pfarrer lernen.

Dass ein Bischof zurücktritt, wäre aber als solches kein Drama. In der Ostkirche kam und kommt es immer wieder vor, dass Bischöfe lange vor dem Ruhestand als einfache Mönche in ein Kloster zurückkehren oder gar Einsiedler werden. Manche Patriarchen von Konstantinopel hatten zwei oder drei Amtszeiten, nachdem sie zwischendurch zurücktreten mussten. Es geht nicht darum, das Bischofsamt wegzurelativieren oder gar abzuschaffen. Es ist in der Kirche von Anfang an verwurzelt. Es gibt ein positives Ideal, das es zu fokussieren und zu beleben gilt, ja es herrscht geradezu eine Sehnsucht nach einem „guten Bischof". – Daran ist nichts verkehrt. Das ist menschlich.

Warum beispielsweise wirkt die Person eines Bischofs Martin bis heute so nachhaltig? Allein drei unserer Kirchen hier in Grevenbroich und Rommerskirchen tragen seinen Namen. Das Martinsbrauchtum lebt ungebrochen, weil der Bischof, um den es geht, einfach und klar war. Das wirkt noch nach 1650 Jahren.

Ein Nachnamensvetter des heiligen Martin war der katholische Bischof von Siebenbürgen Áron Márton (1896–1980). In vollen Kirchen predigte er leidenschaftlich während des Zweiten Weltkriegs gegen die Deportationen der Juden und intervenierte bei den Regierungsstellen. Im kommunistischen Rumänien war er 6 Jahre in Kerkerhaft und stand danach noch einmal zehn Jahre unter Hausarrest. Er schreibt nach dieser Zeit: *„Gott in seiner Güte hat mich im Gefängnis in die Schule seiner Liebe geführt, damit er mich dort lehrte, wirklich alle Menschen zu lieben."* [56]

Márton bringt es auf den Punkt: Wie können widrige Umstände, die wir durchleben und die uns äußerlich einschränken, für uns zu einer Schule der Liebe werden? Wie können wir uns trotz aller äußeren Ernüchterung innerlich berühren lassen?

Márton repräsentiert den anderen Typ eines Bischofs, wie ihn sich die meisten wünschen. Jemand, der sich von dem, was um ihn herum passiert, nicht hin- und herwerfen oder in eine defensive Rolle drängen lässt, sondern aktiv das bezeugt, was wir „Neues Leben" nennen, befreit von Geltungsanspruch und Selbstdarstellung. Seine Kathedrale befindet sich in Alba Julia, einer Stadt, in der kaum Katholiken leben, sodass er stets ein aufsuchender Bischof sein musste, der unterwegs war in den katholischen Dörfern und Kleinstädten des selbstbewussten Szeklerlandes oder bei den – durchaus starken – Minderheitsgemeinden in den Städten.

Beeindruckend sind die Fotos, die es von seinem Wirken gibt: Bei seiner Bischofsweihe in der Michaelskirche von Klausenburg (Cluj), der größten Pfarrkirche des Bistums, stehen zwischen den Prälaten um ihn herum gestandene Männer in Anzügen und Wintermänteln: Die katholische Kirche in Siebenbürgen kennt seit Jahrhunderten eine starke Mitbestimmung und Mitverantwortung der sogenannten Laien, den *Status Katolikus*, die es dem Bischof ermöglicht, sich auf seine geistlichen Aufgaben zu konzentrieren.

Persönlichkeiten wie Áron Márton und viele andere zeigen, dass es beim Weiheamt nicht um eine Privilegierung oder einen Stand geht, sondern um einen notwendigen Dienst in der Kirche. „Dienst" entspricht dem Wesen und Selbstverständnis Jesu, der von sich sagt, dass er unter uns sei als einer, der dient (Lukas 22,27).

Das Ringen um die Authentizität und ursprüngliche Frische des Glaubens und die echte Seelsorge am Menschen bedingen einander. Ein guter Theologe ist ein guter Seelsorger und umgekehrt. Hilarius von Poitiers, bischöflicher Lehrer des heiligen Martin, mischte sich in die großen theologischen Auseinandersetzungen des 4. Jahrhunderts ein, weil er erkannte, dass eine Vereinseitigung christlicher Überlieferung immer auf Kosten der Menschlichkeit geht. Hirt und Herde hatten Gespür füreinander.

Kein unten und oben

In der Wahrnehmung vieler bedeutet „katholisch" eine top-down durchorganisierte hierarchische Struktur. Dies gehört jedoch nicht zur kirchlichen Tradition, sondern ist in vielerlei Hinsicht erst durch unsere heutigen Kommunikationswege möglich geworden. Die Wege nach Rom, aber auch in die nächste Bischofsstadt waren weit. Kaum jemand hatte im Laufe seines Lebens – außer bei der Firmung – die Möglichkeit, einen Bischof zu sehen, geschweige denn den Papst. Der neuzeitliche Zentralismus war im Mittelalter kommunikativ unmöglich. Heute hat man als Pfarrer vor Ort gegen die mediale Präsenz hoher Würdenträger kaum eine Chance mehr. Viele Gemeindemitglieder bekommen über die verschiedenen Medien da mehr mit als man selbst.

Das kirchliche Leben vor Ort organisierte sich vor 1800 weitgehend selbst. Der Versuch, die Seelsorge eines Bistums von oben her top-down zu organisieren, ist ein Phänomen der letzten hundert bis hundertfünfzig Jahre. Davor wurde es immer dezentral geregelt: Die Pfarrer im Erzbistum Köln wurden von den Klöstern oder Stiften, d. h. auch von Äbtissinnen eingesetzt. Die Erzbischöfe betrachteten das jahrhundertelang überhaupt nicht als ihre Zuständigkeit.

Als Seelsorgeteam für unsere Pfarreiengemeinschaft sind wir heute durch die Personalabteilung und den Bischof eingesetzt. Vor 1802 waren dafür 21 verschiedene Kölner Klöster und Stifte sowie weltliche Herrschaften zuständig. Nicht einmal die Gründung der Gemeinden war vom Bistum angestoßen worden: Um das Jahr 600 entschloss sich ein fränkischer Sippen- oder Dorfoberer namens Romar, den christlichen Glauben im Bereich seiner Zuständigkeit zu vertiefen und gründete dazu – wohl unter Anleitung seiner Tochter – eine Kirche. Diese wurde so bedeutsam, dass im Laufe der Zeit der ganze Ort nach dieser Kirche des Romar benannt wurde: Rommerskirchen.

Im gesamten rheinischen Raum und im westlich anschließenden Belgien wurde das Christentum außerhalb der Römerstädte im 6./7. Jahrhundert durch ein Netzwerk hochengagierter Frauen und Männer eingewurzelt, die teils der fränkischen Oberschicht entstammten, teils aus Italien oder von den britischen Inseln zugewandert waren. Sie wirkten dezentral und mit beeindruckender Flexibilität als Gemeinde-, Kloster- und Kirchengründer. Die Bischöfe in Köln, Trier oder Lüttich begleiteten das lediglich. Zu diesem Netzwerk zählen die Heiligen Gertrud von Nivelles, Irmina von Trier, Willibrord, Remaklus, Suitbertus, Plektrudis, Begga, Foillan, Amandus und viele andere mehr.

Ich plädiere nicht dafür, dass Gemeinden heute alles unter sich regeln sollen, dass sie z. B. ihre Pfarrer selbst wählen oder diese sogar aus ihren Reihen kommen. Als Seelsorger steht man in einem gewissen Gegenüber zur Gemeinde und hat Sorge zu tragen, dass keine geschlossene Gesellschaft entsteht, sondern das Ganze offen bleibt für Leute, die neu hinzukommen. Paulus schildert dieses notwendige Gegenüber in seinen Briefen sehr anschaulich. Diese Geschlossenheit, die von Außenstehenden immer wieder wahrgenommen wird, entspringt keiner Absicht oder gar bösem Willen. Es ist eine Dynamik, die da entstehen kann, wo Menschen sich für eine gemeinsame Sache engagieren. Es kann ein Freundeskreis wachsen, der unbemerkt zu einem geschlossenen Kreis wird. Wir müssen um diese Dynamik wissen. „Die Gemeinde" als solche ist sozial betrachtet eine Fiktion.

In ungleich stärkerem Maße jedoch präsentiert sich der heutige kirchliche Verwaltungsapparat nach außen als eine geschlossene Gesellschaft. Allzu oft fühlen sich Gemeinden von oben herab behandelt. Geht es um eine gemeinsame Sache? Stehen Leitung und Verwaltung einer Diözese nicht in erster Linie im Dienste der Gemeinden? Warum ist der Eindruck oft ein anderer? Ich glaube nicht, dass das beabsichtigt ist, sondern in der Eigendynamik des Systems liegt.

In den vergangenen Jahren wurde bei uns viel „pastorale Beschäftigungstherapie" organisiert. Dieser Ausdruck stammt nicht von mir, sondern aus einem unserer Pfarrgemeinderäte. Dazu zählt die Aufforderung, Pastoralkonzepte zu erstellen, die dann von der kirchlichen Behörde zu genehmigen waren. In ihnen sollten die konkreten Handlungsfelder einer Gemeinde entwickelt werden. Ganze Wochenenden ehrenamtlicher Arbeit wurden investiert. Danach sind die seitenlangen Abhandlungen im Nichts verpufft. Die Richtung stimme nicht: Die Theorie ließ sich auf die Praxis nicht anwenden. Auch hier geschah das nicht aus böser Absicht. Es ist eine Betriebsblindheit.

Das Reich Gottes ist keine Sache, die systematisch aufgebaut werden kann. Es will vor Ort gefunden werden, weil es schon da ist. Und es ist permanent in Bewegung: Es ist ein Wahn, dauerhafte pastorale Strukturen schaffen zu wollen, weil es der Dynamik des Lebens zuwiderläuft. Das spüren unsere Leute vor Ort intuitiv.

Theodor W. Adorno und Max Horkheimer haben für die modernen Gesellschaften eine „nivellierende Herrschaft des Abstrakten" diagnostiziert, die die Bedürfnisse der Individuen der Statistik unterwerfe und einen Argwohn gegen diejenigen hege, die sie „an die Unüberwindbarkeit des Nichtidentischen" erinnern.[57] Diese Analyse gilt auch für kirchliche Verwaltung. Die Wirklichkeit der Gemeinden und des christlichen Lebens lässt sich nicht regulieren, planen oder in verbindliche Ordnungen fassen. Das wird immer scheitern. Die Gemeinden sind der angeordneten Strukturreformen satt.

Nach einer Informationsveranstaltung, bei der man uns die neuen Überlegungen des Bistums – sicher mit gutem Willen – vorstellte, kommentierte ein Gemeindemitglied:

„Was verlangen die ‚Herren da oben‘ von uns? Sollen wir für ‚Die‘ die Kartoffeln aus dem Feuer holen, damit ‚Die‘ nur noch Quark drauf machen, sich genüsslich an den Tisch setzen und dann sagen: ‚Geht doch!‘ Nicht umsonst habe ich in der Fragerunde die Frage gestellt, ob es nicht so sein wird wie vor ca. zehn Jahren, dass sich die Christen an der Basis viele Gedanken machen und diese zu Papier bringen, einreichen und dann mitbekommen, wie fast alles in den Reißwolf kommt. Das kann nicht ‚Miteinander‘ sein. Das ist purer Egoismus einer kleinen Gruppe, allen voran unser Erzbischhof, der ja sagt, dass er das letzte Wort – zu allem, was gesagt oder geschrieben ist – hat. Das ist gelebte Demokratie unserer Kirche!“

Tatsächlich habe ich schon von Mitarbeitenden in pastoralen Abteilungen der Bistumsverwaltung mitgeteilt bekommen, dass man besser wisse, was für unsere Gemeinden gut sei als wir vor Ort. Eine Frau aus einem unserer Pfarrgemeinderäte sagt:

„Ich hatte bei allen Gesprächen mit ‚Kölnern‘ das Gefühl, nicht ernst genommen zu werden. Das geht anderen auch so.“

„Ich erlebe es jeden Tag hautnah. Man ist dort kritikresistent. Es sei denn, das Image wird sichtlich gestört.“

Wir möchten auf Augenhöhe behandelt werden:

„In meiner Zeit im Pfarrgemeinderat haben wir häufig mit (ich nenne es mal) Boten bzw. Sprachrohren aus Köln debat-

tiert und diskutiert über die Gestaltung unserer Gemeinden vor Ort. In der Zeit wurde immer wieder die Wichtigkeit der Gläubigen vor Ort betont, das Handeln und Mitgestalten der Ehrenamtler, der Laien. Im Endeffekt wurde aber dann in Köln entschieden, mit dem Argument: ,Das hat der Bischof so entschieden. Das ist jetzt so.'

Wo ist bei solchen Aussagen die Augenhöhe? Versteht mich nicht falsch. Ich bin der festen Überzeugung, dass der Glaube die Gemeinschaft der Gläubigen braucht. Ich bin froh, dass sich etwas bewegt und ihr alle dahintersteht. Aber ich sehe gerade für mich keine Möglichkeit, den tiefen Graben zwischen ,meiner Gemeinde' und ,denen in Köln' zu überbrücken."

Es soll kein Feindbild beschworen werden:

„Es geht um unsere Gemeinde. Nicht gegen Köln, sondern für uns!"

Es kommt als arrogant rüber, wenn Mitarbeitende der Bistumsverwaltung auf Nachfragen eines Pfarrers oder ehrenamtlicher Kirchenvorstände wochenlang nicht reagieren; wenn sie uns vorschreiben wollen, wie wir zu arbeiten haben, Loyalität einfordern und für sich beanspruchen, „das Erzbistum" zu sein. Das ist angesichts der heutigen Situation dermaßen unerträglich geworden, dass wir das nicht mehr hinnehmen können. Es behindert und schädigt unseren Dienst vor Ort.

Andererseits arbeiten in der Bistumsverwaltung bis in die Leitungsfunktionen viele hoch kompetente und engagierte Menschen, denen es spürbar um die Sache geht. Ihre Fähigkeiten kommen oftmals nicht zum Zuge. Sinnvoller und für alle befriedigender wäre es, wenn sie die Gemeinden vor Ort unmittelbarer begleiten könnten. Es gibt genug zu tun.

Doch es ist Ressourcenvergeudung, dass so viel pastorales und theologisches Potenzial nicht zur Entfaltung kommt. Wir müssen ein Bewusstsein entwickeln, dass wir kein oben und unten haben, sondern Hand in Hand arbeiten.

„Vielleicht sollten diese ‚Herren‘ mal ab und zu wieder für einige Jahre in die konkrete pastorale Arbeit vor Ort einsteigen. "

Der ukrainische Erzbischof Scheptyzkyi schrieb seinen Pfarrern:

„Hundertmal mehr als meine Worte wird die göttliche Weisheit euch ermöglichen, zu verstehen und intuitiv zu erfassen, was eine Gemeinde ist und was sie braucht. Mögen eure Gemeinden von der göttlichen Weisheit geleitet werden!" [58]

Wir müssen uns fragen, was das konkret bedeutet. Sicher gehört dazu, dass die Gemeinden vor Ort am besten herausfinden können, was für sie gut ist und welche konkreten Strukturen sie brauchen. Sie brauchen den Mut und das Vertrauen, dass auch innerhalb ihrer selbst verschiedene Wege möglich sind und sie keine einheitlichen Gebilde zu sein brauchen. Wo die Mitte klar und lebendig ist, kann man Unterschiede annehmen. Vor allem ist das Bedürfnis so vieler Menschen nach dem Erhalt ihrer Kirche und Gemeinde vor Ort nicht nur ernst zu nehmen, sondern als dem Geheimnis der Kirche wesensgemäß anzuerkennen. Vor allem steht an, dass wir uns gegenseitig unsere Not und offensichtliche Ratlosigkeit angesichts der Situation unserer Kirche eingestehen, statt Vorwürfe von oben nach unten und in die umgekehrte Richtung weiterzuleiten.

Die Frage einer Dezentralisierung berührt auch das System der Kirchensteuer. Wenn es ums Geld geht, werden Gemeinden von der Bistumsverwaltung immer wieder wie Bittsteller behandelt. Hier muss man nüchtern festhalten, dass die Bistumsleitung Geld verwaltet, das ihr nicht gehört. Wir Seelsorger vor Ort sind es, die die Leute bei der Stange zu halten versuchen. Es sind unsere Gemeinden, die die Bistumsverwaltung alimentieren, nicht umgekehrt.

Übergroße Ordinariate oder Generalvikariate sind ein Luxus, der längst seine Eigendynamik entwickelt hat und sich für das eigentliche Bistum hält. Der Höhepunkt dieser pastoralen Orientierungslosigkeit wurde damit erreicht, dass man in manchen Bistümern ernsthaft diskutiert hat, ob man sich die Vielzahl eigenständiger Pfarreien in Zukunft finanziell überhaupt noch leisten könne. Das wäre eine pastorale Bankrotterklärung. Um so etwas abzuwenden, brauchen wir eine Zusammenarbeit von Leitung und Basis auf Augenhöhe. Die Erfahrung zeigt, dass es geht, wenn man will.

Wäre es nicht fair, dahin zurückzukehren, wie das Kirchensteuersystem ursprünglich funktionierte, dass die Steuermittel an die Ortsgemeinden fließen, aus denen sie kommen? Dies wurde um 1930 zu einem zentralen Einzug und Verteilung reformiert, um zwischen ärmeren und reicheren Gemeinden Gerechtigkeit zu gewährleisten, was heute, wo innerhalb der größeren Seelsorgestrukturen arme und reiche Gemeinden zusammenarbeiten, eher hinfällig ist.

Auch die römische Kurie hat in vielen Bereichen eine blockierende Rolle entwickelt und kreist zu oft um sich selbst. Manches ist zu einem Krebsgeschwür am Leib der Kirche geworden. Entscheidungen, die einzelne Bistümer betreffen, werden auf undurchschaubare Weise hinausgezögert und fallen dann gleichsam vom Himmel.

Hier hat es vor allem seit dem 19. Jahrhundert viele einseitige und in ihren gesamtkirchlichen Auswirkungen negative Entwicklungen gegeben. Interessant ist, dass die früheste Kritik hieran schon während des Ersten Vatikanischen Konzils aus den Reihen der katholischen Ostkirchen mit ihren synodalen Traditionen kam: Der chaldäische Patriarch Joseph VI. Audo (1790–1878), ein Seelsorger-Patriarch und tiefspiritueller Mönch aus dem heutigen Irak, ging dabei voran.

Der erst auf diesem Konzil festgeschriebene sogenannte Jurisdiktionsprimat, nach dem der Papst das letzte Wort in allen organisatorischen Dingen der Kirche hat, hat zwar als Anspruch eine Entwicklungsgeschichte, die weit ins erste Jahrtausend zurückreicht, jedoch wurde er von den meisten östlichen Kirchen nie akzeptiert, weil man ihn nicht nur für überzogen, sondern auch für unnötig hielt.

Die absolute Stellung des Papstes, wie wir sie seit 1871 kennen, gehört nicht zur ursprünglichen Überzeugung der katholischen Kirche in Ost und West. In der Tradition der östlichen Kirche gibt es bis heute keine durchgängige Hierarchie. Neben den Bischöfen und der Seelsorgestruktur der Bistümer haben die Klöster eine eigenständige Rolle.

Das spirituelle Zentrum der Ostkirche wird nicht durch einen Patriarchen verkörpert, sondern durch die Klöster der Mönchsrepublik auf dem Athos, einer gebirgigen Halbinsel in Nordgriechenland. Sie besitzen spirituelle Autorität für die gesamte Kirche, haben aber keine Macht, irgendetwas durchsetzen oder sanktionieren zu können. – Das Herz ist herrschaftsfrei. Geistliche Autorität und juridische Vollmacht sind unabhängige Prinzipien, und eine heilige Anarchie ist das korrektiv kirchlicher Obrigkeit.

Selbstverständlich ist das nicht konfliktfrei, aber die Freiheit des Evangeliums braucht solche Umwege, um ihre Ursprungskraft nicht zu verlieren. Wirkliche geistliche Autorität muss immer mit einer äußerlichen Ohnmacht verbunden sein, sonst kann sie sich nicht entfalten. Wenn sich kirchliches Amt als geistliche Autorität verstehen will, braucht es notwendig Machtverzicht, indem es Vollmachten verteilt.

Dennoch – eine Reform kommt nicht einfach von unten, sondern von innen. Demokratie in der Kirche braucht geistliche Kraft und innere Freiheit und ein dauerhaftes Korrektiv durch den Erfahrungsschatz geistlicher Menschen nach dem Vorbild der Ostkirche.

Wäre es sinnvoll, dass der Papst nach vielen Jahrhunderten den Vatikan wieder verlässt, um den Fängen der ihn lähmenden Kurie zu entkommen, damit er wieder zu dem findet, was die Kraft seines Amtes ausmacht? Assisi wäre für Franziskus eine gute Alternative; im Sacro Convento bei der Basilika des heiligen Franziskus gäbe es genug Raum und Inspiration.

Was ansteht: Ein großes Zeichen

Der Papst ist jetzt gefordert, denn der Missbrauchsskandal erschüttert die Kirche in ihrer Substanz und in allen Bereichen. Was jetzt von oben ansteht und nur von dort gesetzt werden kann, ist ein starkes substanzielles Zeichen, das den Willen zu einer Erneuerung und eine ehrliche Aufarbeitung des Missbrauchsskandals mit seinen weitreichenden Zusammenhängen glaubhaft deutlich macht.

Wie wäre es, wenn wir in weltkirchlicher Weite die Erfahrungen der orthodoxen Kirchen aufgreifen und auch verheiratete Männer zu Priestern weihen sowie Menschen, deren Ehe gescheitert ist, um ihres Heiles willen eine kirchliche Wiederheirat ermöglichen? Beide Praktiken sind tief in der kirchlichen Tradition verwurzelt. Diese Schritte wären einfach, sofort umsetzbar und von tiefer Bewegkraft und Symbolhaftigkeit.

Würde nicht beides eine gewaltige geistliche und pastorale Entkrampfung mit sich bringen, die schon einmal aufatmen ließe? Würde dies nicht die auseinanderdriftenden Kräfte wieder in eine gemeinsame Richtung lenken? Würde so nicht Vertrauen wiedergewonnen, indem glaubhaft zum Ausdruck kommt, worum es der Kirche eigentlich geht? Der Schritt wäre so einfach!

Anders weitermachen – weil es keine Alternative gibt

Starke Stimmen in unseren Gemeinden sagen:

> *„Resignation ist nicht der richtige Weg. Nicht aufgeben. Niemals!"*

> *„Ich möchte mir meinen Glauben nicht nehmen lassen. Ich möchte ihn viel lieber weitergeben."*

Viele Menschen, die in den letzten Monaten aus der Kirche ausgetreten sind, sind ihrem Selbstverständnis nach immer noch gläubige Christen. Ich bekomme immer wieder Mails oder Briefe von Ausgetretenen, die genau das betonen. Wir haben nicht das Recht, darüber zu urteilen …

Doch: Wohin lassen wir diese Menschen gehen? Wollen wir diese Menschen und damit letztlich unsere Gesellschaft aufgeben? Ich fürchte, dass ein kirchenloses Christentum zu einer spirituellen Heimatlosigkeit des christlichen Glaubens führen wird. Es ist nichts Alternatives sichtbar. Wie können wir weiter gemeinsam als Christen unterwegs bleiben, auch über die institutionellen Grenzen der Kirche hinaus? Die Ausgetretenen, die bewusst Christen bleiben, verweisen uns auf unseren solidarischen Dienst für die Gesellschaft. Eine Kirche, die sich im Geiste Jesu Christi radikal auf ihre dienende Aufgabe im Zusammenleben aller besinnt, die in jeder Hinsicht eine Seelsorge-Kirche sein will, frei von Anspruchshaltungen, hat eine große Zukunft.

Damit können wir aktiv gegen den Selbstzerstörungstrieb und den Abwärtssog ankämpfen, der unsere Kirche an so vielen Stellen selbstverschuldet ergriffen hat. Es ist wie beim Artensterben: Was zerstört ist, ist zerstört. Am schlimmsten ist es, wenn es niemand bemerkt. Da kommt nichts Neues.

Selbstzerstörerisches Verhalten und die dahinter stehenden inneren Konflikte zu durchschauen, ist ein Postulat der anstehenden Aufklärung.[59] Wenn der Kirche dies gelingt, hat sie eine neue Vorbildfunktion für unsere Gesellschaft, in der diese Tendenzen nicht minder akut sind und die inzwischen den Fortbestand der Menschheit gefährden.

Positive Aufgabe der Kirche ist es und wird es immer mehr sein, Kit in einer auseinanderdriftenden Gesellschaft und Welt zu sein und sich nicht vom Sog der Polarisierungen mitreißen zu lassen. Unser gesellschaftliches Zusammenleben kann man mit einem Mosaik vergleichen. Die Vielfalt ist gegeben. Kirche sollte sich nicht darauf konzentrieren, wie sie als mehr oder weniger großer Mosaikstein leuchtet, sondern sich darauf fokussieren, was das Mosaik zusammenhält, denn das ist durch Vielfalt als solche noch nicht gegeben.

Katholisch bedeutet „allgemein" und „für alle". Das bezieht sich konzentrisch auf die Sammlungsbewegung, aber genauso exzentrisch auf einen Dienst für alle. Unter Dienst werden wir nicht mehr Service verstehen im Sinne einer Dienstleistung, die bezahlt werden kann und auf die man daher einen Anspruch hätte. Diese Rolle ist ausgespielt.

Dienst setzt tiefer an, bei den immateriellen Grundlagen, ohne die kein Miteinander funktioniert. An erster Stelle steht gelebtes Vertrauen in eine Zukunft für alle. Eine Kirche, die sich ihrer Sendung für die Welt bewusst wird, gewinnt neues Selbstbewusstsein, wird ihre Ängste und Kontrollzwänge hinter sich lassen und kann endlich wieder das sein, was sie wirklich ist. Das gilt vor Ort und weltweit, denn wir haben als Menschheit nur eine gemeinsame Zukunft oder gar keine.

Ich möchte weitermachen und meinen Beitrag dazu leisten, diese Kirche zu retten, weil sie das Potenzial hat, anders zu sein, als sie sich jetzt darbietet. Kirche ist immer bescheidener Neuanfang. Das probieren wir jeden Tag. Gott ruft uns heraus.

Fragen eines Landpfarrers II

Vor einem halben Jahr (im November 2020) habe ich mich mit einigen „Fragen an meine Kirche" zu Wort gemeldet, um die Perspektive eines Landpfarrers auf die Kirchenkrise ins Gespräch zu bringen. Die große Resonanz hat gezeigt, wie viele von uns diese Fragen bewegen, wie entsetzt wir über das sind, was sich zeigt und wie groß die Sorge um einen Fortbestand unserer Kirche ist. Sie ist uns nicht egal!

Seitdem haben sich die Fragen weiter zugespitzt und bohren in mir. Trauer, Scham, Wut und Resignation machen sich in unseren Gemeinden breit. Es herrscht der Eindruck, dass sich in der Aufarbeitung des Missbrauchsskandals kaum etwas tut. Wie kann daraus Hoffnung wachsen?

Fragen entwickeln eine gestaltende Kraft, wenn wir sie zulassen. Ich bin der festen Überzeugung, dass Gott uns in der jetzigen Situation wachruft! So möchte ich diese Fragen als Fragen aus der Mitte der Kirche verstanden wissen, in verschiedene Richtungen gefragt, aber uns alle angehend:

1. Die Menschheit und die ganze Schöpfung leiden. Unsere Seelen sind verletzt und wir wandern durch manche Nacht. In diesem Sinne stehen wir als Kirche nicht „den Menschen" gegenüber, sondern sind gemeinsam unterwegs, als Menschen.

2. Gegensätze verschärfen sich in Kirche, Gesellschaft und Welt. Die Klimakrise bedroht alle. Mit der Flutkatastrophe hat sie auch unsere Gegenden heimgesucht. Das ist eine weltgeschichtliche Situation, in der wir als Christinnen und Christen insofern besonders herausgefordert sind, als es eine zutiefst spirituelle Krise ist, die unsere

Lebenshaltung anfragt. Unsere Kirche erlebe ich jedoch weiter als blockiert, in einem Zustand wachsender Selbstmarginalisierung. Warum sieht man in unserer spirituellen Überlieferung so wenig Gestaltungspotenzial? Dieses müsste doch gerade jetzt gewagt werden! Ein Menschheitserbe und eine Hoffnung stehen auf dem Spiel.

3. Uns als Kirche wird immer noch eine gesellschaftliche und globale Mitverantwortung zugetraut, die wir nicht zu übernehmen bereit sind. Das enttäuscht so viele! Warum entsteht immer noch der Eindruck, dass es uns vornehmlich um den Erhalt unserer selbst geht? Zugegebenermaßen vermitteln manchmal auch Gemeinden diesen Eindruck. Sind wir nicht von der Angst vor dem Tod befreit?

4. Es ist an erster Stelle der Missbrauchsskandal, der weltweit die moralische, aber auch die geistliche Glaubwürdigkeit unserer Kirche zerstört. Hat er sich nicht längst in ihre Strukturen und ihr Wesen hineingefressen? Haben wir zum Schutz der Institution nicht unsere eigenen Überzeugungen, ja unseren Glauben an Gott verraten, weil wir vertuscht haben, statt auf die Opfer und die Wahrheit zu schauen?

5. Gibt es im Missbrauchsskandal nur die Summe der Einzelfälle – oder offenbart sich da auch ein System, das an manchen Stellen schlichtweg verkehrt ist?

6. Wie, wenn nicht durch institutionelles Versagen, konnte es in solcher Breite dazu kommen, dass eine wesentliche Aufgabe der Kirche, der Kampf gegen das Böse und für Christus, der uns in den Opfern begegnet, ignoriert wurde zugunsten der Absicherung von Nebensächlichkeiten - wie dem Ansehen des Klerus? Musste das nicht scheitern, weil es in der Konsequenz gottlos war?

7. Haben wir mit den Vertuschungen nicht selbst dem Bösen einen Raum mitten in der Kirche eröffnet und damit eine nachhaltige Selbstentfremdung ausgelöst? Die Vertuschung geschah doch, weil wir zu wenig Glaubensmut hatten!

8. Haben wir in den Gemeinden bereitwillig Priester überhöht und mit Erwartungen konfrontiert, denen sie menschlich nicht gewachsen sein konnten?

9. Verwechseln wir als Amtsträger geistliche Autorität mit Macht, die wir meinten einfordern zu können? Hat uns eine Glaubens- und Vertrauensarmut auf diesen Irrweg geführt?

10. Hoffen wir alle insgeheim, dass der Skandal eines Tages einfach „vorbei" sein wird und alles wieder gut ist? Aber warum sollte es irgendwo einen institutionellen Teil der Kirche geben, der davon frei ist? Wir müssen uns der Tatsache annähern, dass nur die Wahrheit uns frei machen wird.

11. Haben wir möglicherweise den Ruf und den Erhalt eines ausschließlich zölibatären Klerus um jeden Preis an die erste Stelle, vor seelsorgerische Erfordernisse, ja vor das Evangelium gestellt? Warum wurde aus einem notwendigen Dienst ein privilegierter Stand, der eine Wagenburgmentalität entwickeln konnte? Warum haben wir eine Pervertierung des priesterlichen und seelsorgerlichen Dienstes durch die Täter zu- und laufengelassen?

12. Müssen wir Gott und Jesus Christus nicht konsequent auf der Seite der Opfer und Überlebenden des Missbrauchs suchen?

13. Wie konnte es dazu kommen, dass im Umgang mit den Opfern die Seelsorge und damit der genuine Auftrag der Kirche nicht an erster Stelle stand? Kann es sein,

dass manche Entscheidungsträger in Bistumsleitungen zu weit weg von der alltäglichen Seelsorge sind?

14. Es braucht eine Aufarbeitung, die ganzheitlich ansetzt und fragt, was unter Umständen über die letzten Jahrhunderte hinweg in Verkündigung, Lehre und Leben sich in eine einseitige, ja ungesunde Richtung entwickelt hat. Dass solche Aufarbeitung auch für das Gottesvolk wesentlich ist, lehrt die Geschichte Israels im Alten Testament und mahnen die Schriften des Neuen Testaments. Es ist illusorisch, dass nach einem reinigenden Sturm alles wieder so wie „früher" werden kann. Darf es ein solches „wie früher" überhaupt geben?

15. Viele engagierte Seelsorgerinnen, Seelsorger und Ehrenamtliche fürchten, dass wertvolle Arbeit, die sie in den vergangenen Jahren in unseren Gemeinden geleistet haben, umsonst war. Wir wollen die sich abzeichnenden Zusammenbrüche nicht hinnehmen, sondern vertrauen auf Gott, der auf einer anderen Ebene zusammenhält und heilt. Nimmt man unsere Kämpfe und unser Ringen vor Ort überhaupt wahr?

16. Zählen unsere Erfahrungen bei Bistumsleitungen? Meint man, uns über den rechten Glauben und die richtige pastorale Praxis immer nur belehren zu müssen, einen Glauben, den wir hier existenziell in der heutigen Lebenswirklichkeit zu leben versuchen – und nicht in einem binnenkirchlichen Ghetto?

17. Soll unsere Kirche zu einer Sekte verkommen, indem sie sich auf die vermeintlich Reinen und Heiligen zurückbeschränkt?

18. Wir befinden uns in einer extremen missionarischen Situation, die von uns alle mögliche Flexibilität abverlangt und keine starren Strukturen mehr erträgt. Warum wird weiter Wesentliches unserer Botschaft durch

Randthemen verstellt, an denen sich aus verschiedenen Richtungen festgebissen wird?

19. Kann man die Kirchenaustrittswelle einfach als Ausdruck einer schicksalhaften Säkularisierung abtun? Ich bekomme immer wieder Rückmeldungen auf Kirchenaustritte: Viele sagen, dass sie sich weiterhin als Glaubende und Christen betrachten. Wer maßt sich an, darüber zu urteilen? Es treten tiefgläubige Menschen aus dem Kern unserer Gemeinden aus. Uns vor Ort bleiben sie verbunden.

20. Ich glaube, dass ein kirchenloses Christentum zu einer spirituellen Heimatlosigkeit führen wird. Wollen wir diese Menschen aufgeben? Wie können wir weiter gemeinsam als Christen unterwegs bleiben, auch mit Ausgetretenen? Wollen wir den christlichen Glauben der Heimatlosigkeit überlassen?

21. Ist es manchen unserer Oberhirten einfach nur egal, dass die Herde auseinanderläuft? Wir gehen im Moment durch extrem steiniges Gelände – sollte da ein Hirte nicht alles versuchen, um die Herde zusammenzuhalten? Oder gibt es auf verschiedenen Seiten ein ernsthaftes Interesse daran, jetzt Menschen zu verlieren, das heißt weggehen zu lassen, die in das eigene Bild der Kirche nicht passen? In unserer Geschichte gibt es kein einziges Beispiel für ein Gesundschrumpfen, wohl aber für schuldhafte Selbstreduktion und Flucht vor Verantwortung.

22. Warum ist es uns nicht gelungen, bei den meisten Glaubenden ein christliches Selbstbewusstsein zu erzeugen, das weniger auf eine Kirchenleitung fixiert ist und sich nicht so einfach herausdrängen lässt? Warum wird von so vielen ein religiöses und kulturelles Erbe aufgegeben oder wo und wie könnte es weiterleben?

23. Wie gehen wir damit um, dass es für viele bei uns drängenden Reformfragen noch keinen weltkirchlichen Konsens gibt? Da gibt es tiefe kulturelle Unterschiede in der Weltkirche. Ich möchte weiter selbstbewusst „katholisch" sein, denn eine weltweit geeinte Kirche ist ein absolut notwendiges Signal für die Menschheit. Ich möchte keine Kirche, in der nur Maßstäbe westlicher Kultur gelten.

24. Wir wollen katholisch bleiben – das heißt „für alle": Wir müssen und wollen als katholische Kirche einen kulturellen Spagat aushalten, weil wir für die Menschheit ein Zeichen der Einheit in aller zerreißenden Gegensätzlichkeit sein möchten. Selbstverständlich heißt das auch, mit Menschen zusammen Kirche sein zu können, die unser westlich-liberales Verständnis nicht teilen können. In unseren multikulturellen Gemeinden tun wir das doch längst!

25. Es ist keinesfalls alles gut an unserer westlichen Lebensweise. Wir leben unseren Standard und unsere Mobilität auf Kosten eines Großteils der Menschheit und der Natur und sind in weiten Bereichen nur mit unserem Wohlergehen beschäftigt. Das Anliegen von Papst Franziskus wird – auch in der Kirche selbst – kaum ernstgenommen. Hier stört eine unbequeme Kirche unseren Lifestyle.

26. Laufen wir nicht Gefahr, unser uns von Gott zugemutetes Katholisch-Sein zu verlieren, wenn wir diese Spannungen nicht mehr aushalten wollen? Katholisch heißt auch, an Gräben und Grenzen auszuharren und nicht aufzugeben, Brücken zu bauen. Kirche muss immer auch ein Stück weltfremd sein, denn in der Welt, so wie sie jetzt ist, kann man sich nicht ganz zu Hause fühlen.

27. Ist das aber ein Grund, Reformanliegen zu relativieren? Müssen wir nicht lernen, Gegensätze und Spannungen auszuhalten, anstatt sie um jeden Preis aufzulösen oder durch Ausgrenzung aufzuheben? Könnte das nicht bedeuten, dass es in der einen Kirche in verschiedenen Ländern oder Weltgegenden verschiedene Praktiken im Hinblick auf Reformthemen geben kann? Unser Landsmann Nikolaus Cusanus prägte schon im 15. Jahrhundert den Gedanken, dass nur in Gott die Gegensätze in eins fallen. Cusanus geht es dabei nicht um Beliebigkeit, sondern um etwas wirklich Tragendes, das unsere vordergründige Rationalität übersteigt.

28. Das hat auch eine zeitliche Dimension: Vieles wird sich nach christlicher Hoffnung erst am Ende der Zeiten klären. Bis dahin müssen wir innerhalb der Kirche mit verschiedenen Wegen leben lernen. Können wir lernen, dass Einheit nicht Einheitlichkeit bedeuten muss?

29. Die Einheit der Kirche erfahren wir faktisch nicht zuerst in Lehre und Disziplin. Da machen wir uns etwas vor. Einheit erfahren wir im Gebet, besonders in der schweigenden Betrachtung. Glauben wir an diese Kraft des Geistes und dass sie sich einend auswirken wird trotz allem Dissens?

30. Geht es bei den Reformthemen, die immer wieder angesprochen werden, nur um Zugeständnisse an einen Zeitgeist? Ist es nur „Zeitgeist", dass Frauen gleichberechtigt sind? Sollte sich das wieder ändern dürfen? Hier geht es um Anliegen, die die menschliche Entwicklung betreffen. Zeitgeist ist nicht per se relativ, sondern eine Herausforderung.

31. Warum wird Kirche fast nur noch mit ihrer Vergangenheit und Geschichte identifiziert? Das Geheimnis Jesu Christi ist so reich, dass keine äußere Form der Kir-

che es einholen kann. Es geht nicht darum, eine einmal gefundene Form zu bewahren, weil Christus nicht in der Vergangenheit ruht. Tradition meint auch ein Empfangen aus der Zukunft, in die der Herr uns lockt. Er geht uns voraus. Insofern fallen in der Kirche eine konservative und eine progressive Haltung in eins. Christus ist unser Zeitgenosse, aber er ist schon weiter als wir.

32. Der Weg des Christentums ist kein Blick zurück in eine vermeintlich ideale urchristliche Zeit, sondern der Auferstandene geht uns voraus in eine Zukunft, die er uns und der ganzen Welt erschließen will. Die Frage ist, wohin er uns in der heutigen Situation drängt?

33. Haben wir in der Vergangenheit die Verkündigung vereinseitigt? Trat Moral allzu lange vor Spiritualität? Es ist illusorisch, einen moralischen Idealzustand als den Normalfall zu fordern. Leben ist immer Leben im Widerspruch und wird es bleiben. In einer destruktiven Situation müssen wir uns stärker als je zuvor fragen, was der aufbauende Teil unserer Botschaft ist. „Mit Nahrung und mit Freude erfüllte Gott euer Herz" bringt es Paulus auf den Punkt (Apg 14,17).

34. Müssen wir jetzt nicht mit einer weitaus größeren Demut auftreten, die es nicht mehr wagt, Menschen moralische Vorschriften zu machen, die auch in Kirchenleitung und Klerus nicht eingehalten werden können? Haben wir durch unser Verhalten die gesamte Sexualmoral selbst ad absurdum geführt und positive Autorität verspielt? Ist da ein System konstruiert worden, innerhalb dessen kaum jemand je leben konnte? Manche Tugend war und ist heiliger Schein. Das Christentum ist kein System aus Vorschriften und Regeln, sondern will eine Kraftquelle erschließen, aus der heraus der Mensch verantwortlich und innerlich frei handeln kann.

35. Wir werden mit unseren eigenen moralischen Maßstäben gemessen. Jemand sprach davon, dass jetzt eine gnadenlose Gesellschaft auf der Kirche herumhacke. Passiert das nicht deshalb, weil wir selbst als gnadenlos wahrgenommen werden, etwa im Umgang mit wiederverheirateten Geschiedenen? Wird hier wider besseres Wissen eine theologische Lösung vermieden, obwohl die Ostkirche sie in altchristlicher Tradition kennt (Prinzip der Oikonomia)?

36. Wahrheit hat nicht nur eine theoretische Dimension („so ist es richtig und so nicht"), sondern auch eine praktische: Die praktische Dimension ist die Liebe. Die kann man nicht erzwingen, aber wecken. Am intensivsten gelingt das im betrachtenden Gebet. Darin spürt man, was verbindet. Wollen wir das intensivieren?

37. Ist Kirche etwas Statisches, das einmal seine feste Form gefunden hat? Oder ist Gott ein Gott der Geschichte, der uns immer wieder um Aufbruch über uns selbst und unsere Ängste hinaus herausfordert? Glaube fürchtet keinen Tod, auch nicht das Absterben mancher äußerer Formen. Das Mysterium von Tod und Auferstehung betrifft auch den konkreten Weg der Kirche durch die Geschichte. Aber eine Auferstehung ist nie die Wiederherstellung des Lebens vor dem Tod.

38. Kirche ist von ihrem Wesen her ein pilgerndes Gottesvolk. Sie kann damit nie zu einer vollkommenen Ordnung finden oder eine allen Ansprüchen genügende Idealkirche sein. Auf einer Wallfahrt muss jeder versuchen, den anderen mitzunehmen und das Wesentliche zu teilen. Wie von Taizé angestoßen gibt es keine Alternative zu einem Pilgerweg des Vertrauens

39. Wo ist der Optimismus eines Apostels Paulus, der staunen konnte, wie Gottes Geist unerwartet am Werk

ist? Wir wären hier und heute nicht Christen, wenn die frühe Kirche nicht die Heidenmission gewagt und bis dahin Überliefertes für zweitrangig erklärt hätte. Wir befinden uns hier und heute genauso in einer missionarischen Situation, in der es keine feste und alles regelnde Struktur geben kann. Denken wir an die große Flexibilität der iroschottischen und angelsächsischen Mission bei uns in ihrer Kooperation mit der fränkischen Kirche.

40. Ein rumänischer orthodoxer Mönch fasst das Wesen der Kirche mit Liebe und Freiheit zusammen. Mit wie viel überflüssigem Ballast ist dieser einfache Kern verstellt?

41. Gott wirkt in und jenseits der sichtbaren Kirche. Ist nicht der Aufbruch hin zur Bewahrung des Planeten, wie er in der Bewegung „Fridays for Future" greifbar wird, ein Wirken des Geistes? Wir spüren doch eine Dynamik, in welche Richtung es für alle geht. Wir müssen aus unserem ungehobenen Schatz unsere ökologische Spiritualität einbringen.

42. Warum bin ich Katholik? Nicht wegen eines Papstes oder Bischofs, wie Außenstehende vermuten mögen, sondern weil ich in dieser Gemeinschaft den Geist und die Lehre Jesu Christi weitergeschenkt bekommen habe und das auch weiter tun will. Die katholische Kirche ist meine spirituelle Heimat. Dafür spielen Amtsträger und andere Personen eine zweitrangige Rolle.

43. Manche fragen mich: „Warum bleibst du dabei und unterstützt du ein System, das Missbrauch vertuscht hat, das Frauen diskriminiert und Menschen kleinhält?" Ja, für diese Dinge schäme ich mich. Dennoch: Ich bin nicht Priester geworden aus Liebe zu einem System, sondern weil ich mich durch Jesus Christus gerufen und vom Evangelium angesteckt fühlte. Kirche steht für mich

für dieses Erbe. Ich möchte auch nicht in eine „andere" Kirche übertreten, weil es nur eine einzige katholische (d. h. „allgemeine") Kirche gibt und die konkreten Kirchen um Jesu und der Menschheit willen ihre Spaltungen überwinden müssen. Wir sind auf dem Weg zur Einheit in der Ökumene.

44. Braucht nicht gerade der für die Menschheit und den Weltfrieden so wichtige interreligiöse Dialog – insbesondere mit unseren muslimischen Geschwistern – eine kräftige Stimme der christlichen Kirche? Das kann säkular nicht geleistet werden. Hier gibt es große Hoffnungzeichen aus anderen Ländern, zum Beispiel aus dem Irak.

45. Was meint man überhaupt, wenn man von „der Kirche" spricht? Warum wird Kirche immer wieder auf Kirchenleitung reduziert? Von einer gut recherchierenden Presse erwarte ich eine differenzierte Darstellung und keine pauschalisierenden Vereinfachungen über „die Kirche". Sonst entsteht der Eindruck, dass an manchen Stellen bewusst eine Stimmung erzeugt wird, die eine Eigendynamik entwickelt und letztlich bestehende Strukturen zementiert. Auch die Reformkräfte sind „die Kirche" und jede Christin und jeder Christ vor Ort. Wird das öffentlich wahrgenommen?

46. Kann es sein, dass das Bischofsamt in den letzten drei Jahrhunderten mit Kompetenzen und Erwartungen überladen wurde, die in dieser Komplexität von keinem Menschen mehr ausgefüllt werden können – auch was seine permanente mediale Präsenz angeht? Die Geschichte zeigt, dass diese Lasten auch geteilt werden können! Das muss ich auch als Pfarrer lernen.

47. Der Missbrauchsskandal erschüttert die Kirche in ihrer Substanz. Braucht es deshalb jetzt nicht ein starkes

substanzielles Zeichen, das den Willen zu einer Erneuerung glaubhaft deutlich macht? Wie wäre es, wenn wir in weltkirchlicher Weite die Erfahrungen der orthodoxen Kirchen aufgreifen und auch verheiratete Männer zu Priestern weihen sowie Menschen, deren Ehe gescheitert ist, um ihres Heiles willen eine kirchliche Wiederheirat ermöglichen? Beide Praktiken sind tief in der kirchlichen Tradition verwurzelt. Diese Schritte wären einfach, sofort umsetzbar und von tiefer Bewegkraft und Symbolhaftigkeit. Würde nicht beides eine gewaltige geistliche und pastorale Entkrampfung mit sich bringen, die schon einmal aufatmen ließe? Würde dies nicht die auseinanderdriftenden Kräfte wieder in eine gemeinsame Richtung lenken?

48. Kann es für die Kirche überhaupt eine Zukunft geben außer der, eine in jeder Hinsicht dienende Seelsorge-Kirche zu sein – ohne Anspruchshaltungen? Als eine solche bleibt sie not-wendig in unserer Zeit!

Meik Schirpenbach,
28. Juli 2021

Danksagung

Herzlich danken möchte ich Gisela Bildhauer für das intensive Korrekturlesen und die damit verbundenen inhaltlichen Klärungen und Stefan Rüth, Programmleiter beim Bonifatius Verlag, für die Initiative zu diesem Buch, die motivierenden Gespräche und den notwendigen Schliff, der die Sache rund gemacht hat.

Literaturverzeichnis

1   Klaus Mertes: „Erschütterung in Frankreich", in: Stimmen der Zeit 12/2021. 881-82.882
2   Papst Franziskus: „Evangelii gaudium", Nr. 49.
3   Katholisch.de: Theologe Belok: Kein Priestermangel, sondern Weihemangel in der Kirche, vom 9.2.2021, *https://www.katholisch.de/artikel/28661-theologe-belok-kein-priestermangel-sondern-weihemangel-in-der-kirche*
4   Jürgen Henkel: „Dumitru Stăniloae. Leben – Werk – Theologie", © 2017 Verlag Herder GmbH, Freiburg i. Br., S. 484. = Dumitru Stăniloae, Orthodoxe Dogmatik III. Gütersloh 1995, S. 203.
5   Ebd. Vgl. S. 487f.
6   Tomáš Halík: „Glaube und sein Bruder Zweifel", Verlag Herder GmbH, Freiburg i. Br., S. 47.
7   Angelus Silesius: „Cherubinischer Wandersmann", hg. von Louise Gnädinger nach dem Text von Glatz 1675. Zürich 1986. Nr. 289, S. 96.
8   Diesem Kapitel liegt zugrunde: Meik Schirpenbach, Die Verortung der Verkündigung. Die unterschätzte pastorale Relevanz des Kirchengebäudes, in: Internationale Zeitschrift Communio, 38/2009. 620-631.
9   Cf. Clemens Kosch, Kölns romanische Kirchen. Architektur und Liturgie im Hochmittelalter, Regensburg 2000, 25; 66f.; S. 82.
10 Cf. Rudolf Schwarz: „Kirchenbau. Welt vor der Schwelle", Heidelberg 1960, S. 76.
11 Cf. Dietrich Conrad: „Kirchenbau im Mittelalter. Bauplanung und Bauausführung", Leipzig3 1998, S. 128ff.
12 Cf. für das Spätmittelalter die Einschätzungen von Johan Huizinga, Herbst des Mittelalters. Studien über Lebens- und Geistesformen des 14. und 15. Jahrhunderts in Frankreich und in den Niederlanden. dt. Stuttgart11 1975. Titel des niederländischen Originals: Herfstij der middeleeuwen. Leiden 1919, S. 221ff.
13 Cf. dazu Philipp Blom, Schafft die Museen ab, in: Die Zeit 2 (2008), S. 47.
14 Übersetzung nach Clemens Bayer, Die beiden großen Inschriften des Barbarossa-Leuchters, in: Id. – Theo Jülich – Manfred Kuhl, Celica Iherusalem. Festschrift für Erich Stephany, Köln/Siegburg 1986, S. 213–240, hier S. 227.
15 Zu dieser Problematik und ihrer gesellschaftlichen Relevanz cf. Udo Mainzer: „Kirchen in Not – Denkmalpflege in Nöten?", in: Denkmalpflege im Rheinland 3 (2007), S. 97-101.
16 In diesem Sinne möchte ich die von Wolfgang Beinert vertretene Ansicht, die Umnutzung von Kirchen sei „nicht tragisch in einem spezifisch christlichen Sinn", entschieden zurückweisen. Cf. Wolfgang Beinert: „Heilige Stätten im Christentum", in: Stimmen der Zeit 2 (2006), S. 112–124, hier S. 119f.
17 Weitere Vorschläge cf. Die deutschen Bischöfe, Missionarisch Kirche sein. Offene Kirchen – Brennende Kerzen – Deutende Worte = Deutsche Bischofskonferenz (Hg.), Hirtenschreiben und Erklärungen Heft 72, Bonn 2003, S. 19f.
18 Cf. Fulbert Steffensky: „Die Dialektik von Form und Geist", in: Annegret Reitz-Dinse (Hg.), Räume riskieren. Reflexion, Gestaltung und Theorie in Evangelischer Perspektive (Kirche in der Stadt 11), Schenefeld 2003, S. 201.
19 Kölsch für: „Es ist noch immer gut gegangen".
20 Corine Pelluchon: „Das Zeitalter des Lebendigen. Eine neue Philosophie der Aufklärung", wbg Academic, Darmstadt 2021, S. 61.
21 Max Horkheimer: „Zur Kritik der instrumentellen Vernunft u. Notizen 1949–1969", Gesammelte Schriften Bd. 6, S. Fischer Verlag, Frankfurt am Main 2008, S. 285.
22 Ernst Ulrich von Weizsäcker, Anders Wijkman u. a., Club of Rome: „Wir sind dran. Was wir ändern müssen, wenn wir bleiben wollen", Gütersloher Verlagshaus, Gütersloh 2018, S. 132.
23 Charles Journet (Hg.): „Sendung der Stille. Kartäuserschriften für Christen von heute." Einsiedeln 1957, S. 30.
24 Geheimpolizei im kommunistischen Rumänien.
25 Jean-Marie Pelt: „Nature et spiritualité" (avec la collaboration de Franck Steffan), Paris 2008, S. 283f.

238

26 Hilarion Alfeyev: „L'Univers spirituel d'Isaac le Syrien", Paris 2019, S. 293.

27 Weizsäcker, Wijkman a.a.O., S. 179ff.

28 Corine Pelluchon: „Das Zeitalter des Lebendigen. Eine neue Philosophie der Aufklärung", Darmstadt 2021.

29 Papst Franziskus: „Laudato si'". Über die Sorge für das gemeinsame Haus, Abs. 114. Stuttgart 2015, S. 105.

30 Alfeyev S. 152.

31 Eindrucksvoll schildert eine solche Reise Navid Kermani, Entlang der Gräben. Eine Reise durch das östliche Europa bis Isfahan. München 2018.

32 Maulana Dschelaladin Rumi: „Von Allem und vom Einen", aus dem Persischen von Annemarie Schimmel. München 2020, S. 84.

33 Mouhamad Khorchide, Klaus von Stosch: „Der andere Prophet. Jesus im Koran", Herder Verlag, Freiburg 2018, S. 289–297.

34 Peregrina: „Das Pilgerjahr mit dem Kartäuser", Heiligenstadt 2007, S. 51.

35 Maja Göpel: „Unsere Welt neu denken. Eine Einladung", Ullstein, Berlin 2021, S. 152.

36 Cf. Göpel, S. 131ff.

37 Andriy Chirowsky: „Pray for God's Wisdom. The Mystical Sophology of Metropolitan Andrey Scheptyzkyi", Chicago/Ottawa/Lviv 1992, S. 27. (Eigene Übersetzung)

38 Alla Selawry: „Das immerwährende Herzensgebet. Ein Weg geistiger Erfahrung", München 1976, S. 90.

39 Frere Roger Schutz: „Die Quellen von Taizé", © 2017 Verlag Herder GmbH, Freiburg/ Taizé 1996, S. 65.

40 Zusammengefasst in: Sebastian Painadath: „Erkenne deine göttliche Natur. 55 Meditationen", Münsterschwarzach 2016.

41 Zur Einführung in das Jesusgebet gibt es viel Literatur. Hier sei verwiesen auf Peter Köster. Die Übung des Herzensgebetes nach der Tradition der Ostkirchen. St. Ottilien 2007; Franz Jalics. Kontemplative Exerzitien. Eine Einführung in die kontemplative Lebenshaltung und in das Jesusgebet. Würzburg[16] 2016. Dieses Buch hat mir viel erschlossen, insbesondere was die praktische Einübung angeht. Zum Ruhegebt vgl. die Schriften von Peter Dyckhoff.

42 Abraham J. Heschel: „Gott sucht den Menschen. Eine Philosophie des Judentums", Neukirchen-Vluyn 1980, S. 84.

43 Chirovsky S. 69. (Eigene Übersetzung)

44 Erhart Kästner: „Die Stundentrommel vom heiligen Berg Athos", Frankfurt am Main 1974, S. 34.

45 Olivier Clément: „Patriarch Athenagoras. Portrait eines Propheten", München 1982, S. 81f.

46 Henkel, Stăniloae, S. 283.

47 Henkel, Stăniloae a.a.O.

48 Vgl. dazu Wim Beuken: „Het boek Jesaja duidt de tekenen", https://igniswebmagazine.nl/advent/het-boek-jesaja-duidt-de-tekenen/

49 Lieven Boeve: „Onderbroken traditie. Heeft het christelijke verhaal nog toekomst?", Kalmthout 1999, S. 91–114.

50 Erklärung des Päpstlichen Rates zur Förderung der Einheit der Christen in Abstimmung mit der Glaubenskongregation und der Kongregation für die orientalischen Kirchen vom 20. Juli 2001.

51 Vgl. zu diesen Zusammenhängen auch David Berger: „Der Heilige Schein. Als schwuler Theologe in der katholischen Kirche", Berlin 2010.

52 Martin Meier: „Pedro Arrupe – Zeuge und Prophet", Würzburg 2007, S. 89.

53 Vgl. Christian Herwartz: „Auf nackten Sohlen – Exerzitien auf der Straße", Würzburg 2006, S. 32f.

54 a.a.O., S. 49.

55 Nicolae Steinhardt: „Der Gebende erhält's", Wachtendonk 2020, S. 196.

56 Gergely Kovács (Hg.): „Márton Áron, un Vescovo sulla via della Croce", Cluj-Napoca 2013, S. 36. (Eigene Übersetzung)

57 T.W. Adorno und M. Horkheimer: „Dialektik der Aufklärung", Gesammelte Schriften Band 3, Frankfurt 1997, S. 28f.; Pelluchon 44.

58 Chirovsky, S. 122. (Eigene Übersetzung)

59 Cf. Pelluchon, S. 162.